荆楚文化简史

JINGCHU
WENHUA
JIANSHI

湖北省荆楚文化研究会组织编写
湖北省荆楚文化研究中心支持

长江出版传媒
湖北教育出版社

刘玉堂◎主编

图书在版编目（CIP）数据

荆楚文化简史 / 刘玉堂主编. -- 武汉 : 湖北教育出版社, 2024. 12. -- ISBN 978-7-5564-5057-2

Ⅰ. K296.3

中国国家版本馆CIP数据核字第2025V4R123号

荆楚文化简史 JINGCHU WENHUA JIANSHI

出品人	方　平	策　划	刘　宁　万　婵
责任编辑	刘　宁	封面设计	李　枫　钟梦瑶
责任校对	李庆华	责任督印	刘牧原

出版发行	长江出版传媒	430070　武汉市雄楚大道 268 号
	湖北教育出版社	430070　武汉市雄楚大道 268 号
经　　销	新　华　书　店	
网　　址	http://www.hbedup.com	
印　　刷	湖北新华印务有限公司	
地　　址	武汉市硚口区长风路 31 号	
开　　本	710mm×1000mm　1/16	
印　　张	22	
字　　数	270 千字	
版　　次	2024 年 12 月第 1 版	
印　　次	2024 年 12 月第 1 次印刷	
书　　号	ISBN 978-7-5564-5057-2	
定　　价	98.00 元	

目　录

绪论…………………………………………………………………… 1

一、荆楚的自然环境与民族氛围………………………………… 2

二、荆楚文化的主要特征………………………………………… 3

三、荆楚文化在中华文明发展史上的地位与影响……………… 6

第一章　肇启与新纪：史前时期的荆楚文化………………… 1

一、走出鸿蒙的旧石器时代文化………………………………… 2

二、开启文明的新石器时代文化………………………………… 21

第二章　勃兴与惊艳：先秦时期的荆楚文化………………… 53

一、多元互动的族群与文化……………………………………… 53

二、渐次完备的礼仪与制度……………………………………… 61

三、义理精深的思想与学术……………………………………… 73

四、惊采绝艳的文学与艺术……………………………………… 82

五、领异标新的科学与技术…………………………………… 111

六、规制各异的城邑与建筑…………………………………… 120

七、色彩斑斓的信俗与巫风…………………………………… 130

第三章　融汇与升华：秦汉魏晋南北朝时期的荆楚文化…… 137

一、亮点纷呈的思想学术……………………………………… 139

二、并行互渗的佛道文化……………………………………… 145

三、私学日炽的教育…………………………………………… 151

四、五彩缤纷的文学…………………………………………… 157

五、崇尚自然的艺术…………………………………………… 164

六、成就斐然的科学技术……………………………………… 171

七、日渐繁盛的城市与商业…………………………………… 178
八、日益趋同的风俗习尚…………………………………………… 184
第四章　恢弘与雅致：隋唐宋元时期的荆楚文化………………… 191
一、广博精深的儒学思想与学术………………………………… 192
二、争奇斗艳的文学…………………………………………………… 198
三、吉光凤羽的艺术…………………………………………………… 207
四、开拓进取的教育…………………………………………………… 214
五、突飞猛进的科技…………………………………………………… 218
六、关注众生的宗教…………………………………………………… 226
七、独具特色的风俗…………………………………………………… 234
第五章　凝重与华美：明清时期的荆楚文化…………………………… 238
一、社会变革中的人口流动与政区沿革…………………………… 239
二、国家大一统与区域学术思想………………………………… 245
三、推动时代潮流的文学与戏曲………………………………… 253
四、科举制度影响下的教育事业………………………………… 260
五、精博奥衍的传统科技成就…………………………………… 266
六、简奢相间的饮食文化风尚…………………………………… 274
七、礼乐政治下的信仰与习俗…………………………………… 280
第六章　激荡与峥嵘：近代荆楚文化………………………………… 288
一、纷纭繁杂的思想与思潮……………………………………… 289
二、推陈出新的文学艺术…………………………………………… 296
三、革旧立新的教育…………………………………………………… 306
四、大放异彩的新闻出版及图书馆事业………………………… 312
五、中西合璧的建筑…………………………………………………… 318
六、独具特色的学术与科技……………………………………… 324
七、时移代易的社会风俗…………………………………………… 329
参考文献………………………………………………………………………… 335

绪　论

刘玉堂

荆楚文化的源头和发展的中心区域在今天的湖北，其时间范围从远古到当代。之所以称荆楚文化，不仅因为其主源和主干楚文化是以湖北为主要地域成长壮大的，而且荆、楚又往往互称并举。荆楚文化史研究的主要范畴是湖北文化诞生、发展和演变的历史。至于本书称《荆楚文化简史》而不称《湖北文化简史》，主要由于“湖北”的概念是宋代才有的，始于北宋初年以洞庭湖为界分荆湖南、北二路，其中荆湖北路即指湖北。“荆楚”的概念则始于先秦，有族类名和地域名之分，前者如《诗·商颂·殷武》：“维女（汝）荆楚，居国南乡。”后者如《楚辞·大招》：“自恣荆楚，安以定只。”无论是族类名还是地域名，其对应的空间范围虽略有出入，但基本上都是以今湖北为中心，鉴于本书的时间跨度为远古至当下，故名之为《荆楚文化简史》更为切近。

《荆楚文化简史》的编撰兹事体大，因而对相关问题的说明尤为必要。

一是荆楚文化的空间界定。本书的空间范围固然是以今湖北行政区划为主，但现今的湖北省境，基本上是明清以来逐步规范形成的，在此前的数千年中，湖北与周边诸省之间的行政归属变动不居。因此，本书虽然明确强调研究的空间范围原则上不超出当今湖北行政区划，但如涉及思想影响、文化交流、人物迁徙、商旅流通乃至政治背景和经济状况等问题，尤其是牵涉到湖北局势发展的重要事象时，有关叙述或分析会越出今湖北省界的范围。

二是荆楚文化的内容定位。一般文化史研究，视角有宏观和微观之分，也即通常所谓广义文化与狭义文化之别，前者包括物质文明成果和精神文明成果的总和，后者仅限于精神文明成果。如采取宏观视角，难免失之于宽泛，而且极易与《湖北通史》一类著述雷同；如采取微观视角，则未免失之于狭窄，以致某些重要的文化内容不能得到应有的反映。有鉴于此，本书采取了介于宏观与微观之间的“中观”视角，即除重点考察微观层面的思想、学术、文学、艺术、教育、科技、宗教、民俗之外，还涉及时代变迁的社会背景和生态、移民、城建、商旅、交通等文化事象。当然，由于各个时代的文化状貌不尽相同，故允许各章在保持基本内容一致的前提下合理取舍。

概而言之，《荆楚文化简史》旨在经由多维度和全方位的考察，梳理出荆楚文化发生、成长和演变的线索，揭示出荆楚文化的基本特征、分衍状态和流迁趋势，勾勒出荆楚文化与其他区域文化乃至外域文化间多向的碰撞、交流和融合的轨迹，进而客观地评价荆楚文化在中华文化发展过程中所起的强大而持久的作用与影响。

一、荆楚的自然环境与民族氛围

地球上，有一条神奇的纬线——北纬 30° 线。它既是旧大陆古代文明的中轴线，又是长江流域的中轴线。埃及的古都孟菲斯，号为“神之门”的巴比伦，波斯帝国极盛时期的首都苏萨，以及南亚最早的两座古城之一哈拉巴，都无一例外地聚集在北纬 30° 线附近，中国的荆楚地区，也恰好位于这条轴线上，这或许是大自然的眷顾。

从自然环境来看，荆楚正好处在东西之中、南北之间。说荆楚处在东西之中，这是因为中国的地势从西到东由高变低，呈三级阶梯之状：青藏高原为第一阶梯，南起云贵高原、中经四川盆地和黄土高原、北至内蒙古高原为第二阶梯，华中迤东的丘陵和平原为第三阶梯。荆楚正好处在从第二阶梯到第三阶梯交接地带：鄂西在第二阶梯的东部，鄂中迤东在第三阶梯的西部。说荆楚处在南北之间，这是因为鄂北连接着秦岭、大巴山、桐柏山和大别山，鄂中迤南则为江汉平原和江南低山丘陵。荆楚整个地貌呈箕形：中部的江汉平原既平又低，西部、北部、东部是山地，只有南部向洞庭湖敞开。山环水绕的自然环境，温暖湿润的气候特征，不仅使荆楚的山郁郁葱葱，而且在境内形成不同流量的河流，汇入横穿其腹地的中国第一大河长江，众多水系如银练飘舞在广袤的荆楚大地上，构成纵横交错的水网，古云梦泽淤积遗留的大小湖泊，似明镜镶嵌于辽阔的江汉平原，调节着长江中游的旱涝。“得中独厚”的自然环境，不能说不是天赐荆楚。由此可见，距今215万—195万年填补了中国人类发展史上从猿到人进化史中“直立人”这一关键环节空白的建始直立人、距今约100万年中国大陆迄今所发现的显示直立人进化为较进步人种标本的郧县人先后发现于荆楚，并非偶然。

就民族氛围而言，荆楚也恰好位居东西南北之中。汉藏语系的四大语族，最迟在周代已具雏形。汉语族的先民在北，壮侗语族的先民在东，苗瑶语族的先民在南，藏缅语族的先民在西。四个语族相互接触、彼此交错的中心，就在荆楚。北来的姬、姜等姓和殷人的遗民是汉语族的先民，东部的扬越属于壮侗语族的先民，南方的楚蛮多数应是苗瑶语族的先民，西部的巴人属于藏缅语族的先民。正是在这壮丽的民族景观中，蕴含着盎然勃兴的历史机缘。

荆楚独特的自然环境和民族氛围，既有利于接纳来自四面八方的文化信息，又能保持强大的定力，外求诸人以博采众长，内求诸己而独创一格，从而在某种程度上形成了大同小异的风气，其主体居民沉浮与共、休戚攸关，桀骜多于驯顺，狂放多于拘谨，独创多于固守，喜游心于天人之际，驰骋于艺文之间，不乏苦志慧心和奇思丽想。

二、荆楚文化的主要特征

探讨荆楚文化的主要特征，离不开对楚文化特质的把握。由张正明先生率先提出并经众多学者不断完善的楚文化的“六大支柱”和“五种精神”，堪称楚文化特质的精练概括，前者即炉火纯青的青铜冶铸、绚丽精美的丝织刺绣、巧夺天工的木竹漆器、义理精深的老庄哲学、惊采绝艳的屈骚文学、恢诡谲怪的美术乐舞，后者即筚路蓝缕的艰苦创业精神、追新逐奇的开拓进取精神、兼收并蓄的开放融会精神、崇武卫疆的强军爱国精神、重诺贵和的诚信和谐精神。正是这“六大支柱”和“五种精神”，对荆楚文化特征的形成产生了重大而深远的影响。

在楚文化的根基上发展而来的荆楚文化，其鲜明特征最突出者有如下数端。

一是尊天重人。“天即自然”，尊天，即尊崇和顺应自然，这是源于楚地的道家思想的精髓，老子就力主“道法自然”，其名言就是“人法地，地法天，天法道，道法自然”。庄子也强调“毋以人灭天”，追求一种“天地与我并生，万物与我为一”的境界。荆门郭店出土楚简中有一部道家佚籍《太一生水》，比今本《老子》更为系统地表达了道家的宇宙生成论和生态文明观，主张“圣人无为，故无败……是以成辅万物之自然而弗敢为”，极力强调尊崇和顺应自然。重人，即尊重人的天性和重视民生。早期生息于湖北随州一带的炎帝神农为改善民生“播种五谷”“身亲耕，妻亲织”，为解除民疫“遍尝百草”“一日遇七十余毒”。早在春秋初期，随国大夫季梁就提出“民为神主”的观点：“夫民，神之主也，是以圣王先成民而后致力于神”，“所谓道，忠于民而信于神也”。季梁的这一观点，比孟子的“民贵君轻”早300多年，虽誉之以石破天惊亦不为过。

二是尚和贵诚。《老子》极力推崇的“上善若水”的理念，既是老子万物“冲气以为和”的智慧结晶，又是荆楚文化崇尚和谐的绝妙象征。尚和的终极目标，在于实现社会和谐与人类和平。楚相孙叔敖断然中止造成市场混乱的“以小改大”的钱币的流行、撤销劳民伤财的“升高车厢”的政令，堪称力促社会和谐、维护国家稳定的明智之举。如果说，楚庄王大力倡导的“止戈为武”“禁暴戢兵”，代表了古代战争与和平关系的最先进的思想观念，那么，楚共王奉行的“抚有蛮夷，以属诸夏”，则是这种思想观念的有效践行。贵诚以诚信为安身立命之本，这也是荆楚文化的一个优良传统。楚庄王复陈之举，赢得孔子“贤哉楚庄王！轻千乘之国而重一言”的由衷赞赏；伯牙子期“高山流水”的琴台知音典故，将人世间的诚信演绎到极致；楚人后裔季布“一诺千金”的故事，已成为中华民族诚信品格的经典表达。

三是狂放达观。荆楚雄奇的高山峡谷、浩渺的江水湖光是狂放达观特征产生的地理因素，而崇尚个性的价值取向和狂野梦幻的原始巫风则是狂放达观的人文因素。如果说，狂放在楚狂接舆和伟大爱国主义诗人屈原以及闻一多身上体现得淋漓尽致，那么，达观则通过庄子“鼓盆而歌”已见端倪。无论是释道安和习凿齿的襄阳晤对“弥天释道安”和“四海习凿齿”，还是以“醉吟先生”自号的皮日休的诗歌和呈“风樯阵马”之势的米芾的书法，乃至历代流寓荆楚的文坛巨擘笔下的诗词，如以“我本楚狂人”自诩的李白的《黄鹤楼送孟浩然之广陵》、“老夫聊发少年狂”的苏轼的《念奴娇·赤壁怀古》，无不展露出狂放的天性和达观的襟怀。自许“楚人”的张之洞为奥略楼所题楹联“昔贤整顿乾坤，缔造多从江汉起；今日交通文轨，登临不觉亚欧遥”，则于欣慰中透出自信，达观中尽显超迈。

四是兼收并蓄。荆楚居神州之中，可谓“九省通衢”，人口交流的频率和规模远在其他地区之上，从而表现出多元混融的价值取向。早在新石器时代晚期，屈家岭文化首次打破荆楚地区四大文化主体同存并立的格局，继之而起的石家河文化，促进了长江中游地区统一文化区的形成。夏商之际楚国的公族从中原南下“南土”，与江汉地区土著先民三苗遗裔融合，形成了具有独创精神的楚民族。魏晋南北朝时期，大量北方移民夹杂着西域胡人以侨州郡县的形式居于荆襄之地，催生出胡音汉韵的《西曲歌》。元末明初和明末清初“江西填湖广”和“湖广填四川”的先后两次大移民，更是激发了荆楚文化的活力，汉口镇因之从“天下四聚”一跃成为“驾乎津门，直逼沪上”的长江中上游地区最大都市。正是由于荆楚文化具有兼收并蓄的特质，所以，在晚清以来中西文化的激烈碰撞中，荆楚文化对西方先进文化有选择性地吸收，显示出较强的兼容性，从而在中国近代文化转型中勇立潮头。

五是守正图新。守正指不忘初心、坚守信念、秉持正义、追求真理。楚国将亡之际，楚人南公发出惊天誓言："楚虽三户，亡秦必楚。"言犹在耳，楚人陈胜、吴广揭竿而起，刘邦、项羽奋力亡秦。荆楚文化中这种坚守信念、不忘初心的基因，个性鲜明，薪尽火传。辛亥革命爆发前一周年，楚人后裔冯特民在《汉声》杂志上发出振聋发聩的呐喊："我坚信，推翻封建帝制，只有推翻秦朝的楚人来完成！"一年后的辛亥武昌首义，验证了这位先哲的预言，这并非偶然的巧合，而是历史的必然。图新，指善开风气、敢为人先、开拓创新、追求卓越。荆楚文化凭借其区位优势和创新主体所特有的精神，在不同历史阶段的不同领域都不乏创新之举。春秋初年楚武王首创县制，是制度层面的重大创举；春秋五霸之一楚庄王"始为军政"，是军事体制的重大革新；禅学南北两宗在荆楚黄梅东山形成并分流，是宗教文化领域的重大创造；被誉为"东方医药巨典"的《本草纲目》，属于科技文化领域内的重大创获；晚清张之洞督鄂期间大力实施的"湖北新政"，更是一种全方位的创新。

三、荆楚文化在中华文明发展史上的地位与影响

习近平总书记 2018 年 4 月 27 日参观湖北省博物馆精品文物展时指出："荆楚文化是悠久的中华文明的重要组成部分，在中华文明发展史上地位举足轻重。"这是对荆楚文化的精辟阐释和高度评价，是我们继承和弘扬荆楚优秀文化乃至中华优秀传统文化，促进其创造性转化和创新性发展的自信之基、立足之本和动力之源。

荆楚文化在中华文明史上的地位与影响，在政治与伦理、思想与学术、文学与艺术、科学与技术等诸多领域都有突出表现。

首先看政治与伦理。

屈原风骨对中华民族精神锻造所起的巨大而深远的作用，是荆楚文化对中华文明最显著的贡献。楚国伟大的政治家、思想家、文学家屈原，堪称跨越时空而体现中华民族精神的光辉典范。他“志洁行廉”的政治品格、“九死未悔”的爱国精神、“上下求索”的创新意识、“哀民多艰”的民生情怀，在不同的时代、不同的社会、不同的国度，都具有异乎寻常的感染力和影响力。正是因为如此，1953 年世界和平理事会所倡议纪念的“世界四大文化名人”中，屈原赫然在列，是中国也是亚洲唯一的入选者，这是中华民族的荣光，也是荆楚儿女的骄傲!

楚国首创县制对中国行政建制的发凡起例作用，是荆楚文化对中华文明的重要赋能。春秋早期，楚武王熊通在灭掉位于江汉平原西部的权国后，在其基础上设立了权县，这是中国历史上第一次将县作为一级行政单位设置。自秦王朝统一以来，作为地方行政机构的州、郡、府、县等时有变易，唯有县作为地方一级行政机构一直保存至今（州之名虽存，但其政区意义已变），成为中国行政建制中一个最关键的环节和最具标志性意义的文化符号，而其发明者正是极具开创精神的楚人。

“湖北新政”对中国近代社会转型的促进，是荆楚文化对中华文明的重大影响。在晚清“新政”中，湖广总督张之洞的“湖北新政”独树一帜，其内容主要有办实业、兴教育、练新军、修铁路，无一不是开中国近代社会转型风气之先，真可谓“缔造多从江汉起”。尤其是他组建的汉冶萍公司，是当时亚洲第一家大型钢铁联合企业，曾经得到毛泽东主席的高度评价：提起中国民族工业、重工业，不能忘记张之洞。“湖北新政”对中国近代社会转型影响之大由此不难想见。

辛亥武昌首义对中国制度变革的推动，是荆楚文化对中华文明作出的一个十分突出的成就。被誉为“此复神州第一功”的辛亥武昌首义，推翻了统治中国两千多年的君主专制制度，以巨大的震撼力和深刻的影响力推动了近代中国社会变革。首义后颁布的第一个近代宪法性质的文件《鄂州约法》，在我国法制史上第一次公开承认人民民主权利，开启了民主共和建设的大门。这一破一立所体现的中国政体变革，对中国政治的影响十分深远，是中华民族伟大复兴征程中一座巍然屹立的丰碑。

荆楚文化对中华伦理的浸润，从荆楚“五孝”已足可寻绎。孝老爱亲是中华民族的传统美德，由此形成的孝亲文化是中华传统文化的重要组成部分。在我国广为流传的“二十四孝”中，就有“五孝”同荆楚密切相关，即老莱子“彩衣娱亲”、丁兰“刻木事亲”、董永“卖身葬父”、黄香“温衾凉席”和孟宗“哭竹生笋”。故老相传，老莱子是春秋晚期今湖北荆门人，丁兰是汉代今湖北南漳人，董永虽为汉代今山东人，但其卖身葬父则事发今湖北孝感。据文献记载，黄香是东汉时期今湖北云梦人，孟宗是三国时期今湖北孝昌人。毫无疑问，荆楚是中华孝文化典型最集中、底蕴最深厚、影响最深远的地区。

其次看思想与学术。

季梁“民为神主”学说和楚庄王“止戈为武”的理念，分别代表着荆楚文化在中国古代民本意识和人类和平思想形成过程中无可替代的地位。

季梁是春秋早期位于今湖北随州一带的随国的一位思想家、政治家和军事家。据《左传·桓公六年》所记，季梁的学说以“民为神主”为中心：“夫民，神之主也……故务其三时，修其五教，亲其九族，以致其禋祀，于是乎民和而神降之福，故动则有成。”“上思利民，忠也；祝史正辞，信也。”根据此前的认知，是神为民之主，民需忠于君而信于神。而按照季梁的理论，则是民为神之主，君须忠于民而信于神。这种意识出现在春秋早期，可谓空谷足音！战国中期孟子著名的“民贵君轻”的理论，很可能受到了季梁的启发。

如果说“民为神主”是民本意识的先声，那么，楚人“止戈为武”的理念，则是人类和平思想的前导。“止戈为武”，是春秋五霸之一楚庄王的名言。“止”，即停止；“戈”，指兵器，象征战争。“止戈为武”的字面意思是说“武”这个字由“止”和“戈”两个字构成，实际上是指使用武力的目的是停止战争，换言之，战争的目的不是挑起更大的战争，而是为了实现和平。楚庄王对战争与和平关系的认识，堪称人类和平思想的经典表达，不仅代表了中国古代战争与和平观念的最高认知水准，即使在当下乃至未来，仍然具有十分重要的世界性的理论意义和实践价值。

荆楚文化对中华学术的贡献，突出体现在茶文化和佛道文化两个方面。

虽说神农氏已发明茶饮，但将饮茶上升到文化层面则始于唐代竟陵人陆羽。陆羽醉心茶事，遍访神州，写下了世界上第一部茶学专著——《茶经》。其内容从茶的起源到种茶、制茶、烹茶之法，从饮茶器具到名茶产地和品茗之道，条分缕析，广博精深，标志着中华茶文化的形成，陆羽也因之被世人称为“茶圣”。《茶经》还被译成英、法、俄、日等多种文字出版，打开了中华茶文化海外传播的门户。清代前期，全国最大的茶叶贸易市场汉口被称为“东方茶港”。

禅宗正式形成于今湖北黄梅东山，因而又称“东山法门”。其始于四祖道信，兴于五祖弘忍，成于六祖慧能。唐玄宗时，慧能的弟子神会入洛阳大行禅法，禅宗因而成为中国佛教最大的宗派，以至有“天下禅林，皆出东山法门”之说，其影响及于宋明理学。武当山位于今湖北十堰市，自唐太宗李世民敕建五龙祠始，历代帝王莫不极力推崇武当真武神。明成祖朱棣更是奉真武为护国之神，依“皇室家庙”的规格和法式广建宫观，武当山由此以“治世玄岳”的崇高地位成为全国道教中心。

再次看文学与艺术。

楚辞和“优孟衣冠”“汉调进京”，分别代表着荆楚文化对中国文学和艺术巨大而深远的影响。

以屈原为代表的楚国作家群体所创作的楚辞，既是同《诗经》并峙的中国文学的两大高峰之一，又是中国文学的两大源泉之一。相比于《诗经》，楚辞的节奏韵律更善于变化，状物写景更富于想象，表情达意更趋于委婉。历代人文学者，几乎没有不受楚辞浸润的，用刘勰《文心雕龙·辨骚》的话说，是“气往轹古，辞来切今，惊采绝艳，难与并能”，“其衣被词人，非一代也！”

春秋时期，楚国乐人优孟以善于模仿人物声形表演而闻名于世，“优孟衣冠”因之成为中国戏曲表演艺术的代名词。清代乾隆时期，荆楚“汉调”偕徽班进京，京城流传的京剧“班曰徽班，调曰汉调”，正是指的京剧唱腔主要承袭汉调皮黄腔即西皮、二黄而来。京剧界享有盛誉的“荆楚三杰”，即崇阳米应先、罗田余三胜和江夏谭鑫培，对京剧的成熟和发展作出了举世公认的成就。不仅如此，与京剧、越剧、评剧、豫剧并称为中国五大剧种的黄梅戏，也因发源于清代中晚期鄂皖赣交界处的黄梅多云山而得名。荆楚文化对中国戏曲艺术的贡献由此可见一斑。

最后看科学与技术。

荆楚文化对中华科学与技术的贡献，集中体现在农耕、青铜、活字印刷和医药几个方面。

炎帝神农氏是与黄帝轩辕氏并称于世的中华民族人文始祖，是海内外中华儿女景仰的我国原始社会部落联盟的杰出首领。众多文献记载表明，湖北随州是炎帝神农部落的发祥地，该部落正是以随州为中心，沿汉水向长江流域和黄河流域南北拓展的。相传炎帝神农有八大功绩，其中最重要的是制造生产工具和种植五谷，不愧为中华农耕文明的开创者，为中华民族和中华文明的绵延壮大作出了卓越的贡献。

湖北大冶铜绿山古铜矿上起商末，下至汉初，是我国迄今发现的开采时间最长、矿石品位最高、采冶技术最先进、炼炉保存最完整、青铜产量最大的古铜矿遗址。青铜是上古时期的头等经济资源和战略资源，大冶铜绿山古铜矿的开发，对楚国的迅速崛起和保障周王朝以及中原地区的用铜需求，尤其是古代中国青铜文明的繁荣发展，乃至近代汉冶萍公司的组建等，都发挥了十分关键的作用，在中华青铜文明发展史上的地位至关重要。

宋代今湖北英山人毕昇发明的活字印刷术，是中国古代“四大发明”之一，标志着印刷史上重大变革的完成。这一重大技术还相继传到日本、朝鲜和欧洲，对世界印刷发展和文化传播与交流都产生了难以估量的影响，马克思称其变成科学复兴的手段，变成精神发展创造的必要前提和最强大的推动力。

明代荆楚蕲州（今蕲春）人李时珍穷尽毕生心血撰写的《本草纲目》，在海内外影响巨大。宋代荆楚蕲水（今浠水）人庞安时所著《伤寒总病论》、明代荆楚罗田人“医圣”万全所著《万密斋医学全书》、清代荆楚广济（今武穴）人杨济泰所著《医学述要》等，无一不是中国医药史上的杰作，对中国医药学的贡献令世人瞩目。

从某种意义上说，荆楚地域是南方文明的中心，早在春秋战国时期，就有作为长江文明表率的楚文化横空出世，不仅与中原诸夏文化竞相媲美，而且与西方古希腊文化争奇斗艳。秦汉以后，这里仍有丰厚的文化积淀、宽松的文化环境和应时的文化机缘，因而道家、禅宗得以发展，成为南学的中心和新学的重镇，在科技领域和艺文园地也不乏奇思妙想和佳构鸿篇。

体大思精、源远流长的荆楚文化，生于钟灵毓秀之地，长于人文荟萃之乡，成于风云际会之域，沐风栉雨，傲雪凌霜，含英咀华，明丽天然。其和以直，旷以逸，文而质，博而精，浩瀚若海，厚重如山，大而弥新，久而弥坚，傲然卓立于中国地域文化之林，摇曳多姿，纷华照眼！

第一章 肇启与新纪：史前时期的荆楚文化

所谓史前时期，就是考古学上的旧石器时代和新石器时代。这是人类的童年时期，人与自然、人与社会、人与人之间的秩序正在逐渐建立之中，人的劳动技能、思想智慧、艺术创造力与早期人类共同成长，原始文化不断开新，史前文明渐次起步。

当巡礼中华地域文明版图时，我们不无崇敬地发现：在混沌初开的史前时期，在长江中游、洞庭之滨的荆楚故地，荆楚先民早已在此艰苦跋涉，开辟草莱，从蒙昧走向文明，书写了荆楚文化精彩史卷的第一篇章。

在“人猿相揖别”的旧石器时代，最早的荆楚居民就在这块土地上繁衍生息，创造了荆楚人类早期文化。目前，湖北境内已发现200多处旧石器时代的文化遗址和古人类化石出土点[①]，涵盖旧石器早、中、晚期三个不同的发展阶段。这些重要发现，极大地丰富了我国旧石器时代考古的学术体系，为研究中国古人类的起源与演化提供了极为重要的材料。

进入新石器时代，荆楚史前文化进一步兴盛，目前已经发现新石器时代文化遗址近3000处，基本上遍布全境。而且荆楚地区新石器文化发展谱系相对完整，从城背溪文化到大溪文化，继之屈家岭文化和石家河文化，薪火相传，赓续不断。考古发掘与研究证明：距今七八千年

① 刘玉堂、赵毓清主编：《中国地域文化通览·湖北卷》，中华书局2013年版，第23页。

前，荆楚先民修房筑巢，渔猎采集，刀耕火种，是中国农耕文明的起源地之一；距今四五千年前，荆楚先民筑垣修城，冶金琢玉，旋轮纺线，刻画记事，荆楚之地一跃成为长江中游史前文明的中心，荆楚文明大放异彩。

纵观荆楚史前文化的发展轨迹，从建始人、郧县人到长阳人，从城背溪文化、大溪文化，到屈家岭文化、石家河文化，荆楚地区是中国古人类起源与演化的重要地区之一，是中国新石器时代文化的富集地区之一，也是中华文明的重要起源地之一，荆楚先民一直在这块土地上奋力开拓，生生不息，创造了辉煌灿烂的原始文化，为璀璨夺目的荆楚文化开启先声。

更为重要的是，在中华文明起源和多元一体的发展进程中，荆楚史前文化辉煌灿烂，风姿绰约，延伸了历史轴线，增强了历史信度，丰富了历史内涵，活化了历史场景，为实证“早期中国”文明基因贡献了荆楚力量。同时，荆楚地域所在的长江与黄河珠联璧合，成为中华文明的共同摇篮。在这个过程中，荆楚史前文化贡献巨大。

一、走出鸿蒙的旧石器时代文化

旧石器时代是人类的童年时期，也是人类历史上最漫长的一个时期，占人类发展历程的99%。旧石器时代大体与地质学上的更新世相当，一般将其划分为三个阶段，即旧石器时代早期、中期和晚期。在旧石器时代，人类完成了从猿到人的转变，并且进一步演化成为现代人。旧石器时代文化的主要特征是：在这个阶段的大部分时期里，远古人类过着穴居生活。他们懂得用火，懂得制造和使用简单的工具。他们的生产工具主要为打制石器。他们的生活来源主要是捕猎野兽、鱼类和采集果实，农业和畜牧业还没有产生。在这个时代，社会组织为原始群形式，处于男女关系松散的杂婚状态。目前，我国已发现旧石器遗址逾2000处，涵盖距今200多万年至1万年的各个时段，基本上构建了华夏大地旧石器时代历史的基础和基干。

荆楚地区地貌类型复杂，岩溶洞穴发育，生态环境优越，生物资源丰富，是人类理想的栖息之地，非常适合古人类的生存与发展。截至目前，经过考古调查和发掘的旧石器遗址和化石出土地点，在今湖北建始、郧县（今十堰市郧阳区，下同）、郧西、房县、神农架、丹江口、襄阳、江陵、长阳、五峰、枝城（今宜都，下同）、枝江、大冶、咸宁、武汉等全省大部分范围内都有发现，初步统计达200处以上，其中比较重要的旧石器遗址和古人类化石出土地点有：建始人遗址、郧县梅铺人遗址、郧县人遗址、郧西白龙洞人遗址、大冶石龙头遗址、神农架古犀牛洞遗址、长阳人遗址、宜都九道沟遗址、丹江口石鼓后山遗址、郧西人遗址、江陵鸡公山遗址、房县樟脑洞遗址等[①]。从上述旧石器时代遗址的分布看，它们大部分集中于湖北西北部地区，那里山大林密，这也从一个方面说明早期人类习惯栖居山地、洞穴。

更为重要的是，在上述荆楚地区旧石器遗址中，出土了许多珍贵的古人类化石及大批与之共存的动物群化石和打制石器。特别是在古人类化石材料方面，荆楚地区地下出土丰富，其中有约200万年前的建始人、约100万年前的郧县人、约50万年前的郧县梅铺人与郧西白龙洞人、约20万年前的长阳人、约10万年前的郧西人、约2万年前的汉阳人……上述材料表明，荆楚地区旧石器早、中、晚期三个不同阶段古人类的发展序列较为清晰，说明荆楚地区远古人类绵延不绝，是中国古人类重要的发祥地和演化地，对研究中国古人类的起源及演化具有重要意义。

（一）旧石器时代早期遗址与古人类化石

湖北境内已发现的旧石器时代早期遗址与古人类化石主要有建始人遗址、大冶石龙头遗址、神农架古犀牛洞遗址、郧县人化石、郧县梅铺

① 陈振裕主编：《湖北文物典》，湖北人民出版社2010年版，第4–6页。

人化石、郧西白龙洞人化石等。

建始人遗址位于建始县高坪镇麻扎坪村龙骨洞。自 1970 年开始，考古学家对龙骨洞遗址进行过多次发掘，一共清理文化堆积 2500 立方米，发掘出 3 枚“似人似猿”的牙齿化石，30 多个种属大哺乳动物化石，50 多个种属小哺乳动物化石，同时在堆积中还发现了多件石器、石制品和骨器①。

从磨蚀程度看，3 枚“似人似猿”的牙齿化石应该属于 3 个不同的个体。遗址出土石器类型单一，以刮削器为主，共计 177 件，占石器总数的 93. 7%。石器加工粗糙，刃部边缘不平直。石器体量偏小，重量超过 100 克的标本极少。石制品 592 件，其中石核 73、石片 46、石器 189 件，其余 184 件为石块和碎屑。

通过古人类学、古植物学、沉积岩石学、地球化学和古地磁学等多学科的综合研究，研究者确认在建始发现的“似人似猿”牙齿化石为人属早期成员的牙齿化石；同时，石器有明显的打击痕迹，早于元谋人、蓝田人、北京人。据此，建始龙骨洞发现的古人类被命名为“建始直立人”，其年代为距今 215 万～ 195 万年。直立人是人属的一个种，是旧石器时代早期的人类。建始龙骨洞也因此被确认为“建始直立人遗址”，是我国发现的最早古人类遗址之一。

建始直立人填补了中国人类发展史上从猿到人进化史中“直立人”这一关键环节的空白，有力证明中国人的发展具有本土连续性，对于当今中国乃至东亚旧石器时代考古研究，对于探讨人类起源的“一元”“二元”或“多元”理论具有十分重要的学术价值。

2004 年，考古工作者还在建始人化石出土地周边的杨家坡洞、岩湾洞、猪头包、龙洞子等处又清理出数千件哺乳动物化石，其中至少有

① 许春华、韩康信、王令红：《鄂西巨猿化石及共生的动物群》，《古脊椎动物与古人类》1974 年第 4 期；裴树文、高星、许春华等：《湖北建始高坪洞穴调查及其试掘简报》，《人类学学报》2010 年第 4 期。

11 枚化石属于古人类牙齿。研究者认为，建始龙骨洞一带化石点密集，不排除还会有其他重要发现。这些发现的重要意义在于有可能说明整个更新世时期（更新世和考古学上的旧石器时代相当）都有古人类在这一地区活动。同时，这些发现也说明，轰动世界的建始直立人并非孤立存在，而有着其文化发展的延续性①。

郧县人化石发现于十堰市郧县。郧县境内大部为山地，一般海拔为 500 米左右，气候温和，物产丰富，非常适宜人类生息繁衍。郧县人化石就出土于郧县青曲镇弥陀寺村曲远河口学堂梁子，遗址是位于汉江岸边的一处四级台地，其最高点距离汉江水面高程约 50 米。

1989 年、1990 年，考古工作者在学堂梁子麦地表土之下先后发现了 2 件基本完整的古人类头骨化石（图 1–1），以及一批石制品和哺乳动物化石②。这是湖北首次发现，同时也是最完整的古人类头骨化石。

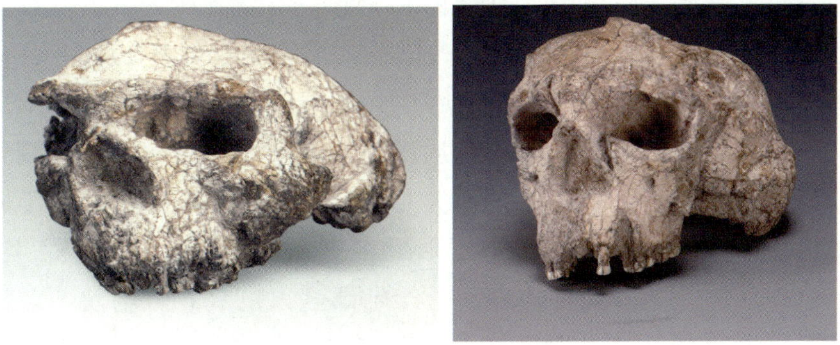

图 1–1　郧县人头骨化石

注：1 号头骨化石（左）、2 号头骨化石（右）

郧县出土的 2 件头骨化石都保存了脑颅和面颅，虽然因为长期受到

① 湖北省文物考古研究所：《湖北建始杨家坡洞发掘简报》，《江汉考古》2010 年第 4 期。

② 李天元、王正华、李文森等：《湖北郧县曲远河口化石地点调查与试掘》，《江汉考古》1991 年第 2 期。

挤压导致变形，但其基本形态特征非常明显：颅顶低矮；眉脊粗壮，左右相连；前额低平，向后倾斜；颅骨最宽位置在耳孔上方；枕骨不像现代人一样呈圆隆球形，而是有明显的转折，枕骨圆枕粗壮；吻部明显向前突出；牙齿粗壮硕大，臼齿尤其宽大平展。

研究发现，郧县出土的2件头骨化石与此前亚洲发现的直立人化石如北京猿人、蓝田人、爪哇人等古人类化石的形态基本一致，应该属于直立人类型，因此研究者将其定名为“直立人郧县亚种”，简称“郧县人”。

研究者还成功复原出郧县人头骨模型。经测算，郧县人的脑容量值为1065毫升，接近北京猿人1075毫升的脑容量，这也为郧县人处于比较原始的直立人阶段的推测，又提供了一个科学证据。

在学堂梁子遗址，考古工作者还获得石制品493件。该批石制品可分为石核、石片、砍砸器、刮削器和尖状器等。其中，砍砸器最具特色。此外，遗址还出土了与郧县人化石共存的动物化石20多种，动物群组合呈现出南北动物混合的特点。

关于郧县人的年代，研究者从古地质学、古动物学和考古测年学三个方面进行了严谨、科学的研究与测定。在古地质学方面，学堂梁子遗址位于汉江岸边台地，地层形成于更新世早期至中期，距今115万～100万年；在古动物学方面，伴生郧县人的动物群与陕西蓝田人伴生动物群比较，二者性质趋向一致，同为南北动物种类混合，相同或相似种属达到60%以上。而蓝田公主岭动物群的年代也在距今115万～100万年；在考古测年学方面，研究者先后使用了铀系法、古地磁法和电子自旋共振三种方法对郧县人的年代进行测定，其结果是：郧县人生活的年代大约为距今90万～80万年。

综合以上三个方面的研究成果，学术界认为，郧县人的年代为距今约100万年[①]。

① 李天元、冯小波：《长江古人类》，湖北教育出版社2004年版，第226页。

学堂梁子遗址是我国继北京周口店之后发现的又一处重要的古人类遗址，遗址出土的2件古人类头骨化石标本，是在中国大陆迄今所发现的直立人进化为较进步人种的最完整标本，为古人类研究提供了极其珍贵的资料。

通过对郧县人石器的进一步研究，研究者惊喜地发现了一批石制手斧。这些手斧是两面加工，呈梨形，一端略尖、一端略圆，宽厚有一定比例，代表了人类当时较为成熟的石制品制造技术（图1–2）。

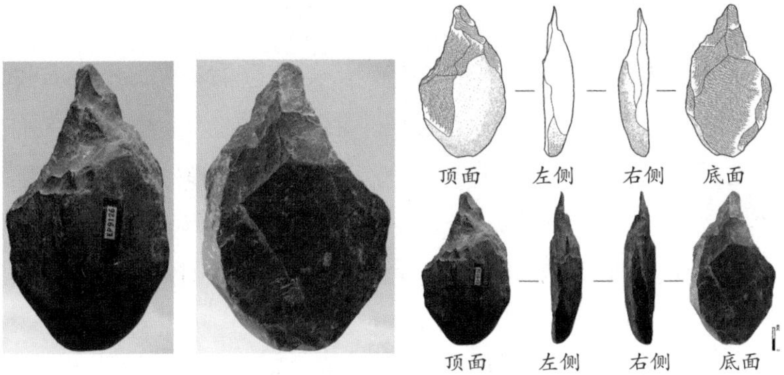

图1–2　郧县人遗址采集的手斧

手斧是世界旧石器文化研究领域最受学术界关注的遗物之一，过去它们曾较多发现于欧洲和非洲地区，其中以非洲发现的手斧时代最早，距今已有150万年，而在欧洲发现的手斧器形最为规整，制作最为精致，距今也有50万年左右。而在中国过去的古人类如云南元谋人、陕西蓝田人以及北京猿人的发掘与研究中，都没有在与古人类化石共生的地层中发现手斧。据此，国外一些学者以有无手斧为标志，将旧石器时代早期人类划分为两种文化圈：一种是掌握进步技术即能打制工艺复杂的手斧的文化圈，另一种是只会打制粗陋的砍砸器和使用未经加工的石片的文化圈。前者以地中海为中心，包括整个非洲、欧洲以及西亚；后者以东亚和东南亚为中心，中国包含其中。而郧县人遗址手斧的发现，改写了长期存在于西方学术界“旧石器时代中国无手斧”的观点[①]。

经国家文物局批准，2021年以来，湖北省文物考古研究院联合中国科学院古脊椎动物与古人类研究所、武汉大学等单位对学堂梁子遗址再次进行系统的考古发掘。此次发掘面积为203平方米，共布设1×1米探方203个，考古队以2厘米为一个操作层开展精细发掘。

2022年5月18日，继1989年、1990年发现2件距今100万年左右的古人类头骨化石之后，学堂梁子遗址再次发现1件古人类头骨化石，被命名为郧县人3号头骨，发现地距前2件头骨化石出土地点仅30余米。

国内古人类研究领域多位权威专家实地查看并召开论证会讨论认为，3号头骨化石出露部分保存完好，形态清晰，古人类属性确凿。前2件头骨化石因地层堆积物挤压已变形，而3号头骨化石形态基本正常，保存完好程度极为罕见，是迄今所见欧亚内陆同时代最完整的古人类头骨化石，其所能提供的性状信息，应该比前2件头骨化石更丰富。

目前，郧县人3号头骨化石已经被顺利提取，已进入实验室修复和研究环节，其具体年代还需科技测年进一步确认。专家一致认为，3号头骨化石与前2件头骨化石埋藏环境、伴生动物群与石制品技术特征均相似，初步判断3件头骨化石应属同一时代。郧县人3号头骨化石保留了该阶段人类重要而稀缺的解剖学特征。该化石处在欧亚大陆古人类近200万年演化历程的中间和关键环节上，为探讨东亚古人类演化模式、东亚直立人来源等重大课题，以及实证中华大地百万年人类史，提供了关键节点的信息与重要依据。

梅铺人化石出土于郧县梅铺镇西沟口村杜家沟。1973—1975年，经过多次田野调查和两次科学发掘，一共发现4枚人类牙齿化石、1件有

① 祝恒富、严烽：《鄂西北手斧》，《荆楚文物》（第3辑），科学出版社2018年版，第144-150页。

人工打制痕迹的石核以及伴出动物化石 20 余种。

鉴定结果表明，梅铺遗址出土的牙齿化石可能代表着 3 个不同年龄的个体。这些牙齿化石齿冠硕大，齿根粗壮，门齿呈铲形构造，底结节发达。尤其是前臼齿嚼面附脊发育，齿冠面积明显大于北京猿人，几乎是现代人的两倍。学者研究后认为：梅铺遗址出土的 4 枚牙齿和北京猿人牙齿很相似，属于直立人之列。

经对梅铺遗址出土的动物化石进行研究后发现，这些动物化石属于华南型大熊猫—剑齿象群，表明梅铺遗址及附近当时还是拥有热带森林、草原及河流的温暖湿润地区。

根据牙齿化石、伴出动物化石判断，梅铺人的年代为距今约 50 万年，属于旧石器时代早期①。

梅铺人化石的发现在中国人类进化史上具有重要的学术意义。在时间上，梅铺人介于元谋人与北京猿人之间；从空间上看，梅铺人的居地不仅恰好位于元谋人与北京猿人居地之间的中间点上，而且也正好与蓝田人居地互为东西。所以，梅铺人的发现，不仅扩大了中国猿人化石分布点的研究范围，而且为研究我国古人类的起源和发展，提供了更多可靠的资料，具有重大的科学价值。

白龙洞人化石出土于郧西县安家乡神雾岭村白龙洞遗址。自 1976 年以来，经过多次发掘及征集，一共获得 8 枚人类牙齿化石，以及动物化石、石制品、骨制品多件及其他与古人类活动有关的证据。

通过对白龙洞猿人牙齿化石、石器、伴出动物群的综合分析，研究者认为，白龙洞人的年代为中更新世纪，距今约 50 万年，其年代属旧石器时代早期②。

---

① 许春华：《湖北郧县猿人化石地点的发掘》，《古人类论文集》，科学出版社 1978 年版。

② 吴汝康、吴新智主编：《中国古人类遗址》，上海科技教育出版社 1999 年版，第 66–67 页。

白龙洞遗址还被专家认定为中国迄今发现最大的猿人洞。专家实地考察后发现，白龙洞内部结构可以划分为“四室一厅”，即洞口一厅，厅宽20米、高3米；厅后又有4室，每室宽10多米、高3米。洞内室与室相连，“四室一厅”的深处还有门洞可掘进。如此壮观、深邃的古人类居住洞穴，为目前国内仅见。

在白龙洞遗址发掘过程中，专家们还发现了燃烧的痕迹，如烧黑的泥土和骨骼化石等，初步分析为古人类用火取暖或烧烤食物所留。火的使用，是古人类进化史上一个重要的里程碑，使古人类在生活方式、行为模式、体质进化和分布区域等方面都产生了重大突破与改变。如在生活方式和行为模式方面，火可以取暖、照明、驱赶猛兽，还可以让当时的人们聚群而居、加工食物等。因此，白龙洞遗址的燃烧痕迹，是一个重大的发现[①]。

白龙洞人在中国古人类进化史上同样具有重要的意义。从时间上看，白龙洞人处于晚期猿人向早期智人的过渡阶段；从空间上看，白龙洞人无疑是北京猿人在中国南方的同属，填补了北京猿人生存时代中国南部猿人生存的空白，从而弥补了中国古人类进化史上的一个重要缺环。

石龙头遗址于1971年发现于黄石市大冶湖畔，是一处文化面貌别具一格的旧石器早期人类活动遗存，为了解中国南方旧石器时代早期文化提供了重要资料[②]。

石龙头遗址出土石制品88件，主要有石片、石核、刮削器、砍砸器等。其中石核34件、石片27件、砍砸器17件、刮削器10件。石器原料主要是石英岩，其次是燧石。石器制作方法主要为锤击法。

石龙头遗址伴出的动物化石主要有东方剑齿象、大熊猫、中国犀、

① 武仙竹、裴树文、吴秀杰等：《湖北郧西白龙洞古人类遗址初步研究》，《人类学学报》2009年第1期。

② 李炎贤、袁振新、董兴仁等：《湖北大冶石龙头旧石器时代遗址发掘报告》，《古脊椎动物与古人类》1974年第2期。

中国鬣狗、豪猪等，属华南型大熊猫－剑齿象动物群，为中更新世的典型动物。

学者研究发现，石龙头遗址出土石器的特色比较明显，如无论是石片、石核或石器工具，均显得粗大而厚重；打片只用锤击法，导致石片和石核的形制极不规整；工具类石制品简单，仅刮削器和砍砸器两类，且以后者为主；修理石器多采用复向加工，工艺粗糙，从而导致器形不规整，刃缘曲折。

正是基于以上特征，研究者将石龙头遗址石器文化称为“粗化文化”。所谓“粗化”，既指器物本身粗大厚重，又指其加工技术粗糙简单。前文所说的“别具一格”，正是指石龙头文化典型的“粗化”特征。

关于石龙头遗址的年代，学术界一直有不同的认识。一种观点认为，就石龙头石制品技术水平和发展阶段而论，与北京猿人相当或稍晚，应该属于旧石器时代早期。另一种观点认为，石龙头遗址的年代很可能已经进入了旧石器时代中期。铀系法测定结果显示，石龙头遗址的年代为距今 28.4 万年[①]，这个数据与该遗址出土石器的年代、动物群化石的年代是吻合的。因此，学术界基本认定石龙头遗址的年代为旧石器时代早期偏晚阶段。

石龙头遗址是长江中游一处重要的旧石器文化遗址，为了解湖北乃至中国南方旧石器时代早期文化提供了重要资料。

此外，在湖北西部的神农架古犀牛洞也出土了动物化石、石器多件。经鉴定，该遗址出土动物化石种类达 30 多种，石器包括砍砸器、刮削器、砸击石锤和雕刻器等。石器大多以黑色燧石为原料，也有少量以英砂岩为原料，多为击打加工而成。研究表明，神农架古犀牛洞旧石器遗址年代为距今 40 万年左右，和北京猿人同时期或稍晚于北京

① 原思训、陈铁梅、高世君：《华南若干旧石器时代地点的铀系年代》，《人类学学报》1986 年第 2 期。

猿人。

神农架古犀牛洞旧石器遗址海拔约 2100 米，是我国除西藏之外海拔最高的一处旧石器遗址，极大地丰富了我国高山洞穴考古的材料，由此我们对古人类的生存范围、适应能力等，也有了崭新的认识。

（二）旧石器时代中期遗址与古人类化石

在距今 20 万年前的更新世晚期，人类从猿人阶段进化到智人阶段。智人是古人类演化的最高阶段，分早期智人和晚期智人，年代在距今 20 万～ 1 万年。其中，早期智人生存的时代相当于考古学上的旧石器时代中期。在湖北境内，目前发现的属于早期智人即旧石器时代中期的人类化石与遗址主要有长阳人化石、宜都九道沟遗址等。

长阳人化石发现于长阳土家族自治县黄家塘乡钟家湾关老山南坡的一个洞穴之中。1956 年，当地村民在村子附近的龙骨洞挖龙骨时发现了 1 件残破古人类的上颌骨化石。1957 年，古人类学家贾兰坡等在钟家湾继续进行考古发掘，又发现了 1 颗古人类臼齿化石和 10 多种哺乳类动物化石[①]。

长阳人上颌骨化石保存有齿槽的前段大部分及上颌体部分与颚突前部，还附连有第一前臼齿和第一臼齿。考察发现，该上颌骨一方面保留有若干原始性，如梨状孔的下部较宽，鼻腔底壁不如现代人那样凹，而与猿类接近，犬齿比较发达等；另一方面又呈现出许多与现代人相近的进步特征，如颌骨的倾斜度没有北京猿人显著，鼻棘较窄而向前，上颌窦前壁向前扩展超过第一前臼齿，颚面凹凸不平。总的来说，长阳人牙齿粗壮硕大，嚼面构造比较复杂，其进化特征介于猿人与现代人之间。

与长阳人化石同出的哺乳类动物化石主要有古豺、大熊猫、洞穴鬣狗、东方剑齿象、巨貘、中国犀牛等，属于典型的华南型大熊猫－剑齿

① 贾兰坡：《长阳人化石及共生的哺乳动物群》，《古脊椎动物学报》1957 年第 3 期。

象动物群，该动物群的生存时代为中更新世末期到晚更新世早期。

贾兰坡先生在对长阳人化石进行深入研究后指出，长阳人不仅具有现代人特征，而且具有一定程度的原始特征。就整体而言，长阳人所呈现的现代人的特征比其原始特征更多。贾兰坡先生指出，在我国南部地区从来没有发现过有如上述性质的人类的任何材料，长阳人的发现，不仅给江南动物群增加了新的种属，并为地层的划分提供了新的证据，同时给人类本身的分布与演化提供了新的资料[①]。

经测定，长阳人化石的年代为距今约 20 万年，被认定为早期智人，属于旧石器中期的人类[②]。

长阳人是我国长江以南最早发现的古人类之一，在中国古人类研究中占有重要的地位。长阳人的发现，说明长江流域同黄河流域一样，是中国古人类的起源地，是中华民族诞生的摇篮。

九道沟遗址位于宜都青龙嘴乡九道河村九道河岸边的一个石灰岩洞穴中。该遗址于 1986 年被发现，此后进行了多次发掘，共获得石制品 395 件和 10 多种哺乳动物化石[③]。石制品原料以石英岩为主，还有少量硅质岩和燧石，石料应该是就地取材，采自九道河河滩。395 件石制品可以分为四类，即石核、石片、砍砸器和刮削器。

与大冶石龙头遗址相比，九道沟遗址所体现的古人类文化呈现出一定的进步性，如九道沟石器出现了台面修理技术、九道沟石器中刮削器的比例更大，还有如石龙头石器以石核石器为多，而九道沟石器则以石片石器占主导。这些变化，反映出两个遗址年代的早晚以及文化发展的阶段性。

---

① 贾兰坡：《长阳人化石及共生的哺乳动物群》，《古脊椎动物学报》1957 年第 3 期。

② 原思训、陈铁梅、高世君：《华南若干旧石器时代地点的铀系年代》，《人类学学报》1986 年第 2 期。

③ 李天元：《湖北枝城九道沟旧石器时代遗址发掘报告》，《考古与文物》1990 年第 1 期。

结合九道沟遗址石器与伴出动物群的特征，以及其与石龙头遗址的比较，可以确定，九道沟遗址已经进入旧石器时代中期。

大冶石龙头与宜都九道沟两处遗址的文化面貌相近，年代相接，为探索长江中游旧石器文化的发展与演进，提供了难得的资料。

（三）旧石器时代晚期遗址与古人类化石

约距今5万年前，早期智人进一步发展成为晚期智人，这个阶段在考古学上属于旧石器时代晚期。湖北境内已发现旧石器时代晚期的遗迹遗物比旧石器时代中期的遗迹遗物更多，主要有丹江口石鼓后山遗址、郧西人化石、江陵鸡公山遗址、房县樟脑洞遗址及汉阳人化石等。

石鼓后山遗址位于丹江口市凉水河石鼓村后山。该遗址调查采集到石制品多件，石料以燧石为主，其次是石英岩。考古工作者实地调查发现，该遗址附近河滩很少有燧石，显然这些燧石石料是由其他地方采集而来的。“工欲善其事，必先利其器。”生活在数万年前的远古人类，同样熟谙这一道理，他们舍近求远，到距离居住地较远的地方去挑拣好的石料，以便打造得心应手的石器工具，其良苦用心，令人叹服。

石鼓后山遗址出土石制品中，石核有多台面、球形和片状石核数种形态，形体较小，显得十分精巧。石核上有多次剥落石片后留下的阴影面，反映出打片技术的提高；石片以中小型居多，天然台面较少，而修理台面占2/3以上；砍砸器和刮削器制作都很精细，形体小巧。不难看出，石鼓后山遗址石器具有较为进步的特征。石鼓后山遗址还出土有鬣狗、犀、猪、牛等动物化石①。根据石鼓后山遗址出土石制品的文化特征判断，该遗址年代为旧石器时代晚期②。

郧西人化石出土于郧西县李师关村附近的黄龙洞。自2002年至

① 湖北省博物馆、丹江口市博物馆：《丹江口市石鼓后山坡旧石器地点调查简报》，《江汉考古》1987年第4期。

② 杨宝成主编、黄锡全副主编：《湖北考古发现与研究》，武汉大学出版社1995年版，第16-17页。

2006年，考古工作者对黄龙洞进行了多次调查与发掘，先后发现7枚古人类牙齿化石、一批古人类制作使用的工具、疑似燃烧痕迹、古人类采集的果物壳、大量伴生动物群化石及其他与古人类活动相关的证据①。

郧西人牙齿化石石化程度较轻，保存比较完整，齿冠、齿根等各部分特征比较清晰，牙齿的某些特征与晚期人类比较接近。

对郧西人牙齿磨耗与使用痕迹的观察显示：除具有正常牙齿相互接触造成的磨耗外，郧西人牙齿还呈现出一些较为特殊的使用痕迹，包括明显的前部牙齿釉质破损与崩裂、上颌侧门齿的齿冠唇面釉质破损、上颌前部牙齿的齿间邻接面沟等。据此推测，郧西人经常使用前部牙齿进行啃咬、叼衔、剥离等动作，说明郧西人的食物结构中可能包含有较多的肉类及粗纤维食物。

黄龙洞遗址出土了20多件石制品、骨制品，其中骨制品系用大型哺乳动物管状骨骨片加工而成，加工痕迹清晰，具有人类用硬锤多次打击加工的典型特征。

黄龙洞遗址还出土了大量的动物化石，数量众多，物种丰富，表现出华南型大熊猫—剑齿象动物群的特点，其中有些种类在晚更新世（距今约12.8万年或更晚一些）比较常见。

黄龙洞遗址地层关系清楚，化石层较厚，化石分布密集且种类较多，特别是发现了与现代人特征比较接近的古人类牙齿化石，意义重大。通过铀系法测定，郧西人的年代在距今10万～4万年②，属于旧石器时代晚期智人阶段，是目前东亚地区发现的最早的晚期智人，对研究中国现代人的来源与演化具有重要的学术价值。

鸡公山遗址位于荆州市荆州区（原属江陵县）郢北村。鸡公山虽为

① 武仙竹、刘武、高星等：《湖北郧西黄龙洞更新世晚期古人类遗址》，《科学通报》2006年第16期；武仙竹、吴秀杰、陈明惠等：《湖北郧西黄龙洞古人类遗址2006年发掘报告》，《人类学学报》2007年第3期。

② 武仙竹、刘武、高星等：《湖北郧西黄龙洞更新世晚期古人类遗址》，《科学通报》2006年第16期。

山名，实际上是江汉平原一个毫不起眼的小土岗。

鸡公山遗址文化层厚达 1 米多，分上、下两层，清理出土了数以万计的石制品。其中上文化层出土石制品近 500 件，大多为小石片石器，石料主要是石英、燧石和石英石，均取自附近河滩。石器以小型刮削器为主，形体细小，修理痕迹相对细致规整，是典型的旧石器时代晚期小石器系列。该文化层年代为距今 2 万～ 1 万年。

下文化层是遗址的主体部分，揭露后发现一处原始人类居住生活遗迹，以及数以千计的砾石、石核和石器。石料主要是石英岩、石英砂岩、花岗岩以及少量燧石。下文化层石制品数量多，种类齐全，器形粗大，形状规整，反映的是一种具有砾石传统的大石器系列。该文化层年代为距今 5 万～ 4 万年①。

鸡公山遗址上、下文化层直接揭示了大、小两种石器工业的地层叠压关系，清晰地反映了中国南方从砾石石器工业向石片小石器工业的过渡历程②，具有重要的学术价值。

鸡公山遗址的发现，还带给我们一个巨大的惊喜，即清理出 5 个圆形石圈、2 处石器加工场、1 处人类脚窝痕迹、1 处野兽屠宰场，它们完整地呈现了一幅当时人类生产生活的真实场景。

在遗址的北部，有 5 个由密集的砾石、石片和石器围合而成的不甚规则的环带状石圈，其形状、大小基本一致，石圈外径约 4 米。石圈之内为直径 2 米左右的地面，地面上有少量的尖状器和砍砸器。研究表明，石圈遗迹应该是当时人类居住的圆形窝棚住所的基础。

在居住区南部，有两个区域，密集分布着数以万计的石制品，其种

---

① 刘德银、王幼平：《鸡公山遗址发掘初步报告》，《人类学学报》2001 年第 2 期；刘德银：《我国旧石器时代考古的重大突破湖北江陵鸡公山发现旧石器时代居址》，《中国文物报》1993 年 5 月 2 日。

② 杨宝成主编、黄锡全副主编：《湖北考古发现与研究》，武汉大学出版社 1995 年版，第 17-18 页；李天元、冯小波：《长江古人类》，湖北教育出版社 2004 年版，第 255-259 页；刘德银：《远古人类走向平原的足迹》，《荆州重要考古发现》，文物出版社 2009 年版。

类有尖状器、砍斫器、刮削器，以及砾石、石核、石片等，现场并遗有石锤、石钻等石器加工工具，表明这里很可能是当时的石器加工场所（图 1–3）。饶有趣味的是，在其中一处加工区内，当时人类加工石器时蹲坐的座位及双脚踏地的脚窝仍清晰可辨。

遗址南侧还发现一处长约 1 米、宽约 0.5 米的红土硬面，周围放置了许多锋利的小型刮削器及其他石器，初步推测为一处野兽屠宰场。

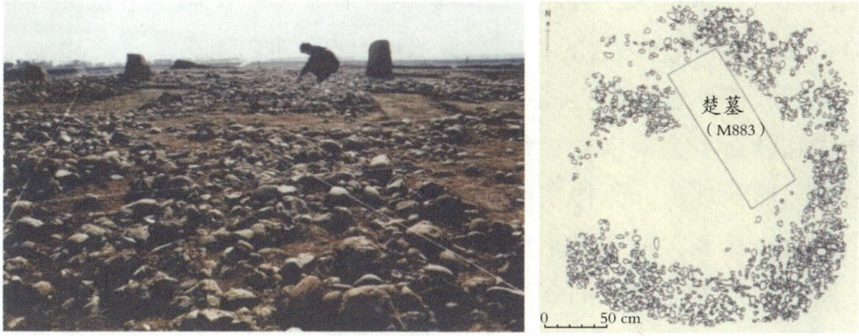

图 1–3　江陵鸡公山遗址及石器加工场所

鸡公山遗址是我国迄今首次发现的旧石器时期人类在平原地区的活动遗存，遗址面积之大、地层关系之确切、文化遗物之丰富、遗迹关系之清楚，在中国尚属首次发现，填补了中国旧石器时代考古学的一个空白，同时在世界上也属少见。尤其人类住所、石器加工场、野兽屠宰场等遗迹的揭露，堪称中国旧石器文化考古的重大突破。

樟脑洞遗址位于房县龙滩乡青阳村樟脑河之滨，遗址距河水面约 10 米，相当于樟脑河的第二级阶地。

经发掘，樟脑洞遗址共出土石制品近 2000 件和动物化石 10 余种[①]。在经过整理的 1874 件石制品中，石核 329、石片 634、石器 911 件。石制品主要原料是黑色硅质岩，其次是脉石英、砂岩、泥岩等。石

① 黄万波、徐晓风、李天元：《湖北房县樟脑洞旧石器时代遗址发掘报告》，《人类学学报》1987 年第 4 期；李天元、武仙竹：《房县樟脑洞发现的旧石器》，《江汉考古》1986 年第 3 期。

制品制作方法主要是锤击法，加工技术为交互打击、错向加工、正向加反向加工等。

石核形体大小不一，相差悬殊，可分为单台面石核、双台面石核和多台面石核。其中球形和漏斗形石核颇具特色。石片也是大小不一，形状不甚规整。

911 件石器中，砍砸器 78 件，占石器总数的 8.56%；刮削器 750 件，占石器总数的 82.33%，器形复杂，个体较小，加工方法多样；尖状器 83 件，占石器总数的 9.11%，器形复杂，加工精细。

樟脑洞遗址石制品有以下显著特点：一是精选用料，石制品原料以硅质岩和脉石英为大宗；二是精细制作，以石片石器为大宗，以刮削器为主体，形状规范，制作精细，反映出石器制作技术的进步性；三是石器个体大小悬殊，特别是小型石器制作精良，反映了当时石器用途和石器使用者生产生活方式的多样性；四是漏斗形石核、拇指盖形圆刮削器等出现原始细石器的某些特征，意味着樟脑洞遗址已进入旧石器时代晚期。

樟脑洞遗址出土哺乳动物化石中有大熊猫、东方剑齿象、犀、巨貘等，属于华南型大熊猫 - 剑齿象动物群。

根据石器和伴出动物化石的特征判断，房县樟脑洞遗址的地质时代属于晚更新世晚期，相当于旧石器时代晚期。同时，经碳十四方法科学测定，樟脑洞遗址出土物的时间为距今 1.3 万年左右。综合分析，樟脑洞遗址应该属于旧石器时代晚期的一处文化遗址。

汉阳人化石的面世，非常偶然。1997 年 1 月，武汉市汉南区一居民在汉南纱帽山附近长江沙滩上采集到一些化石，经专家鉴定，主要是鹿角化石残段。但让人想不到的是，在这些动物化石中，还发现了一件古人类头骨化石。

这件古人类头骨化石整体呈棕褐色，保存了额骨和左右顶骨，额结节和顶结节明显，眉梢较弱，眉骨较薄，骨质纤细，经鉴定为女性个体，年龄在 30 岁左右。专家鉴定认为，这件头骨化石有比较明显的原始特征，但比北京猿人进步，更接近现代人，其年代可能处于晚期智人比较早的阶段，与北京山顶洞人（距今约 1.8 万年）和四川资阳人（距今约 3.5 万年）年代相当，其年代应该为距今约 5 万～1 万年[①]。纱帽山地区原属武汉市汉阳县管辖，遵循因地命名的原则，学术界将这件头骨化石命名为“汉阳人”。

汉阳人头骨化石是在长江边的沙滩上发现的，已经脱离了原生地层，但头骨没有长期冲刷磨损的痕迹，据此分析，头骨的原始埋藏地点应该距此不会太远。汉阳人头骨化石是湖北省旧石器时代考古的又一重大发现，在湖北乃至中国发现的诸多古人类祖先中，又增添了一名最新成员，同样具有极其重要的学术价值。

（四）荆楚地区有力见证了中国古人类的起源与演化

目前一般认为，古猿转变为人类始祖的时间约在距今 700 万年前，人类进化历程大约可以划分为 4 个阶段，即南方古猿阶段（距今 400 万～150 万年）、能人阶段（距今 250 万～160 万年）、直立人阶段（距今 150 万～20 万年）和智人阶段（距今 20 万年）。可以看出，人类的起源、演化是一个极其漫长的过程。

目前，我国通过对直立人、早期智人与晚期智人及其文化遗存的科学探索，已经初步建立起夏王朝以前约 200 万年的中国史前史，即距今百万年前后的人类起源阶段文化，距今约 70 万年以来的直立人及其文化、早期智人和旧石器时代中期文化，距今 4 万年以来至公元前 1 万年的人类文化[②]。

在中国 200 多万年漫长的古人类演化史的长河里，荆楚地区占有非常重要的地位。考古发现和研究证明，荆楚是我国发现古人类化石遗存最多的地区之一，而且时间跨度长，从距今约 200 万年的建始人，到距

① 李天元、冯小波、李文森：《“汉阳人”化石的发现》，《文物世界》2000 年第 2 期。
② 朱乃诚：《中国考古学百年成就》，《文物春秋》2021 年第 1 期。

今约100万年的郧县人，再到距今约20万年的长阳人、距今约10万年的黄龙洞人、距今5万～2万年的汉阳人，在湖北这片土地上，古人类绵延不绝。这些发现不仅极大地丰富了我国旧石器时代考古的学术体系，而且揭示了湖北是中国远古人类起源与演化的主要地区之一，对于研究世界人类的起源与演化、中华民族的形成与发展，均具有重要的学术价值。

从遗址和古人类化石出土地点分布来看，荆楚地区旧石器时代早期遗址数量少，稀疏散布于境内局部地区，中、晚期遗址数量增多，几乎遍布荆楚全境，揭示了湖北远古人类发展的历史进程；早、中期遗址大多位于山区洞穴与丘陵岗地，晚期遗址开始出现在平原湖区，揭示了湖北远古人类在发展过程中，开始走出大山，迈向平原，活动范围不断扩大。从洞穴到平原，也揭示了古人类的生产生活方式由山地采集、狩猎的穴居生活逐渐向采集、渔猎的窝棚游猎生活过渡，表明随着人类的进步，他们对于大自然的适应能力和自我保护能力也在增强。荆楚地区旧石器时代遗址的分布规律，也从一个侧面反映了中国古人类不断进化的轨迹。

石器是旧石器时代人类最主要的生产生活工具，荆楚地区旧石器时代石制品质料主要为石灰岩、石英砂岩，还有少量的硅质岩、燧石、页岩等。早期遗址出土的石器种类有石片、石核、砍砸器、刮削器等，其形体大都粗大厚重，打制方法主要是锤击法，也有砸击法，偶见台面修理技术。晚期石器种类仍以石片、石核、砍砸器、刮削器为主，但新出现尖状器、石锤、石砧、石球等品种，其形体趋向小巧精致，制作方法仍以锤击法为主，但出现了第二步加工，修理台面的技术应用也较为普遍。荆楚地区旧石器时代石器种类、形制与加工技术的变化与进步，同样揭示了中国古人类进化缓慢却坚实的步伐。在旧石器时代的荆楚地区，骨器、角器和牙器也被制作和使用。它们的出现，极大地推动了渔猎经济的发展，扩大了人类食物的来源，同时也为新石器时代的到来准备了技术条件，原始制陶业和原始种植业的产生才有了可能。

与其他地区旧石器时代文化相同，荆楚地区旧石器时代的早、中期石制品原料大多就地取材，如河滩鹅卵石、砾石等。但在荆楚地区旧石器时代晚期的遗址中，出现了从居所以外周边区域挑选更好的石料打造石器的现象，古人类舍近取远，精心挑拣石料，打造得心应手的石器工具，以方便生产生活，其用心令人叹服。

荆楚地区旧石器时代遗址大多伴出动物化石，它们数量可观，种类丰富。从动物种类组合看，主要是华南型大熊猫－剑齿象动物群，包括剑齿象、剑齿虎、犀、巨貘、野牛、野猪、水鹿、大熊猫、鬣狗等等。这一典型动物群，揭示出当时的湖北地区属于亚热带暖湿气候，森林茂密，水网纵横，是动物王国理想的栖息地。动物化石的大量出土，一方面说明当时动物种类的丰富多样，另一方面也说明早期人类的生活方式是以狩猎为主，过着茹毛饮血的原始生活。

正是一二百万年前的旧石器时代湖北大地上的远古人类用刚刚掌握的用火技术，让我们看到了荆楚历史的第一缕光明；用厚重粗糙的石器工具，为我们拉开了荆楚文化史诗剧的第一道大幕。同时，也正是由于荆楚地区旧石器时代人类的创造与积累，才为荆楚地区新石器时代文化的大发展，奠定了坚实的基础[①]。

二、开启文明的新石器时代文化

走过漫长的旧石器时代，人类迈入新石器时代。在考古学上，新石器时代是石器时代的最后一个阶段，其年代大约从距今 10000 年前开始，结束时间从距今 5000 多年至 2000 多年不等。

与旧石器时代相比，新石器时代人类的生产工具石器由打制变为磨制，因而变得更加锋利、精致。陶器出现了，原始农业成为主要的生产

① 杨宝成主编、黄锡全副主编：《湖北考古发现与研究》，武汉大学出版社 1995 年版，第 21 页。

部门，原始畜牧业和手工业也有了长足的进步，开始出现财富差距与社会分化，聚落逐渐扩大并最终出现了早期城市。在新石器时代，人类社会组织形态也发生了全新的变化，婚姻方面，由杂婚转变为一夫一妻制，社会组织也由小规模的人群发展为规模较大的氏族社会。从文明起源的角度观察，农业、畜牧业和手工业是文明产生的基础和前提，而城池的建造、金属工具的使用以及文字、礼仪等的出现则被认为是文明起源的标志。截至目前，全国各地已发现近 2 万处新石器时代遗址，经发掘或试掘的遗址有 1500 余处①，建立起了中国新石器文化发展序列，对中国史前时期社会经济与生存环境、生产技术与社会组织结构、意识观念和文化传统，以及农业的起源、中国文明起源等有了基本的认识与了解。

大约从距今 10000 多年前开始，荆楚地区进入新石器时代。在湖北境内，已调查发现的新石器时代的遗址有近 3000 处，几乎遍布湖北全境，其中比较重要的遗址有城背溪、栗树窝、枝城北、朝天嘴、路家河、楠木园、柳林溪、店子头、关庙山、红花套、桂花树、杨家湾、清水滩、中堡岛、官庄坪、庙坪、毛家山、朱家台、阴湘城、柳关、王家岗、六合、边畈、油子岭、青龙泉、大寺、雕龙碑、屈家岭、城河、石家河、谭家岭、肖家屋脊、邓家湾、门板湾、七里河、走马岭、马家垸、陶家湖、鸡鸣城、西花园、金鸡岭、李家湾、陆墩、塞墩、螺蛳山、挂玉山、鼓山、放鹰台、栗山岗、土城、尧家林、季家湖、张家山、荆南寺、石板巷子等②。

荆楚地区新石器时代文化遗址，不仅数量多、分布广，而且堆积丰厚，内涵丰富，揭示了不同阶段、不同区域湖北地区新石器时代文化的丰富内涵与鲜明特征。它们如同繁星点点，基本上覆盖湖北全境，说明这个阶段荆楚境内新石器文化已经呈现勃发、兴盛之势。同时，经过考古工作者的发掘、整理和研究，目前已经初步建立起一个相对比较完整

① 朱乃诚：《中国考古学百年成就》，《文物春秋》2021 年第 1 期。
② 陈振裕主编：《湖北文物典》，湖北人民出版社 2010 年版，第 6–25 页。

的荆楚地区新石器时代文化的发展谱系。可以说，湖北境内为数众多的新石器时代文化遗址遗存，或早或晚，或大或小，都共同见证了荆楚先民艰难跋涉的足迹，共同开启了荆楚文化新纪元的光荣历程。

（一）曙光熹微的新石器早中期文化

新石器时代早中期，荆楚地区存在四大文化系统，呈现出渊源有自、竞相勃发的文化格局。这四大文化系统分别是：城背溪文化、柳林溪文化和大溪文化系统，分布于鄂西即江汉平原西南部及峡江地带；仰韶文化系统，分布于鄂西北地区；边畈文化和油子岭文化系统，分布于鄂中即汉江下游东北岸地区，也就是后来著名的屈家岭文化、石家河文化的发源地和核心区；黄鳝嘴文化—薛家岗文化—陆墩文化系统，分布于鄂东地区。

上述四大文化系统各有其独立的地理背景、分布范围、文化渊源与文化特色，同时相互之间也有着较为密切的文化联系和交流，由此形成了荆楚地区新石器时代早中期的文化地理格局。

这个阶段，荆楚先民的生产力水平进一步提高，生产生活丰富多彩，他们选址建房、渔猎采集、磨制石器、烧制陶器、琢磨玉器、刻画记事，同时原始审美与早期信仰崇拜逐步成熟……从人类文明起源的视角考量，这个阶段可谓是文明前夜，曙光熹微。

在鄂西地区，距今8000年前左右，分布于洞庭湖平原的彭头山文化向北扩张，抵达江汉平原西缘和峡江地区，在此相继诞生了城背溪文化、柳林溪文化、大溪文化等，前后延续达2000余年。

城背溪文化因最早发现于宜都城背溪遗址而得名，其年代大约在公元前6500至前5500年，下限或可延至公元前5000年[①]，是目前湖北境内发现最早的新石器时代文化，其代表性遗址有宜都城背溪、花庙堤、栗树窝、枝城北，枝江青龙山，秭归朝天嘴、柳林溪，宜昌路家河，巴

---

① 湖北省文物考古研究所：《宜都城背溪》，文物出版社2001年版，第282页。

东楠木园、店子头等。遗址主要分布在鄂西山地与江汉平原的交接地带，多位于长江及其支流清江两侧的一、二级阶地上。

城背溪文化的陶器制作技术比较原始，如烧制火候不高，质地疏松易碎；陶质以夹炭陶为主，也有少量的夹砂陶和泥质陶；器类比较简单，以圜底器为主，如罐、釜、盘、钵以及弯体支座等；器物造型不甚规整，器表凹凸不平，口沿呈波状起伏；多有纹饰，素面陶较少，纹饰主要为绳纹，另有刻画纹、篦点纹、锥刺纹以及镂空和花边。

城背溪文化的石器以打制为主，局部采用磨制方法，一般就地取材于遗址附近河滩。骨器有骨针、骨锥、骨铲、骨片等。动物遗骸出土数量较多，其中以牛骨、鹿骨、鹿角和鱼骨居大宗，此外还有贝壳、鳖甲、蚌壳等。

城背溪文化出土遗物中有用作原始纺织的纺轮和用作捕鱼的石质网坠等，还有大量的动物遗骸，说明当时人们的手工业、禽畜养殖业和渔猎经济都已经达到一定的发展水平。

城背溪文化遗址陶片中夹杂有大量的稻壳、稻谷和稻草。从这些稻谷遗存中，可以清晰地观察到当时的稻谷形状细长、颗粒较大，与现代栽培稻接近。经过科学鉴定，证实了距今 8000 年前的城背溪文化发现的稻谷属于人工栽培稻，是目前世界上发现的早期人工培植水稻之一，对于研究栽培水稻起源具有极为重要的意义[①]。

目前，城背溪文化遗址还没有发现居住遗迹，但其中一处文化层堆积厚 80 ～ 120 厘米，还发现有灰坑、灰沟遗迹（灰坑、灰沟是考古发掘中常见的遗迹，它们是古代人们利用废弃的窖穴、水井或沟渠倾倒垃圾，垃圾土壤慢慢变成灰色而形成的），说明人群曾长期在此生活，小规模群体定居生活方式或已出现。

1998 年，湖北省文物考古研究所在秭归东门头遗址采集到了一块石

① 湖北省文物考古研究所：《宜都城背溪》，文物出版社 2001 年版，第 78 页。此项检测报告见《考古》1993 年第 7 期。

刻[①]（图 1–4）。东门头遗址包含城背溪文化、商代、周代、汉唐等时期遗存，从该石刻造型特征、该区域遗物的年代等因素分析，其年代应该为城背溪文化时期[②]。该石刻长 105 厘米、宽 20 厘米、厚 12 厘米，整个石刻用写意的手法雕刻出一位身躯修长、两手下垂、双足分立的人形象，人头顶之上有圆形太阳纹，射出 23 条光芒线，腰部两侧则分别刻画星辰。该石刻雕刻手法古拙，线条简洁，而主题明朗，内涵神秘，具有浓厚的原始宗教色彩。在远古先民心目中，太阳是神圣而伟大的，崇拜太阳并用图形记录下来，是远古先民对太阳崇拜之情的体现。该石刻因此被命名为“太阳人”石刻。“太阳人”石刻是目前我国境内发现最早的一件新石器时代的太阳图腾崇拜实物，为研究原始宗教、艺术、文化和社会性质提供了极为宝贵的实物资料。

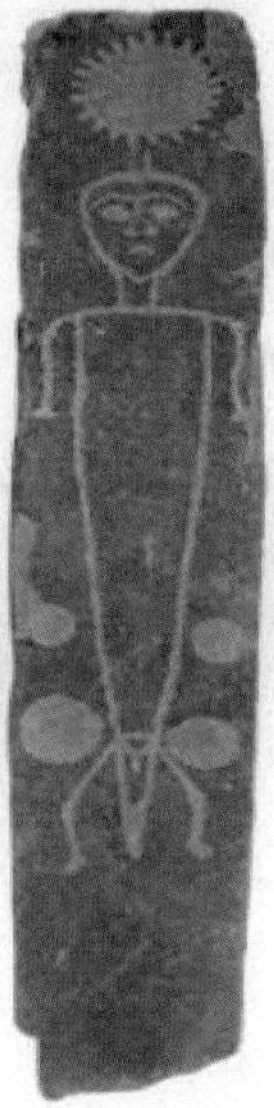

图 1–4 “太阳人”石刻

① 国务院峡江工程建设委员会办公室等：《秭归东门头》，科学出版社 2010 年版。
② 孟华平：《“太阳人”与东门头遗址》，《文物天地》2003 年第 1 期。

作为湖北地区目前发现的最早的新石器时代文化，城背溪文化不仅具有我国新石器时代较早阶段的鲜明文化特征，而且体现出长江中游新石器时代文化较为原始的特点，具有重要的学术价值。

柳林溪文化是继城背溪文化之后的又一种新石器时代文化，主要分布于东起湖北宜昌、西到重庆巫山的峡江地区，湖北境内重要遗址有宜昌三斗坪、伍相庙，秭归柳林溪、朝天嘴、将军滩、龚家大沟、玉中地，巴东砂罐岭、鸭子嘴、火焰石、链子溪、白羊坪、店子头等，其年代大约为距今 7000 ~ 6000 年[①]。

柳林溪文化陶器以夹砂、夹炭红陶为主，纹饰以绳纹为主，主要器类有釜、罐、圜底钵、支座等。

柳林溪文化居住遗迹有房屋、灰坑、灰沟等，但数量很少，基本上能够确定这一时期的人群已经实现了定居生活。

柳林溪文化陶片中掺和有一定数量的稻壳和稻谷，经研究为人工栽培粳稻，为柳林溪文化发展稻作农业提供了直接证据。

据统计，在柳林溪文化遗址陶器上一共发现了 230 多个刻画符号。这些刻画符号的位置相对固定，一般位于陶罐口沿外侧，或者位于陶碗圈足外底部。这些刻画符号的意义，目前还难以确定，研究者认为它们可能与记事、计数等有关。

柳林溪遗址还出土了中国新石器时代南方地区最早的一件圆雕人像。该人像高 4. 5 厘米、宽 1. 9 厘米，原料为黑曜石，石质坚硬。这件圆雕人像应该不是一件普通的工艺品，可能与当时的原始宗教信仰或者神灵崇拜有关。

此外，从柳林溪文化墓葬随葬品数量来看，当时社会等级分化现象并不明显。

大溪文化是长江中游和江汉地区继柳林溪文化之后发展起来的一种

---

① 国务院三峡工程建设委员会办公室、国家文物局等：《秭归柳林溪》，科学出版社 2003 年版。

新石器时代文化，因最早发现于重庆巫山大溪遗址而得名。其年代为距今 6500 ～ 5100 年[①]。大溪文化分布范围横跨鄂、渝、湘三省市，其中心区域在湖北江汉平原以南、以西地区。经调查，仅湖北境内已发现的大溪文化遗址就达 100 处以上，其中重要遗址有宜都红花套、枝江关庙山、江陵朱家台、宜昌中堡岛、宜昌杨家湾和巴东红庙岭等[②]。

大溪文化陶器制作基本上处于手工制作阶段，以素面为主，代表性纹饰是戳印纹和彩陶纹，代表性器物有圜底釜、曲腹杯、双折壁圈足碗、单耳彩陶杯、筒形瓶、钟形豆、圈足盘、算珠形纽器盖、猪嘴形支座等（图 1–5）。

图 1–5　大溪文化陶支座

大溪文化石器制作有打制和磨制两种方法，磨光石器所占比例大大提高，表明该时期石器制作技术的进步。

值得一提的是，在这个时期，人们已掌握了切割、琢磨、钻孔和抛光等工艺，所以，玉石装饰品如璜、环、佩、手镯、耳坠等制作精美，

① 湖北省博物馆：《屈家岭——长江中游的史前文化》，文物出版社 2007 年版，第 27 页。

② 孟华平：《论大溪文化》，《考古学报》1992 年第 4 期。

工艺已经达到较高水平。

大溪文化时期，稻作农业得到突破性发展，几乎所有大溪文化遗址中都发现了稻谷遗存和痕迹，如稻壳、稻草灰烬、夹有稻壳和水稻茎叶碎末的红烧土块等，如在松滋桂花树遗址中，就发现有厚达数十厘米、密结成层的炭化稻谷壳灰。大溪文化时期常见的夹炭陶器，就是以炭化稻壳粉末作为羼合料的，也说明当时种植水稻已十分普遍。

大溪文化遗址中，出土了兽骨、鱼骨以及骨制生产工具如凿、锥、针、矛、镞、鱼钩、鱼镖等，陶制生产工具如网坠，还出土有人工饲养的猪、牛、羊、鸡等遗骸，说明渔猎和家庭养殖业也得到了很大的发展。此外，根据地理环境的不同，大溪文化时期的经济方式还出现区域差异，如峡江地区以渔猎农耕生活为主，江汉平原西南部则以稻作农业为主。

大溪文化时期，出现了一批大型遗址，如中堡岛、杨家湾、关庙山、朱家台等，有的遗址还出现了防御设施。村落多分布在河流附近台地上，这些地方土地肥沃，水源充足，便于开展农业、畜牧、狩猎和捕鱼等生产活动。同时，居于台地之上，还可以抵御洪水的侵害。村落面积、房屋面积大小不等，房屋有半地穴式、完全地面建筑两类，以完全地面建筑占大多数。考古发现，当时的人们为适应南方的气候条件，建造住房时已采用了多种防潮、避雨、避热的技术措施。此外，房子周围还发现许多窖穴，呈口大底小状，推测是用于贮藏物品，如粮食之类。

村落附近都分布有氏族公共墓地，氏族公共墓地内往往还分布多个墓区，说明村落里有多个氏族或家族居住，他们死后即葬入各自的墓地。大溪文化早中期墓葬随葬器物没有多寡之别，说明当时还没有贫富分化和私有制现象。晚期墓葬中随葬品数量出现一定差异，多的有几十件，少的只有一两件，有的甚至没有随葬品。这些现象说明贫富分化已经出现，私有制慢慢产生了。

大溪文化先民的早期艺术创造、文化创造活动引人注目，如彩陶、陶球、刻画符号等。大溪文化彩陶数量丰富，色彩艳丽，花纹繁多，变幻繁复，堪称中国南方史前陶器艺术的杰出代表；大溪文化遗址里还出土一种陶球，分实心和空心两类，以后者居多。陶球内部装有小石子，轻轻摇动即有响声传出。陶球外部装饰纹饰和色彩。关于陶球的用途，有研究者认为是儿童玩具，也有学者认为是一种古老的乐器；大溪文化陶片上目前已经发现了300多个刻画符号，它们极大地拓展了我国文字起源研究的视野，学术意义不可低估。

大溪文化在发展进程中充分吸收中原地区、洞庭湖区和汉水以东地区史前文化的先进因素，增益自身，壮大本体；同时，它也具有强烈的辐射作用，洞庭湖区、汉水以东地区都受到了大溪文化的强烈影响，其影响涵盖了长江中游的大部分地区。至此，长江中游地区新石器时代文化进入了第一个高峰期。

鄂北汉水中游地区自古就是中原文化与南方文化交流碰撞的一条重要通道，文化交流、融汇明显。在湖北地区新石器时代早中期，该地域受中原仰韶文化影响深刻，郧县青龙泉、大寺，均县（今丹江口市）乱石滩、朱家台，枣阳雕龙碑等遗址就呈现出较为显著的中原文化特色。

青龙泉遗址包括房址、灰坑、陶窑、墓葬等遗迹，遗物非常丰富，包括陶器、石器、骨器、角器及装饰品等，其他遗物有猪、狗等家畜骨骸，以及鹿角、牙齿、果核、鱼骨、牛股骨、蚌壳、螺蛳壳、涂朱龟甲等。此外，青龙泉遗址也发现了人工种植的水稻遗存。青龙泉遗址包含3个不同时期的文化层，下层即是仰韶文化遗存，表明至少在距今7000～6000年前，中原文化就开始影响这一地区，黄河文明与长江文明在此交流、融合与发展。

大寺遗址的下层也是仰韶文化层，主要遗迹为灰坑和墓葬，遗物以陶器为主，其次是石器和骨器、角器，装饰品有陶环、石璜、骨笄等。大寺遗址也发现了人工种植的水稻遗存。

青龙泉遗址、大寺遗址两者相距仅15千米，都位于汉江河谷的小盆地内，它们的文化层构成、文化层年代、文化特征等基本相同，文化遗迹都十分丰富，都有地层叠压关系，相对年代清楚，相当于我国新石器时代中期偏晚阶段。青龙泉遗址、大寺遗址是湖北新石器早中期阶段汉江中上游及其支流地区史前文化多元混融的真实反映。

雕龙碑遗址位于湖北枣阳城东北，是一处保存完整、内涵丰富的新石器时代聚落遗址，其年代为距今6000多年左右。该遗址揭露了房址、窑穴、灰坑，以及成人土坑墓、婴儿瓮棺葬等多种遗迹，出土生产工具和生活用具2300余件。雕龙碑遗址地处中国古代南北文化接壤地带，文化交流、融合频繁，使其产生了一些崭新的文化因素。如目前考古发现年代最早的人工烧制石灰与“水泥混凝土”、年代最早的房屋推拉门设施、与现今农村耕地使用的铁犁铧极为近似的石犁铧、水旱农作物并种技术、与众不同的婴儿瓮棺葬和氏族成员墓地等等，它们共同构成了独具特色的雕龙碑地域文化。

雕龙碑遗址的发现与发掘，对于研究黄河流域、长江流域交会地带的新石器时代文化的发展，具有重要的学术价值。

鄂中主要包括江汉平原及大洪山南麓区域，地处汉江下游。在湖北新石器时代文化早中期，这一区域经历了边畈文化、油子岭文化两个发展阶段，其中边畈文化相当于大溪文化早期，油子岭文化相当于大溪文化中晚期[①]。

边畈文化以湖北钟祥边畈遗址为代表，是目前汉江下游地区最早的新石器时代文化，包括钟祥肖家店砖瓦厂，黄陂程家墩、河李湾、涂家山、城隍庵，云梦胡家岗等遗址。边畈文化陶器陶质以粗泥陶为主，夹炭陶有较大比例，火候不高，纹饰简单，器形主要有鼎、釜、钵、盆、豆、碗、器座等。边畈文化的年代约为距今6900～5900年。

继边畈文化之后的油子岭文化，主要分布在汉水东部、江汉平原北端。代表性遗址有京山油子岭下层、屈家岭下层、朱家嘴，天门龙嘴、谭家岭下层，钟祥六合下层、边畈三期，武昌放鹰台墓葬等。

油子岭文化继承发展了边畈文化的主要特征，黑陶数量增加，出现

---

① 孟华平：《长江中游史前文化结构》，长江文艺出版社1997年版，第116–117页。

快轮制陶技术，典型器物有鼎、彩陶碗、彩陶杯、圈足罐、高领罐、簋、子口豆、敛口碗、附杯形耳圈足盘、壶、曲腹杯、器座等。油子岭文化晚期扩展到环洞庭湖区、峡江地区、鄂东南地区。油子岭文化的年代约为距今 5900 ～ 5100 年。

在湖北新石器文化早中期，鄂东地区史前文化属于黄鳝嘴文化—薛家岗文化—陆墩文化系统，其年代约在距今 6000 ～ 5000 年，主要遗址有黄梅塞墩、陆墩，武穴鼓山，黄冈螺蛳山等[①]。该文化系统同时受到黄河下游新石器时代文化及长江下游新石器时代文化因素的影响，文化特色彰显，如陶器造型优美，纹饰图案多样；石器以石铲和奇数多孔石刀最具特色，石铲及石刀的穿孔周围绘有规整的花果形图案；另外，该文化系统先民佩戴饰品的风气盛行一时，他们有意识地制作了很多玉石器、骨器及象牙器，作为头饰、颈饰和肢饰等，工艺精湛。该文化系统自成一体，在湖北新石器时代文化乃至长江流域新石器时代文化体系中占有重要的地位。

总之，在湖北新石器时代文化早中期，分布于荆楚各地的地域文化植根于荆楚，同时深受周边地域文化影响，你中有我，我中有你，文化交流、混融特色显著。它们如同繁星点点，共同扮亮史前荆楚文化的星空。

（二）屹立长江中游史前文明中心的新石器晚期文化

距今约 5000 年之际，也就是大溪文化晚期，以汉东地区为中心的新石器时代文化（边畈文化、油子岭文化）在继承自身传统的基础上充分吸收大溪文化、中原新石器时代文化和长江下游新石器时代文化的养分，特别是在长江下游新石器时代文化西进的强烈影响和冲击下，本土文化势力异军突起，一种新的考古学文化脱颖而出，即著名的屈家岭文化。

---

① 中国社会科学院考古研究所：《黄梅塞墩》，文物出版社 2010 年版。

屈家岭文化的兴起，是长江中游新石器时代文化演进的一次重大变革，这次变革打破了彼时荆楚境内四大文化主体同存并立的格局，屈家岭文化几乎一统长江中游地区，实现了空前的文化统一，长江中游地区新石器时代文化达到空前繁荣。

及至石家河文化时期，荆楚地区一跃成为长江中游地区新石器时代文化的中心区域，其文化影响强烈地辐射整个长江中游地区，最终促使长江中游地区形成统一的文化区，同时对长江中游周邻地区也产生了明显的影响。

屈家岭文化因 1954 年最早发现于湖北京山屈家岭遗址（今属荆门市屈家岭管理区）而得名[①]，是长江中游地区第一个被命名的新石器时代文化。遗址地处大洪山南麓与江汉平原的交接地带，总面积达 2.84 平方千米，是以屈家岭遗址点为核心，包括殷家岭、钟家岭、冢子坝、九亩堰、土地山和杨湾等遗址点的新石器时代大型环壕聚落。屈家岭遗址是我国长江中游地区发现最早、最具代表性的史前聚落遗址，其发现与发掘对于认识长江中游和江汉平原地区的史前文化具有特别重要的意义，因此被评为“中国 20 世纪 100 项考古大发现”之一。

屈家岭遗址主要文化内涵是屈家岭文化及其前身——油子岭文化，主体遗存年代距今约 5400 ～ 4500 年[②]。

屈家岭文化分布以江汉平原为中心，遍布长江中游地区，东起大别山南麓，西至三峡，北到豫西南，南抵洞庭湖北岸。此外，在江西修水、河南许昌、陕西商洛等地也有屈家岭文化的分布。经过调查和发掘，湖北境内屈家岭文化遗址有 100 多处，其中代表性遗址有京山屈家岭、郧县青龙泉、钟祥六合、天门石家河、巴东李家湾和武昌放鹰台等。

---

① 中国科学院考古研究所：《京山屈家岭》，科学出版社 1965 年版。

② 中国社会科学院考古研究所：《中国考古学·新石器时代卷》，中国社会科学出版社 2010 年版，第 442–443 页。

屈家岭文化时期的遗址一般面积较大，以屈家岭遗址点为例，该遗址点面积至少有 50 万平方米，说明屈家岭时期人口不断增多，聚落规模随之进一步扩大。屈家岭文化时期的聚落多分布在平原地区，这里河湖交叉，水网密布，土地肥沃，更适于人们生产生活。

屈家岭文化时期的房屋大多为长方形地面建筑，有单间和多间分隔式两种。其筑造程序大体如下：第一步，筑墙，先挖基槽，立柱填土，再以黏土或草拌泥掺加烧土碎块培筑墙壁；第二步，修造居住面，铺垫红烧土块或黄沙土，表面敷抹细泥并经火烧烤，不仅平整，而且防潮；第三步，室内立柱，支撑屋顶；第四步，搭建屋顶，以遮挡风雨，至此，房屋修建成功。屈家岭文化时期的房屋建造技术进一步成熟，如房屋面积更大，单间房屋的面积一般在 10 平方米左右。这个时期，还出现了以隔墙分间的较大住房，有的是出入一个门的里外套间式房子；有的是长方形双间、多间的连间式房子，各间分别开门通向户外；还出现了二三十间成排相连的大型房子。研究者认为，这种隔墙连间式住房应该是适应父系社会家庭生活需要而产生的。

屈家岭文化时期的湖北应城门板湾遗址还发现了一座距今 5000 年左右的“四室一厅”房子，是我国迄今所见年代最早、保存最完好的房屋遗存，为研究我国史前时期建筑技术首次提供了前所未见的完整实物“标本”。该房屋为“四室一厅”带走廊结构，“四室”呈“一”字形排列，各房之间有门相通。室内有火塘，室内居住面光滑平整。和四个房间等长的走廊与各房有门相通，“厅”位于走廊的另一端。房屋南墙上开有多个落地窗，窗框、窗楣、窗台和窗扇轴枢等皆保存完好，这是我国迄今发现的建筑年代最早的窗户。房屋墙外还建有形状规整的散水，用于排除渍水。该房屋建筑面积约 115.5 平方米，房子周围有由围墙围合而成的面积达 450 平方米的大型院落。考古工作者认为，这座土坯筑墙的大型建筑，结构复杂，设计合理，其建筑技术水平之高，在同时代遗址中前所未见，展现了长江中游先民高超的建筑技术和较高的生活水平。

屈家岭文化时期经济活动以稻作农业生产为主。屈家岭遗址核心区地貌属于丘陵岗地，这里三面环山，向南是典型山前平原，周边沟渠纵横，四季分明，光照充足，雨量较多，水热条件和暖湿气候十分适合水稻生长，具有发展稻作农业得天独厚的先天条件。1956—1957 年屈家岭遗址进行正式发掘，发掘面积仅仅 800 多平方米，就发现一块面积约 500 平方米的烧土面，它们是由泥土掺杂稻壳和作物茎秆混合而成的。经鉴定，烧土中夹杂的稻壳品种属于粳稻，与今天栽培的粳型品种最为相近。在 2015—2020 年的考古发掘中，屈家岭遗址又发现了大量的稻谷、稻壳痕迹，反映出当时当地稳定、高产的农业生产活动。植物考古进一步揭示，屈家岭遗址还发现大量炭化粟（去壳后即小米），这是长江中游目前所见年代最早的粟遗存，表明在距今 5000 多年前，粟作农业也传播至荆楚境内。南方的稻作农业和北方的粟作农业在屈家岭遗址相得益彰，使屈家岭文化成为中国农耕文明的重要的起源地之一。屈家岭文化遗址中，薄胎彩陶杯出土数量惊人，研究者推测它们的用途是作为酒器，这也说明当时的粮食生产已有富余并被用于酿酒。此外，在关庙山、中堡岛、青龙泉、黄楝树等屈家岭文化遗址中，也出土有大量的稻谷壳和稻谷茎叶。由此可见，屈家岭文化时期，稻作农业生产已经相当发达。

在屈家岭文化遗址中，还发现了许多家猪的牙齿、陶塑小鸡等，说明家禽家畜饲养也是当时重要的经济活动。

屈家岭文化时期，手工业也得到了很大的发展，以制陶业和原始纺织业的成就最为突出。

屈家岭文化时期，快轮制陶工艺日趋成熟，大大促进了制陶业的快速发展，陶器烧制技术更高，器形更加规整美观，生产工艺更加发达，如有的彩陶杯、碗胎厚仅 0. 5 ～ 2 毫米，被考古工作者形象地称为“蛋壳彩陶”。陶器器类有鼎、甑、豆、罐、壶、盂、盆、碗、三足碟、杯、缸等，代表性器物有双腹碗、双腹豆、双腹鼎、壶形器、盂形器、高圈足杯、蛋壳彩陶碗和杯等，它们共同构成了屈家岭文化最有特色的陶器群。

在屈家岭文化很多遗址中，都出土了大量的石质或陶质纺轮。从工作原理看，纺轮堪称现代纺织工业中纺锭的雏形，在中国古代纺织史上的地位十分重要。京山屈家岭和天门石家河遗址出土的纺轮，不仅数量多，而且形式多样，装饰丰富。它们一般有素面和彩绘两类。其中，彩绘陶纺轮大多轻巧薄小，彩绘颜色有橙黄、橙红、黑褐、红褐等。纹饰大都绘于纺轮的一面，少数绘在周边，很少有两面饰彩的。为了便于饰彩，饰彩的一面一般不向内凹。彩绘纺轮上精彩绝伦、风格各异的图案，应该是当时纺织品花纹图案的再现。

屈家岭文化时期的成人墓葬大部分为仰身直肢葬，少数为屈肢葬和俯身葬，头向不一。儿童墓葬则多采用瓮棺葬的形式。从墓葬随葬物数量看，屈家岭时期社会贫富分化进一步加剧，如天门邓家湾遗址发掘的43座墓葬，有8座墓葬没有随葬品，墓坑狭窄仅可容身，其余墓葬随葬品多寡不一，随葬品最多者达43件。

在屈家岭文化中心区域，先后发现了天门石家河城、石首走马岭城、荆门马家垸城、应城门板湾城、应城陶家湖城、公安鸡鸣城、江陵阴湘城、沙洋城河城等多座屈家岭文化时期的古城。这些古城大都距今5000年左右，它们均以其体量宏大的城垣、规则有序的人工水系、城中心大型院落建筑及祭祀遗迹等系列遗存，实证了这一时期长江中游地区经济社会发展的高度成就。屈家岭文化史前古城的出现，表明其所在的部落已经出现不同的社会阶层，并迈入阶级社会的门槛。

总之，以屈家岭文化为标志，长江中游地区史前文化开始了中国早期文明的新历程。

石家河文化是荆楚地区继屈家岭文化之后发展起来的一种新石器时代文化，因1955年发掘的天门石家河镇的贯平堰、石板冲、罗家柏岭、三房湾等遗址群而得名[1]，是以石家河古城为核心、由40多处遗址点共同构成的庞大聚落群，古城将诸遗址点有机地联系在一起。遗址主体年代为距今约5900～3800年。

石家河文化分布范围基本上与屈家岭文化重合，只是北部已退到鄂西北，而南方则向湖南中部地区扩展。在湖北境内，石家河文化时期的重要遗址有：天门石家河遗址群（包括邓家湾、谭家岭、肖家屋脊、罗家柏岭、三房湾等），郧县青龙泉、大寺、庹先洲，房县七里河，丹江口乱石滩，当阳季家湖，松滋桂花树，枝江关庙山，江陵张家山、荆南寺，宜昌白庙，秭归庙坪，宜都石板巷子，大悟土城、吕王城，麻城栗山岗，通城尧家林等。

其中，石家河文化的核心遗址——天门石家河遗址群位于长江中游腹地、大洪山山脉南部的山前开阔平原，以石家河遗址为中心，占地面积约8平方千米，包含40多处遗址，是长江中游地区已知面积最大、保存最完整、延续时间最长、等级最高的史前聚落遗址，与长江下游的浙江良渚遗址、黄河中游的陕西石峁遗址等共同被学术界认定为中华文明起源的重要见证。

1956年11月，石家河遗址由湖北省人民政府公布为第一批重点文物保护单位；1996年11月，由国务院公布为全国重点文物保护单位。石家河遗址的发现与研究被评为“中国20世纪100项考古大发现”之一，并毫无悬念地入选全国首批30处大遗址保护名录。

正因为石家河遗址群面积大、保存好、等级高，同时其所处阶段正是中华文明形成的关键期，在中华文明尤其长江中游文明进程中占有举足轻重的地位和价值，所以自20世纪50年代开始，石家河遗址群的田野考古工作一直持续推进，迄今已历60余年。这60余年，包含两个重要的阶段：第一个阶段是20世纪80年代中期至90年代初，特别是

---

① 石龙过江水库指挥部文物工作队：《湖北京山、天门考古发掘简报》，《考古通讯》1956年第3期。

1990—1991 年，考古工作者对石家河遗址进行了大面积的调查与发掘，发现了石家河城址，并基本弄清了古城的年代、布局以及周边遗址群的初步情况，进一步丰富了对该地区史前聚落的数量、分布、规模、年代、文化内涵等方面的认识；第二个阶段是 2014—2019 年，考古工作者对石家河遗址群及外围 9 平方千米的区域进行了系统勘探，发现并确认了一批重要的遗址遗迹。

通过持续经年的科学考古工作，考古工作者基本探明了石家河遗址群的分布、阶段分期、功能布局、文化内涵等情况，并据此认定，在公元前 3000 年至公元前 1800 年的 1000 多年间，石家河遗址群一直是长江中游地区社会和文化发展的核心地点。

第一，石家河古城规模宏伟、布局科学、功能清晰。在石家河遗址群的核心部位，先民修筑有规模巨大的石家河古城。石家河古城城址平面为不规则长方形，南北长约 1200 米、东西宽约 1000 米，面积约 120 万平方米，是迄今为止湖北省乃至长江中游发现的面积最大、保存最为完整的新石器时代古城，是同时期长江中游的中心聚落和都邑性城市。古城外侧修有护城河，宽 60 ～ 100 米，深 4 ～ 6 米。

通过勘探和发掘，石家河古城的重要遗迹现象逐步被揭露，古城布局与功能逐渐明晰，古城初露峥嵘。目前已经在古城范围内发现并确认了多处重要的遗迹，如谭家岭古城、印信台大型祭祀区、邓家湾宗教活动中心、三房湾制陶作坊等。这些遗迹，不仅有助于我们了解石家河古城的布局与功能，更为我们深入了解石家河遗址群的宏观结构与组织分层提供了坚实的学术支撑，也进一步揭示出长江中游地区新石器时代晚期生产专业化与社会分层化的总体趋势。

实际上，石家河遗址群内先后出现过 2 座史前古城，除了上述石家河古城，还有一座年代更早的谭家岭古城。谭家岭古城位于石家河古城中心，城垣呈不规则圆形，城垣东西长 440 米、南北宽 390 米，城垣内总面积 17 万平方米，城壕内总面积则达 26 万平方米。谭家岭古城的始建年代为油子岭文化晚期，距今约 5000 年，其时正是中华文明形成的关键期。谭家岭古城的发现，表明石家河古城在距今约5000年时就已经开始筑造，将石家河城址的建城史至少提前了500年。所以，谭家岭古城是我国发现的同时期规模最大的史前城址，是石家河遗址作为长江中游文化中心的重要开端、首度亮相，也是后来的石家河古城形成的重要基础。

印信台祭祀遗址位于石家河古城西城壕的西侧，因地形似一枚方形印章而得名。遗址揭露出人工台基、大量瓮棺、大量红陶缸以及由数十个红陶缸首尾套接而成的套缸、少量人骨残骸等遗迹，部分红陶缸上还有一些刻画符号。从文化特征分析，印信台遗址应是当时多次进行祭祀活动的一处特殊场所，也是目前发现的长江中游地区规模最大的史前祭祀场所。遗址发现的大量陶缸可能是长江中游原始先民使用的一种独特的祭祀用具，陶缸首尾套接样式在长江中游地区极为罕见，表达了先民的某种心灵寄托，而刻画符号则初步具备了原始文字的一些基本特征。

邓家湾宗教活动中心位于石家河古城西北部，共发现祭祀遗存6处，其中屈家岭文化时期4处、石家河文化时期2处。遗址内发现许多塔形陶器，推测是宗教用品。还发现几处用大陶缸相套排列成弧形的遗迹，其中有的陶缸上有刻画符号，估计也与宗教活动有关。此外，邓家湾遗址发掘过程中，出土了近万件陶塑品，包括猪、狗、牛、羊、鸡、猴、象、长尾鸟、龟、鱼等陶塑，还有上百件人抱鱼像，惟妙惟肖，生动传神。这些陶塑品出土位置相对集中，多出于祭祀遗存边缘的灰坑和洼地堆积中，其他区域比较少见，也不见于墓葬随葬。同时出土的陶器有红陶杯、小腹壶、罐、鬶、缸等，还有一些焚烧形成的炭末和红烧土，这些器物和焚烧现象可能与祭祀有关，红陶杯和陶塑品则可能分别是祭具和祭品。

三房湾制陶作坊位于石家河古城西南部，遗址南北长106米、东西宽56米，主要遗迹有陶窑、洗泥池、黄土坑、黄土堆积、烧土堆积、水缸、灰坑等，清理出土的厚胎红陶杯数量达200万件，密集堆放，厚达数米，蔚为壮观。数量如此惊人的红陶杯，已经远远超出了城内居民本身的需求，必然还会供给周边区域居民使用，说明石家河古城很可能是大洪山南麓乃至江汉平原最重要的手工业产品生产地和集散地，也反映出石家河古城在该区域所具有的特殊地位，即区域聚落中心、经济中心。

严家山石器加工作坊位于石家河古城西北岗地之上，遗迹为一片东西宽约 9 米、南北长约 45 米、面积约 400 平方米的石块堆积。石块大小不一，直径一般在 20 ～ 40 厘米，以含硅质岩、石英碎屑的灰白色白云岩为主。石块绝大多数为石核，石片及成品极少。部分石块有明显的取料切割和加工痕迹。出土遗物主要有石刀、石镞、砺石、石料、玉料等。发掘者推测其可能为一处石器加工作坊。严家山遗址还出土了一些玉料与制玉工具，为石家河文化的部分玉器是本地制造的推测，提供了重要依据。

石家河古城的一系列重要发现，令人眼界大开，耳目一新。考古学家经过深入研究后认定，在中华文明曙光到来的前夜，石家河古城这座 120 万平方米的大城所具有的文化辐射力甚至超越了长江下游的浙江良渚古城。

第二，石家河文化时期农业、家畜饲养业得到进一步发展。在农业方面，稻作农业仍是当时主要的经济门类，遗址红烧土中的稻壳和茎叶以及石斧、石锄、石锛、穿孔石刀、石镰、石凿、蚌镰等农业生产工具的大量出土，说明石家河文化时期的稻作农业在屈家岭文化的基础上又有了进一步的发展。家畜饲养业在这个时期也得到较快发展，如遗址中出土大量的猪、狗、羊等家畜遗骸，不少墓葬中随葬猪颚骨等，说明家畜饲养已经比较普及。同时，石镞、石矛、骨镞、骨鱼镖的出土，说明捕鱼狩猎在当时的经济生活中仍占有一定的比例。

第三，石家河文化时期冶铜业出现，成为社会经济迅速发展的一个重要标志。在石家河遗址群的邓家湾遗址、肖家屋脊遗址、印信台遗址中都发现有许多孔雀石小块，最大块直径为 2 ～ 3 厘米，有些孔雀石表面被氧化成褐色，呈蜂窝状。经科学检测，它们为铜矿石。同时，石家河文化遗址还出土了多件小铜片。与此同时，石家河遗址出土大量的夹砂厚胎缸，学者推测其有可能用于冶铜；石家河文化玉器制作异常精美精细，学者推测当时已开始使用铜质工具来进行玉器加工。此外，在湖北阳新大路铺、阳新蟹子地、随州金鸡岭等遗址也发现有石家河文化前后的冶炼迹象。据此，学者认为石家河文化时期已经开始采矿冶铜。冶铜的出现，标志着一个崭新时代的到来。

第四，石家河文化陶器特别是陶塑工艺高超，是其显著的文化成就与文化特色。石家河文化陶器制作方法有手制、轮制和轮修，还出现了模制制陶技术。以夹砂陶为主，泥质陶次之。陶色以灰、黑、红褐居多。陶器以素面为主，彩陶极为少见。器类较多，包括鼎、甑、罐、碗、钵、豆、盘、壶、杯、缸、器盖、器座、刻槽器等。（图 1–6）

图 1–6　石家河文化陶器

石家河文化邓家湾遗址出土的陶塑人物及陶塑动物（图 1–7），雕琢精细，造型生动，初步统计其总数近万件[①]。这些陶塑可以分为以下四大类，即人物、家畜与野兽、鸟类和家禽、人和动物的复合形态如人抱鱼等。陶塑人物均为泥质红陶，皆为手制，体长一般为 5 ～ 10 厘米。人物或蹲或坐，或挥手或举步，姿态万千，各异其趣，妙手天成。

① 湖北省文物考古研究所、北京大学考古学系、湖北省荆州博物馆石家河考古队：《邓家湾》，文物出版社 2003 年版。

陶塑动物种类很多，其中家畜有狗、羊、猪等，野兽有大象、貘、猴等，家禽有鸡，飞禽有猫头鹰、短尾鸟、长尾鸟等，水族有龟、鳖和鱼。其中以狗、象、鸡和长尾鸟的数量最多。陶塑动物中，陶塑狗不仅数量最多，而且形象最生动，千姿百态，活灵活现。这些陶塑狗有立式和卧式之分，立式狗有的静立，有的奔走，有的吠叫，有的抬头翘尾，身体稍向前倾，注视前方，有的狗背上还驮一幼狗或一小鸟，悠闲自在，意趣盎然；卧式狗一般侧卧，四肢自然蹲曲，腰身略卷，颈部粗长，头部高昂似在警惕地谛听张望，栩栩如生，惹人喜爱。石家河先民如此用心、用情地塑造这些小狗，似乎告诉我们一个道理：狗是人类永远的忠实朋友。而猪、羊、牛、兔等当是石家河文化时期人类所饲养的家禽。陶塑老虎、大象等大型动物的出现，说明石家河文化时期，江汉地区气候温暖湿热，既有老虎出没的茂密森林植被，同时又非常适合大象一类的热带动物生存。

图 1–7　石家河文化陶塑动物群

石家河文化陶塑品构思巧妙，手法娴熟，形象逼真，意趣盎然，折射出先民自然、和谐的生活情趣，也反映出先民高超的艺术想象力与创造力，是我国史前艺术的精华。

第五，石家河文化玉器制作巧夺天工，是中国史前玉器的又一个高峰。石家河文化玉器重要出土地有天门罗家柏岭、肖家屋脊、钟祥六合以及江陵枣林岗等地。玉器多选用灰白色、黄褐色和青灰色等软玉作为玉料。玉器品种主要分装饰品和生产工具两大类，装饰品包括人头像、虎头像、蝉、鹰、鹿头像、羊头像、环、玦、璜、坠、珠、笄和管等，生产工具有纺轮、刀、锛和凿等。玉器制作主要采用切割、雕琢、钻孔、抛光等手工技术，其中最成熟、最精彩的属雕琢技艺。当时的制玉匠人已经能够娴熟地运用浮雕、透雕和圆雕等技法进行琢玉，特别是浮雕技术，一般以浅浮雕雕出人面及兽面的表情，线条流畅，表情生动。1955 年，考古人员在石家河古城外的罗家柏岭遗址发掘出土一批玉器，其中一件团凤造型的玉凤，首尾相接如环形，团身直径只有 4.7 厘米，形体纤巧，精美逼真，惟妙惟肖，表现出高超的玉作水平，被誉为“中华第一凤”，现藏于中国国家博物馆。2015 年，考古人员在位于石家河古城中心区域的谭家岭遗址清理 5 座瓮棺葬时，出土双人连体头像玉玦、虎座双鹰玉饰、玉牌饰、虎形玉冠饰、玉虎、玉鹰、玉蝉等 240 余件玉器。这些玉器类型丰富、形态优美、造型生动，具有极高的艺术价值。多数玉器表面有精美的线刻图案、复杂的透雕和细如针尖的钻孔，普遍使用的圆雕、透雕、减地阳刻、浅浮雕线刻工艺代表了史前中国乃至东亚地区玉器加工工艺的最高水平①。

石家河文化玉器比较重视细部的刻画，尽量反映和体现玉器本身的美感，反映出石家河先民那种自然纯真的审美时尚和精神世界（图 1–8、图 1–9）。在玉器造型方面，既重视对自然物的摹写，也不乏大胆的想象与夸张。尤其是那些玉虎头形象，可能与原始图腾崇拜有着密切的关系，而那些神秘莫测的人头像，则透露出一种威严与神圣。它们绝不是一般佩饰物，理应为象征身份地位和权力的神物。

① 湖北省荆州博物馆、湖北省文物考古研究所、北京大学考古学系石家河考古队：《肖家屋脊》，文物出版社 1999 年版。

图 1–8　石家河文化玉人头像

图 1–9　石家河文化玉鹿

石家河玉器中的神人头像、龙、凤、鹰、蝉等造型，在后世商周玉器中屡有出现，且风格相近，可以说是同出一源。专家认为，这是中华文明多元一体进程的直接体现。

石家河文化玉器数量多，品种全，造型奇，工艺精，代表了中国古代玉器高超的工艺水准与独特的审美情趣。它们沉睡地下数千年，一经面世，震惊学术界。中国考古学会理事长王巍评价称，石家河遗址发现的玉器数量之多让人惊喜，工艺水平之高超令人震撼。此前在山西、山东等地高等级墓葬中零星出土有这类文化面貌的玉器，并不知来自何处，如今可推测那些玉器应是来自江汉平原的制品。王巍进一步指出，此前学界认为史前玉器有两个高峰，一是辽宁的红山文化，一是长江下游的良渚文化。现在看来，长江中游江汉平原应该说是一个顶峰，在夏王朝建立之前已有高度发达的玉器。中国社会科学院考古研究所研究员王仁湘用“巅峰”这两个字形容石家河文化玉器，他指出：“出土的240 多件玉器，给我们带来了又一次震撼，这批玉器的发现，击碎了学者们构建的古玉体系，标志着一个史前玉作的巅峰，代表了一个中国玉文化发展空前绝后的时空坐标。”

第六，石家河文化时期葬俗独特，生活习俗地域特色鲜明，从一个侧面反映出该时期社会的复杂与进步。石家河文化墓葬以单人仰身直肢葬多见，仰身屈肢葬与侧身屈肢葬少见。墓葬规格大小不一，随葬品数量多寡悬殊，如肖家屋脊 7 号墓，随葬品多达 106 件，其中包括 1 件象征身份和地位的石钺。而与该墓毗邻的另一座同时期的墓葬，不仅墓坑极其狭窄，而且除人骨架之外一无所有。同样的情形在其他墓地中也不时见到。在石家河文化青龙泉、乱石滩遗址还发现用猪颚骨随葬的习俗，一般随葬 3 ～ 4 副，有的多达 14 副。随葬猪颚骨数量的多少，反映了墓主人生前地位的高低与财富的多寡。显然，石家河文化时期社会已经出现极为明显的贫富分化。

石家河文化时期，还出现了瓮棺葬、二次葬以及猎头、拔牙等比较少见的习俗。

瓮棺葬是中国古代葬俗形式之一，流行于新石器时代至汉代。一般是用 2 件或 3 件较大的瓮、罐、盆等陶器扣合在一起作为葬具，再将儿童尸体殓入其中埋葬，成人葬用瓮棺比较少见。瓮棺多数埋在居住区内房屋附近或室内地面之下，有的遗址也辟有专门的瓮棺葬墓地。

在中国新石器时代，瓮棺葬多见于黄河流域地区，且多用于儿童，如仰韶文化的陕西西安半坡遗址等。在湖北新石器文化早、中期，瓮棺葬比较少见。屈家岭文化时期的青龙泉、关庙山等遗址都有发现儿童瓮棺葬。至石家河文化时期，瓮棺葬成为一种比较流行的葬俗。石家河文化瓮棺葬墓坑一般平面呈圆形，葬具多为小口矮直领陶瓮，这种陶瓮器形较大，可能是专门用作瓮棺葬的葬具，少数瓮棺葬将日常生活中使用的陶鼎、缸、罐作为葬具。大型瓮棺一般是用 2 件陶瓮相扣而成，稍小的瓮棺则是用 1 件陶瓮，外加陶盆、钵、圈足盘、豆、器盖等作盖。

石家河文化较大瓮棺墓一般是成人墓，为便于装殓，较大瓮或罐的肩部都被整齐地锯开，装入尸骨后再扣合。较小瓮棺墓一般为儿童墓。瓮棺葬中部分墓有随葬器物，随葬品中除少量的陶器、铜矿石和兽牙外，绝大部分为玉器。如肖家屋脊遗址 W6 是目前江汉地区发现最大的一座瓮棺墓，经过清理，W6 共出土随葬品 59 件，其中玉器就有 56 件，另外还随葬 1 件陶杯、1 枚兽牙和 1 件石珠。在一个瓮棺内出土 56 件玉器，在全国来说尚属首次。

关于瓮棺葬的习俗，一种看法是：夭折儿童被装入瓮棺而不是直接埋入黄土，是希望他们能死而复生，因为瓮棺盖或底部都留有小孔，希望他们能够恢复呼吸和生命。郭沫若在考察半坡遗址的瓮棺后曾赋诗云："半坡小儿冢，瓮棺盛尸骸。瓮盖有圆孔，气可通内外。"既然人已经死了，何以又寄望他们复生呢？有人推测这可能与当时的诊断技术落后、幼儿经常出现"假死"的现象有关系，所以病死幼儿的家长存此侥幸念头。另一种意见是：瓮棺葬与当时人们的灵魂信仰有关，瓮、罐、盆底部的小孔当是供灵魂出入的通道。

二次葬是一种非常古老的葬俗，其显著特征是将死者的尸骨进行两次或两次以上的埋葬，多数是易地安葬，又称迁骨葬、洗骨葬、捡骨葬、拾骨葬、捡金、收骨等。二次葬在一定程度上反映了人们的宗教信仰、风俗习惯乃至社会组织状况，是研究史前社会的一个重要材料。房县七里河遗址共发现石家河文化墓葬 24 座，其中 15 座墓属于二次葬，迁葬人数总计达 29 人。这 15 座二次葬墓葬中，6 座是二次多人合葬墓，9 座是二次单人葬墓。七里河遗址这种比较独特的葬俗，研究者认为是为了达到家族成员死后团聚一起、永不分离的目的。

石家河文化时期，还发现在荆楚地区罕见的猎头风俗。房县七里河遗址中，个别墓葬的人骨架缺失头骨，而在附近的灰坑、窑址或房址台阶下，则埋有人头骨。这种身首异处的现象，有研究者认为是远古时期猎头风习所致，是当时社会对立与部落战争的反映。

在七里河遗址，人工拔牙习俗也很独特。人工拔牙在我国古代文献中又称凿齿、折齿、摘齿、缺齿、断齿、打牙等，是一种有意识拔取或敲断健康牙齿的行为。人工拔牙现象主要分布于东亚、南亚、非洲大陆和环太平洋地区的海岛区。有关拔牙习俗的成因，学术界有多种说法，如成年标志、结婚前的准备、除病防病以及爱美等等。研究表明，我国拔牙习俗主要流行于新石器时代我国东南各地一些氏族部落，最早出现于距今 7000 多年的大汶口文化时期，珠江三角洲地区也有大量反映拔牙风俗的考古材料发现。在七里河遗址第一次发掘的 30 具骨架中，除

3具小孩骨架、2具无头骨架、6具无法鉴定的骨架外，其余19具成人中，男性14人中拔牙者8人，女性5人中拔牙者3人，拔牙者占60%左右。这些拔牙现象中，一般拔去上颌两个外侧门齿，或是两个犬牙。

猎头和拔牙这两种古老的习俗在七里河遗址同时共存，不仅在江汉地区石家河文化中是首次发现，在中国史前遗址中亦属罕见，具有重要的研究价值。

通过对石家河文化各类遗迹现象、出土文物的深入研究，学术界普遍认为，石家河遗址在距今约5900～3800年的漫长时段内，经历了初兴、强盛、突变及衰落的阶段性变化，这个跌宕起伏、波澜壮阔的历史进程可以分为中心聚落初步形成、文化持续引领与辐射、衰落与突变期三个阶段。

第一阶段是石家河文化的初兴期，时段约为距今5900～4800年。这个阶段历经千年的缓慢发展，建成了中心聚落谭家岭城，故也称谭家岭城时期。

第二阶段是石家河文化的强盛期，时段约为距今4800～4200年，是引领与辐射长江中游的重要时期，以石家河古城的建成为标志，故也称石家河城时期。随着面积120万平方米的石家河大城的出现，遗址范围随之扩大，形成了8平方千米的庞大聚落。此时，长江中游地区已经形成文化面貌高度相似的文化统一体，在这个统一体中，石家河遗址被视为长江中游地区文明的中心，具有文化引领与文化辐射的重要作用与地位。

第三阶段是石家河文化的衰落与突变期，时段约为距今4200～3800年。这个阶段，显赫一时的石家河古城已经废弃，不再使用，遗存数量减少，瓮棺葬开始流行，地域文化明显受到中原文化的强烈影响，并逐步融入中原文明的怀抱。特别是至石家河文化晚期，随着中原文化的日益强盛和大举南下，一直平稳发展的石家河文化不可避免地受到较大影响，石家河文化中出现了大量来自中原地区同时期文化的因素，石家河文化的性质、面貌也随之发生了较大变化，出现文化谱系上的断裂与重大改变。对于这支后起的、受中原文化影响较大的新兴文化，学术界一般以“后石家河文化”称之。后石家河文化的年代，实际上已经进入夏代初年。上文谈到的玉器、陶塑动物、人偶、瓮棺葬等遗物遗迹，很多在年代上已经属于石家河文化晚期及后石家河文化时期，如三房湾遗址以烧制红陶杯为主的专业窑场、严家山遗址石器小型加工场及瓮棺葬墓地等。

长江中游新石器时代文化是构建中华民族文化的重要部分，而石家河遗址则是长江中游非常具有典型性的史前遗址，石家河古城是我国目前已被确认的长江中游新石器时代城址中规模最大的一座城池，其附属地点之多、分布面积之广、出土器物之丰，在同时期遗址中罕见，具有稀有性、独特性的典型意义。石家河文化代表了长江中游地区史前文化发展的最高水平，是研究我国史前社会生产、社会生活、社会性质、社会结构、人口分布、聚落发展演变、民族形成与文明起源的重要遗迹，为探索长江中游文明的起源找到了重要的突破口，对于廓清我国上古史上的重重迷雾，探讨多元一体民族国家的形成有着极其重要的意义。

总之，石家河文化拥有特大型古城、高度发达的物质文化成就和精神文化成就，因而一跃成为长江中游区域的政治、文化中心。所以，石家河文化不仅是荆楚史前文化发展的巅峰期，而且也代表了长江中游地区史前文化发展的最高水平。

在约距今 4200 ～ 4000 年，以后石家河文化为标志，荆楚地区走完了其漫长而曲折的新石器时代，进入中国历史上的夏商周时期。至此，荆楚历史掀开崭新的一页。

（三）荆楚地区充分彰显了其在中华文明起源和多元一体发展历程中的重要作用

回首荆楚地区新石器文化漫长的发展进程，我们不难看出，本区域新石器时代遗址数量众多，分布广泛，文化发展序列清晰，文化内涵丰富多彩，它们共同绘就了一幅新石器时代荆楚地区社会全景图。荆楚地区新石器时代文化既是以原始农耕文化为主体的中国新石器时代文化的重要组成部分，同时在其自身发展过程中，也呈现出鲜明的地域特色，亮点纷呈。

首先，荆楚新石器时代文化，充分展示了长江中游文明的灿烂成就，彰显了荆楚乃至整个长江中游地区在中华文明起源和多元一体发展历程中所起的重要作用，为实证“早期中国”文明基因贡献了荆楚力量。

关于人类进入文明社会的标志，中外学者持论各异，如城市、农业、金属用具、文字、礼制礼仪等，不尽相同。但所有研究者一致认为，城市的出现，无疑是人类社会进入文明时代的标志之一。在这一点上，荆楚地区新石器时代文化可谓占尽风骚。

在湖北新石器时代早期，人类开始走出大山，在平原河谷聚族而居，形成大大小小的聚落，渐渐过上相对安稳的定居生活。城背溪文化与柳林溪文化时期，遗址数量较少，规模也不大；大溪文化时期，遗址规模逐步扩大，一般在 1 万平方米以上。遗址内，功能布局科学合理，居住区位于遗址中央，墓葬区位于居住区外部，房屋筑造技术也日益进步；至屈家岭文化和石家河文化时期，无论是遗址的分布面积，还是功能布局，较之此前有了更大的发展，如屈家岭遗址面积就达 2. 84 平方千米。

聚落遗址面积的扩大和建筑技术的提高，为城市的出现提供了可能性。截至目前，长江中游发现和确认的史前城址约 20 座，其中分布在湖北境内的就有 17 座，它们分别是天门石家河城、天门龙嘴城、天门笑城、天门陶家岭城、江陵阴湘城、石首走马岭城、公安鸡鸣城、公安青河城、应城门板湾城、应城陶家湖城、沙洋城河城、荆门马家垸城、安陆王古溜城、孝感叶家庙城、大悟土城、黄陂张西湾城、襄阳凤凰咀城等。

从分布看，这些古城大体呈半月形分布在江汉平原西北部向低山丘陵的过渡地带；从年代看，它们大约都在公元前3000至前2000年之间，有的可能还要早一些，古城的数量从早到晚呈增多趋势；从规模看，规模最大的天门石家河古城，面积达120万平方米，而规模小的古城如天门龙嘴城、石首走马岭城等，面积则不超过8万平方米；从选址看，所有古城都选择在山前地带的丘陵与湖泊洼地交接的平原地区，充分利用自然地形条件，依势而建；从筑城技术看，当时的城垣全部以夯土筑成；从功能布局看，这些古城城内都有较为明确的功能分区，如居住区、墓葬区和祭祀区等，城外修有护城河，城墙和护城河构成了一道坚固的防御体系。

城市是人类社会发展到一定阶段的结果，标志着私有制与阶级的确立，战争与强权的形成。城市的出现，是一个地区文明初现的重要标志，预示着国家的诞生。在新石器时代，如此多大小不一、形制各异的古城，勃兴于江汉大地，见证、助力了中华文明的诞生与发展。

我国著名考古学家苏秉琦先生曾提出“中华文明满天星斗”的说法，即在距今6000年左右，从辽西到良渚，中华大地的文明火花如满天星斗一样璀璨夺目。具体而言，在甘青地区有齐家文化系统，在辽西地区有红山文化系统，在海岱地区有龙山文化系统，在长江中游地区有石家河文化系统，在长江下游地区有良渚文化系统，在中原地区有仰韶文化系统。这些文化系统各有其根源，都创造出了灿烂的文化，中华文明的起源呈现出多元、区域性、不平衡的发展态势。各个地区的文化通过相互竞争、碰撞、融合，最终形成了完整的中华文明[①]。可以看出，荆楚地区新石器时代文化就是中华文明星空上一颗闪耀的星辰。

其次，湖北境内一系列栽培稻遗迹的发现，有力地证明了长江中下游是中国稻作农业重要的起源地之一。透过这些考古成果，我们还发现，早在新石器时代，湖北就是“鱼米之乡”。

① 苏秉琦：《满天星斗：苏秉琦论远古中国》，中信出版集团2016年版。

20世纪80年代以前，国际学术界一直认为南亚是栽培稻的起源地。随着大量和栽培稻有关的考古遗存如浙江河姆渡遗址的发现，中国是栽培稻起源地之一的观点逐渐被学术界所接受。但中国栽培稻究竟起源于何时、何地，仍是学术界面临的一大难题，目前至少有云南说、华南说、长江中下游说、长江中游—淮河上游说等不同认识。

湖北地处长江中游，土地肥沃，气候湿润，四季分明，境内一系列栽培稻遗迹的发现，如宜都城背溪、京山屈家岭、天门石家河、枝江关庙山、郧县青龙泉、随州黄土岗、应城门板湾、武昌放鹰台、大冶蟹子地等遗址的相关发现，强有力地支持了长江中下游是中国稻作农业重要起源地之一的说法。

新石器时代，湖北地区稻作农业从无到有、从局部到广泛，发展明显、快速。但在这个阶段，该地区的稻作农业生产还不稳定，水稻产量尚不足以供给人们基本的食物需求，所以，当时的先民“靠山吃山，靠水吃水”，采集渔猎经济仍占有一定的比重，尤其是在湖北峡江地区仍以渔猎经济为主。在峡江地区和江汉平原新石器时代的很多遗址中，发现有大量鱼类骨骼遗存，如城背溪文化遗址出土的动物残骸中就有不少鱼、鳖、蚌壳等，有的鱼骨坑深达1米多，坑口长达2.6米，坑内的鱼骨成堆成片堆积。巴东店子头城背溪文化地层中曾发现一枚巨大的青鱼牙齿，根据其大小推测，这条青鱼活体或可长达2米左右。大溪文化时期的墓葬中，有以鱼随葬的现象，通常是随葬整条鱼，有的把鱼摆在死者身上或身下，有的置于死者口中。这应该是当时的一种葬俗，反映了鱼类在当时人们生活中的重要地位。

湖北新石器时代的很多遗址中，还出土各种用于渔猎和采集的生产工具，如砍砸器、刮削器、石球、网坠等，渔猎的手段主要是围猎、网捕、手抓、锥刺、石砸、叉鱼、网鱼等。据分析，当时的人们业已掌握在湍急的江流中深水捕鱼的渔业技能。

如今，人们一提起湖北，总是将其与“鱼米之乡”的美誉联系起来。殊不知，早在新石器时代，湖北先民就已经“稻饭羹鱼”，湖北原本就是“鱼米之乡”。

除了城市、稻作农业外，在荆楚地区新石器时代文化中，原始文字、金属用具、宗教活动中心、祭祀区等文明标志也开始出现或雏形初现。

学术界一般认为，中国文字的源头可以追溯到新石器时代陶器上的刻画符号，因为它们已经初步具备了原始文字的基本特征。宜昌杨家湾、中堡岛及天门石家河等新石器时代遗址中，出土了很多有刻画符号的陶片。经整理研究，这些刻画符号可分为自然类、植物类、动物类、人体类、工具器物类、数字符号等几大类。荆楚地区新石器时代刻画符号不仅为研究中国文字起源提供了一批珍贵的实物资料，也成为研究中华文明起源弥足珍贵的材料。

中国境内最早的铜制品发现于陕西临潼仰韶文化姜寨遗址，是一件半圆形残铜片，质地为黄铜，经检测为冶炼所得，距今约 6700 ～ 6500 年。至新石器时代晚期，铜器在中国东到山东、西到甘肃、北到内蒙古、南到湖北的多地区都有发现，其中就包括湖北石家河文化多个遗址出土的孔雀石（铜矿石）、铜片等遗物。在宗教礼仪方面，湖北新石器时代的“太阳人”石刻、宗教活动中心、祭祀区、祭祀玉器等，都是原始宗教礼仪的最好见证，无不折射出人类早期文明的曙光。

其他如彩陶、陶塑、玉雕等，也一一反映出荆楚先民的精神世界和精神生活如艺术审美、宗教信仰、风俗习惯等越来越丰富，越来越多姿多彩。目睹这些遗迹遗物，我们仿佛听到了先民迈入文明大门的铿锵足音。

总之，新石器时代的湖北，遗址遗迹众多，文化内涵丰富，是城背溪文化、柳林溪文化、屈家岭文化、石家河文化等考古学文化命名地和主要分布区。其中屈家岭文化以京山、天门、钟祥为中心，文化覆盖整个长江中游，是中华文明继仰韶文化之后、最为繁荣先进的文化之一，持续时间长达 400 年左右，其文化的强盛影响力甚至从长江中游辐射到山东、山西等地；石家河遗址是长江中游地区分布面积最大、保存最为完整的新石器时代聚落遗址，石家河文化代表了长江中游地区史前文化发展的最高水平。以屈家岭遗址、石家河遗址为代表的长江中游地区，在多元一体的中华文明起源与发展进程上占有十分重要的地位。这应该是史前荆楚地区对中华文明的巨大贡献。

第二章　勃兴与惊艳：先秦时期的荆楚文化

荆楚地区是中华文明的发源地之一，旧石器时代起即有古人类活动，新石器时代是中国新石器时代文化的起源地之一，新石器时代晚期的石家河文化，已进入初期文明社会。石家河文化解体后，荆楚地区的文化发展一度中断，夏商西周三代，中原王朝大力经营南方，将中原文化传播到长江中游。东周时期，楚国在湖北西部崛起，楚人大力吸收中原文化、整合南土诸侯的文化，融合南方土著文化和淮河流域东夷诸国的文化，将其熔于一炉，形成了高度发达的楚文化。楚国成为后世荆楚地理概念和荆楚文化的主要来源。楚国的发展，将原来位于华夏边缘的长江流域发展成为华夏文明的核心地区之一，并初步形成了以长江为轴心、整体性的南方华夏文化，造就了新石器时代末期以来荆楚文化发展的第二个高峰。

一、多元互动的族群与文化

荆楚地区早在旧石器时代就是古人生息之地，远古时代江汉地区的居民为古三苗，禹征三苗后，古三苗灭亡，三苗的遗裔则发展成为夏商西周时期的楚蛮族群。东周时楚国崛起，将江汉地区各种来源不同、文化面貌各异的国族整合成统一的楚国、楚民族与楚文化。

（一）三苗与楚蛮

三苗，又称为苗蛮。中国上古时代的居民可划分为华夏集团、东夷集团和苗蛮集团。华夏集团分布于中原地区，主要在黄河中游一带，东夷集团分布于以山东为中心的东部地区，苗蛮集团主要分布在长江中游地区。

三苗的年代，大致与尧、舜、禹时代相当，居地大体在今湖北、湖南、江西一带，考古学上的屈家岭文化、石家河文化一般认为即三苗所创造的文化遗存。

古史传说中，尧、舜、禹所领导的华夏集团与南方的三苗集团发生过大规模的战争。汉江中游北部原为仰韶文化分布区，其族属为华夏，江汉核心区则为屈家岭——石家河文化分布区，族属为古三苗。屈家岭文化兴起后强势北进，迅速取代了丹淅水、唐白河流域的仰韶文化，影响力远达黄河沿岸，对豫中、豫西的华夏核心区构成了严重威胁，由此爆发了华夏集团与三苗集团的激烈冲突。文献记载尧与三苗“战于丹水之浦”，舜也曾“南征三苗”，到了禹时，利用三苗出现内乱、遭逢天灾之机大举进攻，取得决定性胜利。三苗灭亡后，其遗裔发展成为夏商时期的南方居民，但并没有形成强大统一的政治体，文献中称为楚蛮、荆蛮、蛮荆、荆楚等。

楚蛮受中原王朝的统治，但又叛服无常，夏商王朝均曾征伐楚蛮（荆蛮、荆楚）。夏朝末年，商汤奉夏桀的命令征讨有洛，获胜后又继续征“荆”，商势力中衰后失去了对荆楚的控制，至武丁时又出兵征伐荆蛮。西周初年，周成王封熊绎于楚蛮之地。

（二）西周时期江汉地区的诸侯与族群

西周时期，江汉地区分布着为数众多的国、族，按与西周关系的远近，大抵可分为西周诸侯、江汉小国、土著族群。西周诸侯还可分为周之同姓与姻亲和异姓诸侯两类。

1. 周之同姓与姻亲诸侯

江汉地区的周同姓诸侯，史籍称为“汉阳诸姬”，其地域范围在汉淮之间，以随为首，较为清晰的有随、唐两国。随国古称曾国，春秋后称随国，近年来，随州地区的曾国考古有重大发现，表明曾国即随国。曾国为周初重臣南宫括之后，西周初年被封于随州东的淅河镇一带，为南方诸侯之长。今随州叶家山为西周时期的曾国墓地，国都则在叶家山附近的庙台子遗址。唐国亦为南土重要的姬姓诸侯，初在随枣走廊的唐县镇一带，后迁南阳盆地的唐河县。

西周时期，江汉地区还有大量西周姻亲诸侯。其中鄂国在今随州西的安居镇一带，姞姓，为西周王室重要的通婚对象，文献中有“姬、姞耦，其子孙必蕃”的说法，鄂侯曾嫁女于周王。曾、鄂两国紧邻，均在今随州地区，二国相距甚近，从淅河到安居，直线距离仅 25 千米，曾、鄂两国在南土的地位颇类鲁、齐两国之于东土。

南阳盆地还有姜姓的申、吕二国。姬、姜两姓世为婚姻，姜姓诸侯是西周王室最重要的通婚对象。西周末年，周宣王封王舅申伯于南阳，是为南申国，与申国一同南迁的还有同为姜姓的吕国。申国在今南阳市，吕国在申国西面不远处，今南阳县西三十里的吕城。

南阳盆地原有谢国，亦为南土重要诸侯，申、吕南迁后，谢国则迁至今新野、唐河二县之间、古棘阳之谢城。另唐河县南的湖阳镇一带还有蓼国，族姓文献无载。谢、蓼两国，虽非周之姻亲，但其地处南阳盆地， 与申、吕、唐等国紧邻，则其文化当与“汉阳诸姬”相近。

周之同姓及姻亲诸侯，是江汉地区与西周联系最为密切的族群，其文化面貌与关中姬周文化的近似度当是最高的。

2. 西周异姓诸侯

江汉地区的西周异姓诸侯主要有巴、楚、邓、鄀、谷、厉等，诸国大多列名《经》《传》，有周之封爵。

邓为中原古国，曼姓，周初封国，在今襄阳邓城遗址。谷国在汉水支流南河两岸，其族姓不明，可能为嬴姓。鄀国原在河南汝水流域，是商代的重要方国，西周时鄀国在丹淅流域，后迁于南郡鄀县、今湖北钟祥市汉水以西胡集镇的罗山遗址。

巴国，曾参与武王伐纣之役，周初时即已名列南土诸侯之一。其地在汉水上中游、今陕东南的安康一带。巴国族属，一般认为，巴国为姬姓，巴王族与周同源，但巴国所在已超出目前所知早期楚文化的分布范围，其文化与西周有较大的差异，与西周的关系较为疏远。

今随州附近还有古厉国，在今随州市东北百余里的殷店一带，曾参与昭王南征。

夔国亦是一个古老方国，又称归国，殷商时代即已存在。商代归国族姓不明，西周晚期，楚熊挚红之子因在国内政治斗争中失败，自窜于夔，代为夔君，是为芈姓夔国，其地在湖北秭归。

3. 江汉小国

西周中期以后，江汉地区重新得到开发，出现了许多小国，虽大都列名《经》《传》，但非周之封国，当是西周中期以后进入江汉地区的诸多部族中发展水平较高而独立建国者。主要有罗、卢戎、鄢、郧、贰、轸、州、麇、权、南巴、庸、绞等。

汉西地区主要有罗、卢戎、鄢、权、南巴等。罗国在宜城县西山中，熊姓，后徙南郡枝江县。卢戎在襄阳县西的泥嘴镇附近。鄢，地在今之宜城。权国，故址在今荆门东南。南巴，在今钟祥、荆门之间。此巴与汉水中上游之巴应不是同一国。

汉东地区的主要小国是郧国，又作䢵或云，其族姓不详，入楚后为斗氏封邑，在今湖北京山、钟祥两地之间。贰、轸、州，均汉东地区的小国，族姓、地望均不详。麇，族姓不明，在今襄阳市东，随枣走廊西口外，今滚河西入唐白河后的唐白河下游东岸。

鄂西北地区主要有庸、绞等国。庸国曾参与周武王伐纣，为较早依附于周的南方居民，与江汉土著民族如濮、蛮有较为密切的关系，在今湖北省竹山县，早期居地在鄂西北的汉水南岸，丹江口市西北至郧县一带。绞，亦为汉水中游的小国，地在今谷城县境，从其与庸、谷等国相邻来看，其文化当去谷、邓等国不远，与汉阳诸姬也有一定的联系。

4. 江汉土著族群

西周时期，江汉地区除了南土诸侯和江汉小国外，还有大量的土著居民，主要有楚蛮、百濮及更南的扬越等。南土诸侯进入江汉地区后，楚蛮等江汉土著族群受到南土诸侯的挤压，西周中期，这些土著族群大举进入夏商时期尚是一片蛮荒的江汉腹地。而在更远的长江沿岸及以南，则主要是百越中的扬越族群。

楚蛮（荆蛮）在周代亦屡见于文献。周初时，周成王封熊绎于楚蛮。周昭王亦曾南征荆蛮。西周晚期周夷王时，熊渠统治下的楚国曾一度称雄江汉，“皆在江上楚蛮之地”。楚蛮主体在楚成王时被楚国兼并，此后楚蛮作为一个族群不再存在，但其余脉在文献中仍有所反映，《左传·文公十六年》记群蛮叛楚一事，此后再不见群蛮活动之记载，应是楚国加强了对群蛮的统治，将楚蛮余部完全融合。

濮是一个古老的部族，曾参与武王伐纣之役，为“牧誓八国”之一，但濮并不是一个邦国，没有形成统一的政权，故文献中又有“百濮”之称，是楚国较早兼并的江汉土著民族。西周、春秋时的濮，大体当在汉水中游至上游部分地区，今鄂西北一带。春秋时期，楚国迅速强大起来，濮成为楚国的兼并对象。楚之启濮，始于蚡冒而成于武王。但楚庄王初年时，仍发生了庸率群蛮、麇率百濮叛楚的重大事件。此后文献中再无濮人的记载，当是濮人已尽数融入楚人之中。

越是我国古代华夏或楚人对长江以南地区居民的统称，并非统一的民族或族群，因其种类众多，又称为百越。越人大体在长江以南，但西周时期，周势力只短暂至长江沿岸，此后即因昭王南征失败退缩至随枣走廊一线，去长江已远。西周中期开始，汉北、汉东土著居民南下开发原屈家岭、石家河文化核心区，楚国接踵其后，向南发展至长江沿岸，开始接触此前未识的长江沿岸及以南的土著居民，因此越人虽基本生活在长江以南，但楚人及作为华夏边缘的楚蛮族群是从江北开始接触这些南方居民，文献中称为扬越。《吕氏春秋·恃君览》：“扬汉之南，百越之际”，高诱注：“扬州、汉水之南。”但刘玉堂认为扬越与扬州（长江下游地区）当无涉，且扬州与汉水并列，文例、文义均不通，因此扬汉当指扬水与汉水，故《吕氏春秋》原意当为扬水、汉水为中夏与百越的分界线。吴永章亦认为百越生活的最北界可至汉水之南。可见先秦时期越人分布区已至长江以北，以汉水、扬水界于楚蛮、楚国。故扬越之得名，当是因扬水之故。今湖北东南部的大冶铜绿山铜矿，学者认为其开采者即扬越先民。

（三）楚民族的形成

楚直系先祖季连，出自上古时代的祝融部族，祝融则出自更为远古的帝颛顼高阳，为上古时期华夏集团核心部族。商代末年，楚先祖离开中原，进入楚蛮之地，芈姓祝融部族进入楚地后，从华夏转变为楚蛮，开始以楚人自称。也就是说，芈姓祝融进入楚地后，迅速为当地多数的楚蛮族群所同化，成为楚蛮化的华夏族群。

春秋时期，楚国在江汉地区兴起，迅速一统江汉地区，后来更占有整个长江中下游和淮河流域。楚的发展，在政治上体现为强大的楚国，在文化上体现为高度发达的楚文化、在族群上则体现为统一的楚民族。

楚民族的发展过程，大概可以分为部族与国族。部族是在部落基础上形成的，是具有不甚稳定的共同地域、语言、文化和经济等特征的族体。在部落演变为国家后，随着国家的发展，众多的族体被国家整合成为统一的族群共同体，即民族。楚先祖的时代，季连从祝融中分离出来后，至熊绎受封立国之前，芈姓祝融均处于部族的形态。而在楚国发展成为地域国家的过程中，江汉地区的各类族群已尽数融入楚国，成为统一的楚民族。经历秦灭楚和秦末大动荡之后，随着秦汉大一统，整合成为统一的汉民族。

（四）从后石家河文化到夏商时期文化

石家河文化晚期，文化性质发生了重大变化，一般称为后石家河文化。后石家河文化只有部分因素源自石家河文化，大部分因素来自中原龙山时期文化，尤其是王湾三期文化煤山类型。王湾三期文化为龙山时期中原地区的主体文化，是二里头文化的直接前身，后石家河文化被认为是“煤山文化在江汉地区的一种变体”，其成因是华夏文化的南下。

后石家河文化表明江汉地区的文化传统被打破，此后的江汉地区是在中原文化体系之内、作为中原文化的附属和边缘而存在。进入夏代后，南阳盆地为二里头文化分布区，文化面貌与二里头类型较为一致，但有一定的地方特色。汉丹地区则是中原、关中、江汉等文化系统的交流碰撞区，这里的二里头文化遗存含有多种不同来源的文化因素，有较强的地方特色，文化面貌有异于其东侧的南阳盆地。南阳盆地以南的襄宜地区仅有少量的二里头文化遗址分布，地方特色更为浓厚。钟祥乱葬岗遗址是二里头文化向南传播的极限，文化因素与其南边不远处的荆南寺遗址差异颇大，它们之间似乎并未发生直接联系。

而在江汉核心地带，原屈家岭—石家河文化的核心区，后石家河文化未能得到延续发展，也没有演变为二里头文化，江汉地区的古代文化发展链条出现了中断，夏商两代直到西周早期，江汉地区出现了巨大的文化断层，与新石器时代的繁荣景象完全是两个世界。

进入商代，在夏代的基础上，商人对南方的经营大为加强。商人基本上是沿着夏人的足迹南下，由豫东越过桐柏山，顺澴水、滠水等河流进入江汉之汇，在此建立了著名的盘龙城。商人在以盘龙城为中心的鄂东北地区，沿涢水、澴水、滠水等河流留下了大量的遗址，已知有 40 余处，形成盘龙城类型商文化。商势力以盘龙城为中心进一步辐射至江西、湖南，溯长江而上至荆沙地区，并将其影响传播至更远的地区。

盘龙城的文化面貌与郑州二里岗商文化有较大的一致性，盘龙城遗址是商文化在长江中游地区的一个地方类型，但文化遗物特别是陶器带有较多的地方特点，印纹硬陶和原始瓷表明了南方文化因素的影响，应是以南下的中原商文化为主体，融合本地石家河文化传统，并吸收了某些南方文化因素而形成的一种独具特色的地方文化。

中商后期商文化盛极而衰，“到中商三期前后，商文化由长江以南向北收缩。至晚商早期，长江流域广大地区已基本为地方性考古学文化所覆盖”。商文化由长江沿岸退缩至涢水上游一带，还退出了汉江上游地区，盘龙城被废弃，南阳地区晚商文化遗存分布稀少。殷墟时期商文化几乎退出了整个汉江流域，而在商文化的影响下产生的各种土著青铜文化则空前活跃，填补了商文化退潮后的空白，商代晚期时商文化的衰退和各地土著文化的兴起及它们对商朝的冲击，正是晚商时期战争频繁的历史与文化背景。

（五）早期楚文化与典型楚文化

西周建立后，南土诸侯进入江汉地区，将周文化带至南方，南土诸侯与江汉土著将周文化与夏商时期发展起来的江汉地方文化融合起来，从而在江汉地区形成了一支颇具特色的考古学文化，其与春秋中期以后的典型楚文化有渊源关系，是楚文化的前身，目前一般称为早期楚文化。而西周至春秋早期的楚国，是早期楚文化中的一支，到春秋中期以后，楚国崛起，将早期楚文化发展成为东周时期的典型楚文化。

在早期楚文化研究中，对楚式鬲的探讨是核心问题。楚式鬲是楚文化陶器群中最为典型的器物，亦是楚文化陶器组合中的核心器物，形态上是北方的鬲与南方的鼎结合而成，似鼎而非鼎、似鬲又非鬲，陶系为红陶或红褐陶，饰绳纹，高柱足，空足很浅，甚至若有若无，弧裆或连裆甚至是平裆，鬲身与鬲足分开制作然后组合而成，俗称为“二次包制”。这种连裆鬲起源于鄂东地区，在武汉盘龙城遗址相当于夏代的文化遗存中，出土有目前最早的连裆鬲，是北方的鬲与南方的鼎融合的最初形态，商末周初时，平裆柱足鬲、连裆柱足鬲和分裆柱足鬲并存，柱足成为江汉陶鬲最主要的共性特征。西周中晚期至春秋早期，则是早期楚文化形成时期，出现带瘪裆风格的高柱足红陶绳纹鬲，也就是早期楚式鬲，并出现了鬲、盂（盆）、豆、罐的完整陶器组合。

以丹江水库为中心的鄂豫陕交界地区，在陕西商南县的过风楼遗址、湖北郧县辽瓦店子遗址和河南淅川下王岗遗址等西周中晚期遗存中，找到了连裆柱足鬲等楚式陶器的直接源头。此类遗存目前一般称为“过风楼类型”，“过风楼类型”很可能就是西周时期的楚文化，商末周初崛起于狭小的陕鄂交界山地，西周中晚期向东南扩展，占据整个丹江库区西侧，通过不断吸收和整合周文化，显示了强劲的发展势头，至春秋早期发展到襄宜平原和沮漳河流域，逐渐形成了东周时期独树一帜的楚文化系统。

春秋早期，楚国在汉水中游崛起，很快征服江汉地区的诸小国，收服江汉土著族群，尽灭西周在汉水之阳的诸封国，一统江汉地区。到春秋中期，迅速强大起来的楚国将早期楚文化发展成有自身强烈特征的典型楚文化，并且随着楚国不断灭国设县，楚文化也走出江汉地区，在整个中国南部扩展开来。

二、渐次完备的礼仪与制度

西周时期，楚被中原诸侯视为南蛮。东周时楚国形成了完善的礼仪制度，春秋后期楚贵族的礼乐修养已不逊于中原诸侯。在政治上，楚人建立了强大的国家，这种强大的国家必然具备完善的礼仪与制度。

（一）冠礼与婚礼

冠礼是中国古代的成人礼，婚礼则是二姓合好、继宗嗣后的重要礼仪。楚国的冠礼与婚礼制度，与北方礼制系统相比有自己的特点。

1. 冠婚日期

冠礼无固定月份，日期多在“建日”，楚国以辰日起建，每月皆有“建日”，亦为婚礼吉日。此外还有以下婚嫁忌宜之日：稷辰（丛辰）；牝月牡日，“牝月”为三月、四月、九月和十月，“牡日”即子、寅、卯、巳、酉、戌。

2. 冠礼服饰

楚人冠礼服饰有明显的地域烙印，被称为“楚服”。楚冠有獬冠、纚、紫韦之帽、大冠、纺冠、疏布之帽、紫里之绢（冠）、帛里之纺冠等。衣、裳主要有：狐青之表，上衣，用青色的狐皮制成，有紫色的衣里，以绣、锦作缘饰；缟衣，白色的丝制成，无衣里，以赭黸、乐成为缘饰；纷袷，可能是绣有粉白色花纹的夹衣，中无絮者；灵光之袄，可能指袍，用丝绵制成，缟里，以素缕为缘饰；纺衣，丝制，有绿色的里子；疏衣，以绮缟、锦等为缘饰；结衣，即曲裾衣；缈衣，可能是纯色的衣里，有组缕；留衣，衣衽较长，下至膝，将衽之两角挽起结于衣前成兜状，用以盛物；丹緂之衦，可能指汗衣，用缈做衣里，以组为缘饰，有锦缕；绂裳，白色，用帛做里，以赭黸为缘饰。

颜色方面，楚衣着有青、白、紫、丹黄等色，衣里的颜色非常鲜艳（如紫色、绿色），衣、裳的颜色有严格规定。

鞋履：鱼皮之屦，可能是用鳄鱼皮或鲨鱼皮制成的鞋；鞮屦，可能是革制的鞋；緂屦，以苞草编织而成；红緂之俚屦，不明；有苴疏屦，有草垫的疏屦；丝屦，丝制的鞋。

佩饰包括带、带钩、佩玉等。不同的带佩挂不同的玉饰。

3. 立后与娶妇

楚王正妻名为“夫人”，婚礼仪节与士庶阶层基本无别，楚国贵族的婚礼与礼典记载完全契合。楚王和太子的婚龄在十五岁左右。嫡妻死后，按礼不再更立夫人，在祭祀宗庙和管理内事等宗法事务中，其地位由众妾依次递补，作为继室的某侄或某娣可以摄行夫人之事，但不能称“夫人”之名。

（二）丧礼

丧礼在“五礼”中属凶礼，指人从临终到埋葬的各个仪节。丧礼包括丧和葬两个部分。

1. 招魂

招魂首先是卜筮，检测魂魄是否离散，决定是否要招魂。若需招魂，则由扮演“巫阳”的男巫诵招魂词，并歌舞以娱神，招魂者要向天、地、东、南、西、北六个方向招魂。男巫将游魂招至郢都城门时，工祝手持招魂工具将亡魂引入城内。最后，招魂者要将游魂引领到死者生前故居，使其复归。

2. 殓尸

招魂程序结束后对尸体进行处理。殓尸过程非常繁复，包括为死者饭含、袭衣（穿衣）、覆衾（盖被）及佩戴掩、幎目、决、握等饰物。楚人殓尸只用了一根带来捆束，虽然衣衾包的顺序也是衣服、被衾、束带，却是将饰物佩戴妥当、将衣物穿戴整齐后，直接加盖衣袍、衾、绔，最后总用一根丝带捆扎固定。

3. 棺柩

招魂、殓尸、祭奠之后，接下来是对棺椁进行捆束和装饰，准备下葬。

（1）棺束

战国时期楚丧礼中棺束的质料大致有麻绳、麻布（葛布）、丝帛、丝绳和篾绳等几种，以麻绳最为普遍。捆缚形式主要有横三竖二、横三、横三竖一等三种，以前二者居多。

（2）棺饰

棺饰有荒帷、池和池饰、翣等。

荒帷由四整幅和两条长绢拼缝而成，展开后呈“亚”字形，楚人所用的荒帷与周礼所述大体相同。马山 M1 在荒帷的中间放置有由黄色纱束串联的一支琉璃管和一颗琉璃珠，这是楚国地域特色。

“池”是楚墓的棺盖上的竹帘，由竹片纵向排列，横向用篾绳或棕麻绳编连。周礼规定天子四池、国君三池、大夫二池、士一池。但楚墓中都是一池，池上一般悬挂铜鱼和其他饰物，以“鱼跃拂池”。

翣是扇状的棺饰品，通常以双数出现，用木为框，蒙以白布，有柄，送葬时有人持之，以为仪仗，入圹后放在棺的两旁。羽翣在周礼中为天子所用，楚墓中大夫都用了羽翣。

（三）祭礼

《礼记·祭统》：“礼有五经，莫重于祭。”祭祀的对象不止于祖先人鬼，还有天神、地祇，以及门户井灶等。

1. 祭祷仪式

楚人祭祷鬼神的仪式有二十多种，这里介绍几种主要的祭仪。

举祷，“举”就是祭祀，“举祷”是楚人以杀牲盛馔的举食之礼来祭祷鬼神，就是给鬼神进贡肉食之饭。举祷的对象范围极广，不是针对某一类神灵的特殊礼仪。

夜祷，楚人习惯夜祭，楚人认为鬼魂都在夜间活动，那么对鬼魂的祷祠也必然要在夜间进行，否则就不能“邀神”。

用乐，祭祷中要用乐舞娱神，用到的编钟是礼乐重器，为高级贵族的身份象征。作乐祭祷的场所在坛埠，祭祀之地在宗庙。

2. 庙制

楚国有太庙，民间庙祭称为“祭室”。祖先之祭是楚人祭礼中最重要的内容之一，楚系青铜器有不少铭文都提到楚人的祭祖礼。

3. 祭祷诸神

楚人祭祷的神灵包括天神、地祇、人鬼、五祀和其他神灵。其中山神有二天子、峗山、武夷、复山、不周山。水神有大水、大川、大川有介、大波（疑泛指波浪水神）。还有社祭，社祭诸神颇多，除了明确称为“社”的祭祀对象之外，还有地主、侯土。

（四）宾礼

楚国的宾礼主要分为朝觐、聘问和会盟三项。

1. 朝觐礼

西周时诸侯之间行朝礼仅限于新君即位，春秋时期都是其他诸侯国君来朝见楚王，且朝见契机并不限于新君即位。楚人在朝觐礼仪上较为强势，凭借军事的强势，楚国享受了诸侯的朝觐礼，但没有像周天子对待诸侯那样有礼有节。不过，楚人也有不少深知礼乐的表现，在细节上竟然超过了鲁国的某些贵族。

2. 聘礼

楚国的聘问礼分为出聘和入聘，聘问原因集中于四个方面：一是通嗣君与聘立君，二是寻盟与莅盟，三是聘女与省亲，四是报聘与拜谢。

聘问礼仪中必须准备好圭璋璧琮、布帛、马匹等礼物，统称为“币”。出聘国若遇到需要路过其他诸侯国的情况，应行“假道之礼”，得到允许后，要在国境上立誓后再进入。

楚国有时故意违背礼制规范，将其作为一种外交策略，有不少违背仪程的事例，大多都是楚国自身倨傲态度的表现，并非不知礼仪程式。

3. 会盟礼

楚国强大后与周边小国形成结盟关系。春秋时晋、楚两国交替作为盟主召集盟会。楚国常常违反盟约，因此楚国主盟时也会担心其他诸侯盟而无信，所以楚国与他国盟会后经常会交换人质，以确保遵守盟约。战国时的盟会之礼有所简化，器用上也有所变化。

（五）军礼

春秋时代的战争也要严格遵守礼制。楚国的军礼包括战争前治兵、授兵，战争中的致师与战争结束后的献捷、饮至。

1. 治兵·授兵·观兵

“治兵”的本义是修缮兵器，春秋时期，治兵成为军事演习甚至战争的代名词。“治兵”之前，还有一项“授兵”仪式。“观兵”是显示军威的方式之一，如前 606 年楚庄王观兵于周郊。类似观兵的行为有“京观”，就是将敌人的尸体收集起来筑成大丘，以纪念武功。晋楚邲之战后，潘党劝楚庄王筑“京观”，但庄王认为有德之君不能这样做。

2. 致师

致师是一方派出少数勇士，通过一系列行为向对方炫耀武力。致师与请战不同，后者实战的意味更浓。请战就是在两军对垒时，一方派出勇士与另一方比试。

3. 献捷与饮至

战争结束后，胜利一方在回国时要举行献捷与饮至，以告祭神灵和实行奖惩。献捷就是胜利者在战争结束后向神灵进献战俘与战利品，饮至则是归国欢迎仪式。

4. 不灭国与对等意识

春秋时代虽然兼并盛行，但大国交战时彻底摧毁对方、灭绝宗祀的情况还很罕见。郑降于楚时，郑伯对楚王提到了其祖先厉、宣、桓、武的神灵。在当时，战胜国对于战败国的祖先神灵相当敬畏。进入另一国就是进入了一个对方神灵护佑的领土，这需要极其谨慎，否则会受到神灵的惩罚。

除不灭国意识之外，春秋时期还流行一种“对等意识”。晋楚邲之战，晋军颓败，有几辆兵车陷于坑中，这时楚国士兵并未趁机发起攻击，而是告诉他们如何修理才能前行。

（六）燕飨礼

燕礼与飨礼是宗周贵族间的待宾礼仪。飨礼主敬，于庙中举行，双方在庄敬的仪容中互献酢酬，但不饮不食。燕礼则主欢，在寝中举行，双方以饮酒为主，以醉为度，表达主宾欢乐之意。燕、飨礼可单独举行，但常与其他礼仪组合而行。

1. “金奏作于下”

燕飨礼必奏乐。楚王招待晋国使者郤至，当郤至登堂时，突然钟磬之声从地下室内传出（“金奏作于下”），郤至大受惊吓，逃出庭外。

用“金奏”之乐是僭取天子之礼，置乐器于地下亦属违礼，主、宾升堂时，奏乐需停下。郤至将登堂时，乐声从地下突起，且是天子之乐，来宾受到惊吓。这显示出楚人的实用主义倾向，将飨礼作为争取本国利益的手段。楚国的燕飨礼缺少宗周礼制的严肃，体现出的是楚人的活泼和实用之风。

2.“九献”与“庭实百旅”

楚国僭称为王，僭用天子之礼，楚国也会要求或逼迫对方用更高规格之礼待己。在郑文公招待楚成王的礼仪中，有三个特别仪式：九献、庭实旅百、加笾豆六品。

“九献”是九个“一献”之礼的总和，以周爵而论，楚不能受“九献”之礼，郑慑于楚国实力，用之以招待楚王，楚王也泰然受之。

“庭实旅百”是说玉帛、马匹、饔饩、米筥、刍禾等陈列于庭中的贡献之物有百数之多，这是诸侯朝见天子之献物。

“加笾豆六品”是正献之后为优待宾客再次添加食物的礼节，天子加笾仅四品，而楚王加笾竟有六品。

3. 落礼

“落礼”又称为“考”，是宫室完工后所行的落成典礼，常与衅礼、燕飨等仪式相伴举行。楚灵王在章华台上为鲁昭公举行飨燕之礼，用美须者（“长鬣者”）作相礼，送昭公以大屈之弓，以示夸耀，但又后悔，追回了大屈宝弓。

（七）官制

西周时期的楚国可能只是一个部族组织，春秋时楚国建立起了一套较为完善的官僚机构，具有自身的鲜明特色。

1. 中央官制

楚国设令尹总揽政治、军事等，是楚王之下的最高长官，令尹之下又设有军事、司法、手工业、教育、史官和乐官等中央职官。

（1）令尹

楚国令尹多数出身王族，集政治、军事、司法、外交大权于一身，辅佐楚王进行统治。但令尹的一切职权以至本人的升黜任免，皆受制于楚王，工作受楚王全面监督，令尹制度对楚国的发展与强大起了重要作用。

（2）军事职官

春秋早期，莫敖是最重要的军事职官。楚武王以后，设司马或大司马专掌军务，仅次于令尹，还有左、右司马。令尹与司马同为楚王的主要助手。令尹之下，还有左尹、右尹，战时可将兵，而且可升为令尹，战国时演变为司法官。

战国时期，楚国增设柱国（或称上柱国），取代司马为最高军事长官。战国时还出现了大将军、将军、裨将军、上将军，皆为将领，战时领兵出征。

环列之尹，为宫廷亲兵长官。宫厩尹、中厩尹、大厩（尹）和监马尹等为军需职官，其他还有军正、右领、嚣尹等职官。

（3）司法职官

司败，春秋时为楚国职掌刑狱的最高司法官，陈、唐亦有之。战国时代，左尹职掌司法。春秋时代楚还有五官，亦掌司法。战国时楚国还设有司直、敔公、正、大正、少正、正差、旦、疋、宰、宰尹、少宰尹、秀、義、士师等司法职官。

（4）工官

楚国设有工尹，又称“大工尹”，为百工之长。僚属主要有蓝尹、连尹、玉尹、集尹、织尹、中织室、吏臣和工师、冶师和佐、集酬等。蓝尹为掌染湅之官，连尹为掌矿藏之官，玉尹为掌玉之官，集尹司职监造青铜器，织尹和中织室负责织造，吏臣和工师负责漆器制造，集酬当为宫廷酿酒机构的长官。

（5）史官

春秋时各国均有史官，鲁、齐、郑曰太史，晋、楚曰左史。楚左史的职权和作用为读古籍，道训典，通鬼神，识天象，修史书，战国时期楚国还设有大史、右史、正史等史官。

（6）宫廷教育职官

楚国辅导训育太子的职官主要有师、保、傅。大师，为楚王的老师或顾问；师、少师，傅、太傅、少傅，保，均为教导太子之官。战国时的三闾大夫，职掌王族中昭、景、屈三姓子弟的教育之事，与晋国的公族大夫专掌对卿族子弟教育的职能相同，屈原曾任此职。

（7）乐官

乐是先秦礼制中的重要组成部分。乐尹，为楚国乐官之长；乐师，主要是在军队凯旋时掌奏军乐；乐人，当为乐尹之属僚；泠人，是乐官的一种，也作伶人或伶官。

（8）其他官员

楚国其他类别的官职：箴尹，掌谏议；郎尹，掌楚王警卫；封人，掌城郭建筑；莠尹，掌农事，亦可率兵出征；太宰，可能是楚王的侍从；少宰，疑为太宰之次官；阍和大阍，守城门之官；铜官，职掌铸钱；市令，管理市场；郎中，保护国君的卫士之长；左徒，楚王重臣，入则与王图议国事，出则接遇宾客；典令，亦楚王重臣；庖宰、监食，掌御膳之事。

2. 地方官制

楚国郡县制和封君制并行。楚县的主官称县公，地位极高，仅次于令尹、司马。里公是楚国“里”的行政长官，负责里内行政、司法，下设有司、甸师和伍长等。州是里之上乡之下的一级行政机构，长官为州加公。乡师是乡的行政长官，是州以上，县以下的地方基层行政机构。楚国的封君仅有衣食租税之权，楚严格控制封君的行政、司法等权力。

（八）法制

楚国的法制，对楚国的崛起与强盛发挥了重要作用。

1. 立法概况

春秋时期，楚武王创制刑法，制定单行的军事法规，文王制定了《仆区之法》，成王对中原礼制进行了大规模认可和吸收，庄王时楚国的礼制产生并成为重要法源，昭王时期出现《鸡次之典》这一部具有普遍效力、综合性质的成文法典。

战国时期，楚悼王任用吴起变法。吴起不仅制定法令，而且注意维护法律的严肃性与权威性，“设贵臣相坐之法”，并以法令形式禁止纵横家进行游说。楚怀王时期，“使屈原造为宪令”，但遭到了楚国旧贵族势力的极力反对，《宪令》没来得及公布，屈原便遭到疏远。

2. 刑事法律制度

楚国在承袭周制和参酌华夏的基础上，形成了一套特色鲜明、体系完备的刑事法律制度。

楚国的罪名大致可分以下几类：（1）侵犯楚王人身安全和权力尊严的犯罪，（2）侵犯人身安全的犯罪，（3）侵犯官私财产的犯罪，（4）破坏家族伦常的罪名，（5）职务上的犯罪，（6）军事方面的犯罪。楚国刑罚种类主要有生命刑、身体刑、自由刑、财产刑和资格刑等五大类，同时还有株连无辜的连坐刑、贬抑人格的耻辱刑等刑种。

3. 司法制度

春秋时期，楚国的中央司法机构是令尹、廷理和司败。战国时期是令尹和左尹。地方司法机关基本上分为郡、县两级，司法机关与行政机关合二为一。封邑享有一定的审判权，但不构成独立的司法管辖机关。

楚国的公诉是纠问式诉讼，“不告也理”。民事诉讼实行的是自诉制度，“不告不理”。楚国形成了规范的法律文书，称为《受期》。

楚国司法机构及其职能尚未细分化和专业化，也没有严格地将刑事诉讼、民事诉讼、行政诉讼区别开来。实行法定管辖原则，当事人须向所在地区的司法机关提起诉讼。

楚国存在着对同一案件进行多次审理的现象，但审级制度不明朗。楚国已有了较为完备的审理制度和规则，注意和强调证据的合法性、关联性、客观性，并设计了规范制度来保证。

（九）兵制

楚国在发展过程中建立了完善的军事制度，奠定了楚国强大的军事基础。

1. 兵种与兵源

楚军在编制上分中央直辖军队和地方军、私军。按照隶属关系的不同，分为正军、县师、王室亲兵和贵族私卒，此外还有蛮军。

按战斗方式，可分为车兵、步兵、水兵和骑兵。其中，步兵又分隶属步兵和建制步兵，而隶属步兵与车兵合而为车战兵。

楚国正军起初以国人为主要来源，后征发被灭国臣民编为县师，贵族也要率领私卒参战。私卒由宗族成员及其依附农民和奴隶组成。公元前 548 年，楚国核定兵赋，整顿兵制。战国时期，私卒消失，以郡、县为地区单位的征兵制度逐渐完备。

2. 武器装备

楚国的兵器不仅种类齐全，而且制作精良，铁兵器主要有剑、戈、矛、匕首、镞等，青铜兵器主要有剑、戈、戟、矛、匕首、镞、弩机等，木兵器有盾、甲及各种兵器杆，竹兵器有弓、箭杆等，皮兵器有甲、胄。进攻性武器主要有弓、弩、矢、戈、矛、剑、戟等，防御性武器主要是甲、胄、匕首。楚国的青铜兵器十分普及，楚墓中普遍随葬有青铜剑。楚国在铁兵器的使用上走在当时的前列，楚墓中出土了大批铁兵器。

3. 治军与指挥

楚国十分重视户籍管理与土地管理，以此作为征发兵役的依据。楚人新占地一般都置县，任命县公管理，征收军赋建立县师。楚国注意军队的管理与训练，非常重视严明军纪，力求做到赏罚分明，凡为国立功者受重赏，违反军令或渎职乱纪则依法严惩，绝无宽贷。楚国的军权高度集中于楚王，指挥中枢平战有别，战斗序列灵活多变。

（十）赋役

春秋时期，楚国芳掩对军赋进行过大规模的整顿，是春秋时代赋役改革的重要事件。春秋时期，赋税亦开始分离，形成了田税制度，战国时代商业兴起，商税也随之发展起来。

1. 赋税制度

楚国的赋税主要包括军赋、田赋、户口税、关市税和贡赋几种形式。

军赋，始于春秋早期，楚康王时司马芳掩对军赋进行了大规模整顿和改革， 军赋普行于一切土田而无所豁免，内容非常广泛，既包括人力兵员，又包括武器装备。

田税按土田的占有情况来征收，是国家主要的财政收入，具有固定性，由于山泽也属土田范围，故山泽的物产也在田税之列。

楚国有户口税，至少在春秋中期已开征，详情尚不清楚。

春秋战国时期，各国均有“关市之征”，随着商品经济的发展，关市税极其重要。关税，是指对进出关的商贾、行人及所携带的货币、货物征收的通过税。楚国的关税征收机构，由 “大府”和“关”组成。“大府”为中央税收、财政机关，“关”为最基层的征税机构，负责征收普通货物的税收。巨商大贾能获得免税特权。

市税是在市肆征收的商品货物之税，还有“廛布”之属的工商税，是楚国的重要财政来源。楚国管理市场的官员为“市令”。

楚的贡纳分为邦国之贡和万民之贡两类。邦国之贡，是指属国对宗主国的贡献。万民之贡是指各行各业的收益税或物产税，也即广义的贡纳。

杂派之税，通常称之为“敛”，专门用于工程建筑和临时性征派。

2. 徭役制度

春秋战国时代，楚国的徭役负担主要有两大类：一类是劳役，另一类是兵役。

劳役。修建土木工程是劳役中的最大部分，是纯粹为统治阶级服务的，如修筑宫室、园囿、墓葬等。修建公共工程在劳役中占比较小。

楚国官营手工作坊也要征发劳役，在楚国官营手工作坊中劳作的多是庶人，而不是奴隶或刑徒。他们拥有自由身份，不仅能领取报酬，而且还可以把自己的名字刻在产品上。从出土实物来看，他们通常被称为“客”或“师”。

兵役。兵役也是按田亩土地来进行征发的，被征发者负担的任务和劳役大致相同。军中役徒要担负一部分工兵的职责，还有一部分属于工匠，在军中修理器械，还有一部分则是负责军中后勤。

楚国承担徭役负担的大多是平民、庶人和奴隶，实行包工制度，包工的役徒即庶人。楚国的徭役期限不长。管理徭役的官员与周制大致相同，是由司徒主持。

三、义理精深的思想与学术

荆楚地区自古就繁衍生息着众多土著部落，中原民族也时有南渐。南下民族和土著民族在漫长的文化演进过程中相互滋养，形成了荆楚地区独具特色的思想与学术。

（一）楚国思想和学术概述

楚国的思想和学术吸收中原文化的精髓，融合土著文化的营养，衍生出的道家思想独树一帜，楚辞则奇幻瑰丽。战国时楚国兰台成为与齐国“稷下学宫”齐名的学术中心。

1. 楚地思想、学术的特点

（1）兼收并蓄

楚人在思想学术上兼收并蓄，容纳和整合不同思想内容、不同风格流派的学术。无论是道家的产生发展，还是百家在楚国的传播，抑或是楚辞，都体现了这一点。

（2）浪漫奔放

楚人重神思，多玄妙，有浪漫主义强调想象的特质，《老子》中描述的“道” 便是这样。庄子在浪漫主义上的倾向则更加明显，屈原、宋玉等人作品中都延续着浪漫的思想。

（3）崇尚自然

崇尚自然也是楚国学术与思想的一大特点。楚人崇尚自然一是对自然的尊重，二是对世界万事万物运行准则的探索。衍生到人性上是指人的自然追求，行为上的顺其自然和思想上的纯真天性是最终目的。

2. 南方思想和学术交流的中心

（1）南方思想和学术交流中心形成的原因

楚国的强大促进了楚国在文化上的进一步探寻，生产力的进步与“百家争鸣”是时代背景，“兼收并蓄”的文化特质是南方学术中心形成的重要条件。楚墓中出土的竹简有大量的儒、道文献，是楚国思想学术上吸纳百家、兼收并蓄的力证。

另外，王子朝奔楚也对楚国学术发展有重要影响。公元前 516 年，王子朝“奉周之典籍以奔楚”为楚国思想文化发展提供了重要基础。

（2）儒、墨等北方学术流派在楚国的传播

诸子百家中以儒、道、墨三家最为系统，影响深远，三家都在楚国有重要活动。

儒家从孔子开始就在楚国活动，孔子曾“游楚”，弟子子张、曾参、漆雕开、子贡、澹台灭明等曾在楚国活动。荀子曾两次入楚为官，其《荀子·赋篇》可能受楚国的巫文化影响。楚地出土的郭店简中有大量的儒家文献，是儒学在楚国影响力的证明。

墨家在楚国也有较广泛的传播，有“盛誉流于北方，义声振于楚越”的说法。楚惠王时墨子曾到楚国传播“非攻”思想，楚国大臣穆贺与墨子相谈，墨子的弟子耕柱子曾在楚国做官，墨家巨子孟胜与弟子死于楚国阳城君的封地，鲁阳文君也与墨子及其弟子有密切来往。战国时期，楚国成为南方墨学的中心。

3. 其他流派在楚国的活动

宋人惠施是名家学派开山祖，与楚国有密切联系。惠子常常为魏使楚或主张联合楚国，惠子、庄子两人的辩论，是道家和名家的精彩碰撞。楚国的墨家后期出现了“墨辩”的流派，“邓陵氏之墨”好辩“坚白同异”，与名家有相似之处。农家“重耕织”“事农桑”，强调劳动。《吕氏春秋》中有《上农》《任地》《辩土》《审时》四篇农家文献，文辞上有楚地特点，内容上与南方农业规律有所契合，农家的代表人物许行就是楚国人。

战国晚期，阴阳家也在楚国有一定影响，《史记·项羽本纪》：“故楚南公曰：‘楚虽三户，亡秦必楚也。’”南公便是楚国人，精通阴阳数术，《汉书·艺文志》中列入阴阳家。

（二）楚地哲人及其思想学术

1. 老子及《老子》

老子是道家学派创始人，早年做过周朝的“守藏室之史”，楚国苦县人，出生地为陈国，约出生于楚庄王一度灭陈之后，卒于战国之初。陈是楚的属国，受楚文化影响极大。《老子》是荆楚思想和中国哲学的一个高峰。

（1）道与德、有与无之论

老子认为“道”是世界万物的本原，先天地万物而存在，是天地万物存在的总原理。道之作用是自然产生的，“人法地，地法天，天法道，道法自然”。“自然”既指客观的规律性，也指自然界，天地间一切事物都要遵循自然规律，是天地之母、天地万物的生命源泉，“道常无为而无不为”。

道是有与无的统一，具有两面性。一方面，世间万物皆可名，故可谓“有”。但道与世间万物不一样，它不可名，故道具有“无”的特性，但不是没有。物得于道，谓之德，故“万物莫不尊道而贵德”。

（2）阴阳观及宇宙生成

老子认为“道”作为宇宙本原化生出万物，阴阳是其中的“媒介”。老子根据阴阳思想提出许多矛盾的范畴，如长短、有无、动静、虚实、生死、祸福等，并认为这些矛盾是对立统一的，可相互转化。

老子认为“和”是事物保持阴阳动态平衡的根本要求，生命保持内部的稳定也需要“和”，求和是人生长的基本原则和要求。人与自然要保持和谐一致，人与人应和睦相处。

（3）事物发展变化之两大通则：常、反

老子认为事物都是发展变化的，“常”是变化之通则，知“常”，则“明”，能“王”，故长久；不知“常”，则凶，一切枉然。而世界的规律是可以认知的，知晓规律就会明白事物如何发展变化，顺势而为。事物发展变化另一面就是“反”，物极必反，事物发展变化达到极点就会走向反面，“反者道之动”，“反”是道与万物共同的规律。合乎自然规律，才能符合“道”。万物从道中产生，分离即“往”“逝”，但有“往”必有“反”，必有“复”，万物最终返于道。

（4）无为而无不为：静、弱

无为而无不为是老子的重要主张，引申到政治领域则是无为而治。无为的政治理念源自“道法自然”，在自然运行中万物生长，任其相反相成、相因相生而自存自化。“无为”的一个境界是“静”，另一境界是处“弱”，“上善若水，水善利万物而不争”，由于不争，“故天下莫能与之争”。老子认为“柔弱”之道，是生命成长的必经之途，是天之道。

（5）无为而无不为：俭，去奢

俭，是《老子》思想的“三宝”之一。俭首先是“啬”，即减少奢侈浪费。老子把“啬”当作“治人”“事天”的重要原则。据此治国，则国运长久；据此养身，则长生不衰。

俭的表现在“去奢”，统治阶级更应该戒除它，小国寡民是最理想的政治形态。在修身方面就是少私寡欲，集结元气，使人体之气能像婴儿一样朝气蓬勃，生命旺盛，养生要形神合一、心神合一，涤除杂念，心无旁骛，心如明镜。

（6）无为而无不为：全身避害，反对战争

老子主张生命重于名利，养生是事业的基础。养生之道有两类：一类是他反对的贵生，亦称“厚”生；一类是他推崇的“摄生”。厚生是以追求物质享受来求长生。

“慈”为老子“三宝”之一。老子反对战争，认为危害人们生命安全的不是兕虎等凶残猛兽，而是带来战争的甲兵。老子认为兵是不祥之物，战争是不得已的事情。

2. 关尹喜及《太一生水》

关尹，名喜，著作已遗失，其人及思想散见于《庄子》《列子》《吕氏春秋》，是道家发展史上的重要人物，与老子同时代，有学者推测关尹喜为楚人，包山楚简 138 有“左关尹黄惕”，郭店楚简《太一生水》可能是关尹的遗作。

（1）传世文献所见关尹喜之思想

其一，无居、贵清。“无居”指人的内心保持空虚、不充实的状态。“贵清”是强调保持心地的纯净，不带任何成见，用这种心态观察事物，事物就会呈现出本来面目。

其二，顺应自然，和谐发展，不要以自己的主观愿望去改变世界，而是要顺应自然，这是保证人类和谐发展的基本原则。

其三，一其心，养其气，合其德。修身以养气为要，就是净化心灵、排除杂念、超脱世俗纷争，也就是后来所谓的“收心”“入静”。

（2）郭店楚简《太一生水》

《太一生水》为郭店楚简中的一篇，年代为战国中期偏晚，主要内容是宇宙起源，李学勤认为《太一生水》是关尹的遗作。书中认为宇宙起源可分为三个阶段：

第一阶段是天地的生成。太一参与生成了水、天、地三者，水是天之母，天是地之母，水是仅次于太一的宇宙之源。

第二阶段是春、夏、秋、冬四时的生成，需要神明、阴阳的相对出现。神明的出现，是阴阳相辅相成的基础。阴阳和合，又是四时生成的基础。

第三阶段是岁的生成。四时生成，是冷热、寒暑、燥湿等万物生成的基础，四时以及各自的形态相互交替产生，最终成岁，然后循环往复。

作为世界本原的“太一”，应如人体始生的物质，即精、气、神的结合体——元气。这种元气，是宇宙之先，世界之本。

《太一生水》后半部分有明显的养生学内容，透露出先秦楚人对人体生命发展极度关注的信息，可以看出作者试图比较当时不同派别的养生理论之优劣。

3. 庄子及《庄子》

庄子，名周，战国中期思想家、哲学家、文学家，是老子之后道家学派的代表人物，与老子并称“老庄”。庄子与楚国、楚地有密切关系，《庄子》一书在地域属性和文化属性上有浓厚楚风，是楚国思想与学术的重要组成部分。

（1）宇宙观：“道”

庄子的思想体系中“道”是核心。“道”是世界的本源，孕育了万物。“道”“无为、无形”，人们可以接近“道”，但无法窥见其面貌。世间的一切都无法挣脱“道”的范畴独自运行。明白了“道”，便可得真知，获得一种深奥玄妙的精神体验，造福人间。

庄子之“道”与老子之“道”有所不同，老子的“道”是较为客观的意义，庄子的“道”则多了一分亲近，也多了一分人性。得道即可逍遥。

（2）自由观：“忘我”“物化”“逍遥”

庄子在老子的基础上进一步发展了“自由”的思想，他将自由寄托在“忘我”“物化”“逍遥”三个主题上。庄子特别强调“忘我”的境界，超越肉体的界限使精神得到解脱，此谓“物化”。他期望人与物都遵循自然的天性，互相顺应，达到逍遥的境界。

（3）人生观：“至乐而死”“养生”“真人”

庄子认为“死”是自然规律，要坦然面对，从而衍生了“至乐而死”的态度。庄子不仅将生死等同，而且认为“死”在某一程度上是一种解脱，死亡是人生的归途，是人生的另一种开始。

庄子提倡的安然处世，顺其自然，不图名利的人生态度，对后世影响极大，被隐士奉为圭臬。庄子认为用有限的生命去追求无穷尽的知识是危险的行为。他提醒世人，做事应该遵循规律，顺其自然，才能养护精神，安于人生。过度的追求往往只会“苦心劳形以危其真”，因此提倡“清净”、主张“寡欲”。

（4）政治观：“无为而治”“顺其自然”“至德之世”

庄子在政治上主张“无为而治”。“无为”是最高的理想境界，但不是所有人都“无为”，而是上下各行其道，上层统治者应注重自己品德修养，下层统治者应在意做有用之事。“无为”是在宏观的层面上讨论治国之举，“有为”便是涉及每一个具体的个体。

庄子渴望构建“建德之国”和“至德之世”，民众没有私心和欲望，为人做事都是根据自己的想法来行事，不受规矩的束缚，但是一言一行都符合天地之道，其行为浑然自得。

4. 庚桑楚、老莱子、楚狂接舆等隐士思想

（1）庚桑楚

庚桑楚，老子弟子，是老、庄之间承前启后的道家人物，在道家发展史上具有重要地位。他继承了老子的思想，主要表现在三个方面：一是“道法自然”；二是“绝圣弃智”；三是发展了消极避世、消除私欲、返璞归真等方面的思想，即全形保生，对庄子养生思想产生了重要影响。

（2）老莱子、楚狂接舆等

老莱子，春秋末期（楚昭王、惠王时）楚人，著有《老莱子》十六篇（一说十五篇）。主张柔弱处世，《战国策·楚策四》：“公不闻老莱子之教孔子事君乎？示之其齿，之坚也，六十而尽，相靡也。”而“舌柔顺，终以不弊”，道出了柔弱可以胜刚强的道理。

楚狂接舆，隐士，活动在楚昭王、惠王时期，主张全身避害。接舆因作《凤兮歌》讽刺孔子而闻名于世。接舆对于孔子不知祸福有所鄙夷，对生命有强烈的忧患意识，并表现出保全自身而避害的人生观。

（三）楚人治国思想

楚国发展成为南方大国，形成了一整套治国思想。

1. 鬻熊与《鬻子》

鬻熊，商末周初芈姓部族首领，鬻熊的活动为楚国打下了基础，对后世有重要影响。

《鬻子》原书已佚，见于《列子》和《新书》，其思想内容主要表现在以下几个方面：

其一，以道治国。道是“王道”，王道核心是“文政”，“文政”的基础是政策法令面前人人平等。

其二，治国的根本目的是解决天下民生问题。“仁”“信”“和”“道”是帝王治理天下的根本手段。

其三，社会由民、吏、君三个阶层构成，忠信、敬肃、恭仁、谕爱等是维系各社会阶层的道德规范，对上以道义来“入忠”，对同事以礼节来“谕敬”，对民以忠信来“谕爱”。

其四，贤士与圣王是治理国家的关键因素，两者的关系是相辅相成的。

其五，以民心为选贤的标准，区分贤能与不肖的标准主要在于“行”。

2. 随、楚等国君臣治国扶民思想

（1）随国季梁“民为神之主”思想

季梁，春秋初期随国著名的政治家和思想家，其生活年代与楚武王

同时。季梁认为小国与大国争斗不能依靠武力，而是要修明内政。小国取胜之道在于坚守“道”、大国则沉沦于“淫”。道即“忠于民而信于神”；淫是指国君荒淫、国家动乱。忠于民是信于神的基础，只有先团结、忠诚于百姓，才能取信于神明。祭祀的内容符合现实，神灵才会降福，做任何事情都能成功。季梁还提出“民为神主”，是中国民本思想的萌芽，对后世的军事思想、民本思想、宗教思想有深远影响。

（2）楚庄王“刑德并重”的军事思想

早在楚武王时期，邓曼就认为治理国家应该“训诸司以德，威莫敖以刑”。到楚庄王时期，更发展成“刑德并重”的军事思想。

楚庄王认为进行讨伐是为“刑行”，若讨伐之后其能表示臣服，则就对其安抚，是为“德立”。坚持刑罚并重，提出“止戈为武”，认为通过武力才能阻止战争、消弭战争，这一思想对后世影响甚大。楚庄王还提出“武有七德”，即“禁暴、戢兵、保大、定功、安民、和众、丰财”，体现出庄王对武之功效的深刻认识，充分反映了楚庄王的“武德”精神。

（3）楚令尹孙叔敖的为官处世哲学

孙叔敖为楚庄王时期令尹，其为官处世之道可以总结为：爵高而处下，官大而守小，禄厚而奉俭。对待爵位尊者“志益下”，对官位高者“心益小”，对俸禄多者“施益博”。

孙叔敖为政清廉，自奉不奢。他深知“禄厚者，怨处之”的道理，所以他在临终时让儿子不要肥美的封地，反而要偏远没人要的薄田，使得家族封邑安稳延续至战国晚期。孙叔敖的为官处世哲学与后世老庄道家思想极为相似，在于不争之争，无为而为。

3. 屈原的儒、法、道思想

屈原生活在楚怀王时期，有远大政治抱负，却屡遭奸佞谗毁，终遭楚王疏远，乃至流放。屈原思想中包含有儒家、道家和法家色彩。

（1）儒家色彩

屈原的“美政”理念有浓厚的儒家思想色彩，与孔子的“德政”理想和孟子的“仁政”理想属同一类型，他的许多政治主张与儒家思想是相通的。屈原主张廉政，强调有德者在位、无德者失国，强调统治阶级要“恤民”。

（2）法治思想

屈原也有明显的法家思想，“明于治乱”，还帮楚怀王草拟《宪令》。《离骚》主张“修明法度”“举贤授能”，抨击楚国贵族集团不遵守法度。屈原倡导“法治”和“举贤授能”，反对“任人唯亲”与吴起变法有共同之处。

（3）道家思想

楚人“信巫鬼，重淫祀”，成仙思想在楚国影响很大。屈原著作中有丰富的神仙意象，流露出道家逍遥自在、无比自由的神仙思想。《楚辞·远游》记载的“六气”服食方式方法，亦见于长沙马王堆汉墓帛书《却谷食气》。

四、惊采绝艳的文学与艺术

楚地自古便传唱着铿锵有力的歌谣，诉说着奇伟瑰丽的神话传说，在奇谲浪漫的巫风浸淫之中，产生了华彩斑斓、多姿奇伟的文学与艺术。

（一）楚歌

南方的故楚之地，产生和流传着丰富而灿烂的歌谣，在历史的文化天空中留下璀璨的星光。

1. 弹歌

载于《吴越春秋》的“断竹、续竹，飞土、逐宍”。每句以一个动词带出，极富动感，一场砍竹作弓的劳动场面用八个字就表现出来。

江苏省张家港市河阳采集的《斫竹歌》，去除掉口气词后主体跟《弹歌》几乎一致，八字的《弹歌》可能是去掉虚词后收录成文。

2.《诗经》“二南”

《诗经》是一部地域文化的史诗，其中的“二南”集中表现了汉水流域的南土诗歌。

（1）自由开放的爱情婚恋曲

“二南”中表现得最多也最为精彩的，是爱情婚恋歌谣。

《关雎》描写男子求偶，清越婉转、浪漫优美，与奔放热烈、开放自由的感情，融合一处。《野有死麕》也是一首求偶的爱情诗歌。《摽有梅》则是一首少女怀春、渴望爱情的歌谣。《汉广》是表达思慕之情，后演化为汉水女神的形象。

（2）神圣热烈的仪式诗歌

“二南”中还有一类仪式歌谣。《江有汜》表达对江水的呵命和警告，为先民在天降暴雨、洪水泛滥、江河溃决之时用于驱水仪式中的咒语型歌诀。《桃夭》则是婚礼时的仪式歌谣。《驺虞》是一首狩猎前举行祭祀仪式时的诗歌。

（3）质朴清丽的劳动歌谣

“二南”中还有一部分是劳动歌谣，质朴无华却韵味无穷。《芣苢》描绘了风和日丽中三五成群的女子们结伴去采摘芣苢。《卷耳》之采卷耳，《草虫》之南山采蕨，更多的是思恋之情。《采蘋》《采蘩》等，则是描写采萍藻和白蒿用以祭祀宗庙。

3. 越人歌

刘向《说苑·善说》中记载了一首越人歌，翻译成楚语为：

今夕何夕兮搴舟中流，
今日何日兮？得与王子同舟，蒙羞被好兮不訾诟耻，
心几顽而不绝兮知得王子，
山有木兮木有枝，
心说君兮君不知。

后世学者借助南方民族语言对原歌进行翻译，使之尽量贴近原歌之语意。《越人歌》在中国文学史上颇受推崇，学者认为《离骚》《九章》等是从《越人歌》的形式变化发展而来。

4. 楚狂接舆歌与沧浪歌

春秋末年，孔子来到楚国，楚国隐士楚狂接舆歌曰：

> 凤兮凤兮！何德之衰？往者不可谏，来者犹可追。已而，已而！今之从政者殆而！

一边唱一边佯狂过其门，孔子想与他对话，他却避开了。此歌以凤鸟指孔子，但凤凰只在政治清明时才会出现，在世道混乱之时，孔子到处奔走的行为简直就是不合时宜。这首歌是接舆即兴咏唱之曲，其参差错落的句式，简洁明快的节奏，具备楚地歌谣的文学特色，成为楚辞的滥觞。

与《接舆歌》大致同时的还有《沧浪歌》：

> 沧浪之水清兮，可以濯我缨；沧浪之水浊兮，可以濯我足。

是对沧浪之水的咏唱，率真、自然，是流传较广的歌谣。

（二）楚辞

战国时期，屈原以南方民歌为基础，采用楚方言创作了新的诗歌体裁——楚辞，与《诗经》并称为“风、骚”。屈原之后，楚辞创作者又有宋玉、唐勒、景差诸人。

1. 屈原与楚辞

《离骚》是屈原最具代表性的诗作，描写了屈原一生的经历，抒发了他对国家和人民的热爱与忠诚之情，揭露了楚国贵族集团腐朽黑暗的本质，具有丰富而深刻的思想内涵。其文学思想、表达手法、艺术形象、语言风格等开创了中国文学中“骚”体诗歌形式，对中国文学史有重要的影响，是一首内容丰富、情感丰富的鸿篇巨制。

《离骚》大量使用象征手法，建构了以“香草”“美人”为典型的特殊意象，充满了浪漫主义精神气质。全篇广泛运用神话故事，想象丰富奇特，场面宏伟壮丽，吸取了楚地民歌特点，其语言跌宕起伏、错落有致，强化了诗篇的感染力。

2. 风流才子宋玉

宋玉是屈原之后楚辞创作集大成者，故而文学论述中常将其两人作为师徒。宋玉被称为风流才子，笔下描述了很多光彩照人的美女形象，最有代表性的是《高唐赋》《神女赋》中的巫山女神，以及《登徒子好色赋》里的邻家女子与郑、卫间的采桑女子，还有《讽赋》中客馆主人的千金。

纪山川河流，绘自然胜景，也是宋玉作品的绝妙之处。宋玉《高唐赋》描绘了山间云雾变幻莫测、来无影去无踪的情景，又从不同空间和视角描写高唐波澜壮阔的澹澹稸水、灿若列星的绿树繁花、诡谲奇伟的磐石崎崖，以及芳草丛生的绝顶风光。

3. 唐勒赋及其思想

唐勒与宋玉并称，其作品早已亡佚，后在银雀山汉简中发现，主要内容是如何使用御术来驾驭良马。以“御术”比喻治国之道，是春秋战国文学中常见的题材。唐勒以道家思想为主导，主张无为而顺马之性，从而使马安劳、乐进，驰骋如飞。扬雄《法言》中称唐勒作品为“淫”，大致是认为唐勒赋以辞藻华丽、规模宏大为主要特征。

（三）庄周文学

《庄子》一书不但是思想作品，也是一部文学巨著，是中国文学史上一座丰碑。

1.《庄子》的文学思想

庄子作品中创造了许多宏伟壮阔、超凡入化的艺术形象。《逍遥游》中“水击三千里，抟扶摇而上者九万里”的鲲鹏；《秋水》篇百川灌河，汹涌北流的大河，浩渺无限的北海，均雄伟壮阔，气势磅礴；还有“道进乎技”的庖丁神乎其技的技法，以及“栩栩然物化”的庄周梦蝶，在文学创作中具有深远的影响。

《庄子》的文学寓言，汪洋捭阖，辞采富丽，气势恢宏。多使用排比、对偶、反复、顶真等句式，间杂转折、诘问，以曼其语，以壮其采，以畅其气，以弘其势。其语言也以奇谲怪诞见称，作品中常使用奇特的比喻和大胆的夸张。《庄子》作品中还多运用讽刺语言，嬉笑怒骂皆成文章。

2.《庄子》的美学思想

庄子追求美的生活环境和人生理想，并且用一种奇妙的构思和手法去表现这种完美的人生观。一是以大为美，庄子渴求自由，而只有自然之大、道之大、天地之大才能为自己提供无限宽广的空间。二是素朴之美，保持万物的自然状态而不加人为修饰，顺其自然，保持本真。三是“天人合一”之美，大千世界万物并存，物无贵贱，天人合一、和谐相处，才能让人自由遨游。

3.《庄子》的艺术成就

（1）包罗万象的散体形态

《庄子》除了散文，还包含着诗、赋、小说等多种文体，包罗万象。其散文不囿于一般的记事和说理，而是将天地鬼神、风光云气、山林河海、鸟兽虫鱼等等全部纳入其中。《庄子》也是诗篇，用极其凝练的诗歌语言，创造出了深邃隽永的意境，对后世诗歌创作有极大影响。

（2）恢诡谲怪的象征体系

《庄子》寓言，侧重于用形象描绘来间接寄寓哲理，就是“以象见义”的象征手法，建构了“以卮言为曼衍，以重言为真，以寓言为广”的表现体系，三者在《庄子》中是相互包容、交互错综的。

（3）纵横捭阖的辩对艺术

《庄子》作品中，大量使用了辩对的形式，语言纵横捭阖，意味掷地有声。以两人或多人的形式，直接通过一问一答来表达思想，多使用具有故事情节的辩对，表现出独特的语言能力，对后世的文学作品产生了深远的影响。

（四）出土文献与先秦文学

近年来简牍的大量出土，对先秦文学研究有极大促进作用。

1. 出土文献与《诗》学

《上海博物馆藏战国楚竹书（四）》中有两首逸诗：《多薪》《交交鸣鹭》，根据其内涵及风格，学界多以其为楚诗。

《上海博物馆藏楚竹书（四）》之《采风曲目》篇，可能是经过楚国乐官整理的采风歌曲目录的残本。《采风曲目》记录了约 40 篇曲目，其篇目有的与现存《诗经》有相合之处，其调名又不见于传统文献，而与南方民歌以及战国时期曾侯钟律颇相呼应。

上海博物馆藏竹简中还有一篇《孔子诗论》，涉及诗篇约 60 首，其篇名、编排等与今本《诗经》有所区别，而颇类于季札观乐内容及评价。安徽大学藏竹简中的《诗经》记录了国风部分中的 58 篇诗文，与传世《诗经》比较，篇次和篇数有一定的变化。

出土文献中的逸诗，反映了一种文学接受的过程：即楚地的诗歌接受中原文学《诗经》雅颂的影响。

2. 楚帛书与神话

楚帛书中的神话，文辞简洁、古朴，但内容相当丰富，叙述了一个较为系统的创世神话。从混沌面貌——开天辟地——创设四时——日月经行——推步“十干”、区分昼夜，同时，还构造了一个完整的神话谱系，从伏羲、女娲成婚，到生育四时神，演化禹、契定天地，又有帝俊生日月，祝融重整天地秩序，共工定历法、分昼夜。短短数行文字，演绎出了很多的神话人物和故事。

3. 楚简与楚辞

《上海博物馆藏战国楚竹书（八）》中有 4 篇辞赋类作品：《李

颂》《兰赋》《有皇将起》《鹠鹈》，其中体现的楚辞文学风格颇为显著。

《李颂》《兰赋》产生的年代，大约与屈原同时或稍早，比传世的屈原作品要古奥质朴，展示了辞赋初成之际的原始风貌。以四言句式为主，夹杂五言、六言句，对仗整齐，使用语气词“兮”。行文表现方式多以物起兴，托物言志，为后世作品创造了特殊的审美意象。

（五）优孟衣冠

优孟，名孟，楚庄王时期的宫廷乐人，善于在谈笑之间进行讽刺提出谏议，极具辩对艺术性，其辩对多具有寓言风格，其劝谏常伴有表演行为，因之也成为中国戏曲艺术的滥觞。

1. 优孟哭马

楚庄王爱马，马病死后要以大夫规格葬马。优孟以哭马为由跟庄王提议要以国君规格葬马，以讽刺庄王贱人贵马，最后谏议成功。优孟的辩对艺术高超，他通过循序渐进、循循善诱的方法，配合其表演，让君王的思维随之转变，从而达到自己进谏的目的。

2. 优孟衣冠

优孟为照顾孙叔敖落魄的后人，穿着孙叔敖的衣服，模仿孙叔敖的举止，在宴会上向庄王敬酒。庄王以为是孙叔敖复活了，想要拜优孟为相。优孟为此进行了讽刺，并将孙叔敖之廉与贪官们相比，庄王大受触动，于是将寝丘四百户封与孙叔敖之子。

优孟通过反讽的辩对方法，来提出自己的谏议。借助表演，逐步将意图表达出来，在谈笑之中解决问题。这种既演且唱的表演也逐渐成为中国传统艺术——戏曲的源头之一。

（六）造型艺术

楚造型艺术体现楚人取自于自然，又超越自然的独特审美能力和创造能力，从类型上可分为实用器物造型艺术和神秘动物造型艺术。

1. 实用器物造型艺术

楚国生活用器极具艺术审美，造型别致，水平卓越。

曾侯乙墓的铜镇，本为压席用具，但造型颇具艺术性，呈内部中空的半球形，顶部有衔环龙形钮，八条纠缠交结的龙有节奏地依附在镇体上（图 2–1）。

图 2–1 曾侯乙铜镇

曾侯乙墓出土的尊盘由尊、盘两件可独立使用的器物组合而成，器物口沿均有多层叠合的透空附饰，构造极为精巧，共有龙饰 164 条，加之尊盘口沿上蜷曲的虺龙，大概千条（图 2–2）。

图 2–2 曾侯乙尊盘

淅川下寺楚墓出土的青铜禁造型精巧别致，结构复杂，具有强烈的视觉震撼感（图 2–3）。该器兼具严整典雅的艺术风貌和玲珑剔透的装饰风格，不仅是礼乐制度的象征物，更是楚文化在吸收中原文化理念的同时，在造型艺术上的突破与革新，是楚青铜艺术繁密装饰之风的典范。

图 2–3 淅川下寺青铜禁

淅川下寺楚墓出土王子午鼎有六条龙形兽攀附在器身上，兽口作咬衔鼎口之式，并且器物口沿处有两个外侈的长方形耳对称分布，是春秋中晚期楚青铜艺术风格的体现（图 2–4）。

图 2–4 王子午鼎

楚人在探索并解决了青铜工艺技术的某些问题后，形成了具有区域审美特征的楚式风尚，并对其他地区产生了艺术审美上的影响。河南新郑李家楼郑公大墓出土的莲鹤方壶呈扁方体，壶体四面装饰有神兽，腹部有蟠龙纹装饰，顶端冠盖由 20 个莲花瓣组合而成，一仙鹤站立于花瓣中央，造型极为灵动（图 2–5）。

图 2–5　莲鹤方壶

2. 神秘动物造型艺术

楚人还创造了许多现实中不存在的动物，其造型撷取现实中的动物造型元素而成，从而形成了神秘动物造型艺术。

曾侯乙墓出土的鹿角立鹤，是由鹤与鹿角组合而成，鹿角立于鹤首，造型颇为奇特（图 2–6）。

图 2–6　曾侯乙鹿角立鹤

镇墓兽属丧葬用器，其造型艺术体现鬼魅巫神等，是楚人的某种思想观念在丧葬礼仪中的物态表现（图 2–7）。

a. 单头镇墓兽

b. 双头镇墓兽

图 2–7　镇墓兽

江陵马山楚墓出土的“木辟邪”，是目前已知国内年代最早的根雕艺术作品。该器形制特殊，采用树根雕刻制成，虎头龙身，圆竹节状四腿，腿部又分别雕刻出生动而具有叙事情节的动物形象。这些奇特的组合方式，显示出楚人观察自然而获得的创造力。

（七）纹饰艺术

楚纹饰艺术不仅体现在审美感知方面给世人以充满夸张绮丽的想象力，更有构图动感自由，描绘途径变化莫测的特点，其分类主要有：几何纹样、动物纹样、植物纹样、自然纹样等。

1. 几何纹样

春秋时期几何纹饰主要有圆点纹、三角形纹、云气等，战国时期有方格纹、菱形纹、圆点纹、涡纹、三角纹、卷草纹、曲线纹等。点线面的综合运用使漆画作品展现出规则的对称性，呈现二方连续或四方连续分布，有的则表现出不规则性和随意性。曾侯乙墓的漆棺漆画就结合了局部对称与整体不对称的纹饰绘画手法。

2. 动物纹样

战国时期，动物纹样从“神兽”过渡到真实动物。虎、豹、鹿、猪、狗等走兽不断出现，雁、鹤、鸳鸯、孔雀等飞禽占重要的地位，凤鸟纹样集中地为楚地美术不断贡献着艺术表现源泉。包山 2 号墓内棺通体以凤鸟纹饰为主体来进行设计和绘制。

3. 植物纹样

植物纹样在战国时代多为主体描绘对象。包山 2 号墓漆奁漆画中绘有 5 棵树，沙市喻家台 41 号墓彩绘凤纹瑟中有多处描绘绿色植物。在巫神文化中，“神怪”带有灵性的飞禽走兽一般作为主要的纹饰存在，植物不能与之相提并论。植物出现于画面，表明观察视角和思维理念都发生了转变，即由想象世界回归到现实世界。

4. 自然纹样

自然纹样与几何纹样有类似之处，都具有规则、稳定的结构特征。春秋时期楚地漆画的自然纹样主要有卷云纹、勾连雷纹、水波纹等。战国时期楚漆画中自然纹样出现山字纹和天文气象纹等新的纹饰、图形。

（八）绘画艺术

楚帛画和漆画是艺术史上的重要遗存，为窥探楚人的绘画艺术提供了可靠的实物材料。

1. 帛画

长沙楚墓中两幅绢帛绘画《人物御龙图》和《人物龙凤图》在中国艺术史、文化史上铸下鼎鼎大名，是我国早期帛画的双璧。

长沙陈家大山楚墓出土的《人物龙凤图》，描绘了一位双掌合拢，五指微分的妇人形象。妇人头顶正上方偏左绘一腾飞的凤鸟，最左侧是一条扭动身躯、俯视视角的龙形象（图 2–8）。

图 2–8　人物龙凤图

图 2–9　人物御龙图

长沙子弹库 1 号楚墓出土的《人物御龙图》，其主体是一男子驾驭龙形舟船行进的图像（图 2–9）。

2. 战国楚地漆画

（1）包山 2 号楚墓《车马出行图》（图 2–10）

该画绘制于漆奁盖外侧立面上，画中有人物二十六个、马十匹、雁九只、树五棵、车四辆、狗两条、猪一头，这些人物与动物的集中描绘是第一次出现。整画分五段：第一段，左侧一人俯下身躯，拜倒在地躬身行礼；第二段，一车三马前行， 车上三人，车下后方一青衣人随行，两只大雁在右上方；第三段，一条狗和一头猪在奔跑；第四段，两青衣人并列站立背面对观者，似乎迎接刚下车的宾客，右边一车两马在等待；第五段，两人面右前行，三人并列立于一旁，天空中有两只大雁。

图 2–10　车马出行图

（2）曾侯乙墓彩绘鸳鸯盒绘画（图 2-11）

曾侯乙墓中出土有一件鸳鸯形漆盒，在盒的两侧即鸳鸯的腹部也绘有两幅具有场景性的画作，左侧为《撞钟击磬图》，右侧是《击鼓起舞图》。

图 2-11　曾侯乙墓彩绘鸳鸯盒

（3）信阳楚墓彩绘漆瑟（图 2-12）

信阳长台关 1 号楚墓出土彩绘锦瑟，瑟首部分从右至左依次为《射猎图》《巫师图》《巫师持法器图》《巫师戏蛇图》《群兽图》，以及三块《燕乐图》《巫师戏龙图》；瑟的尾部则绘有射猎图、出猎图、连续三块构成一幅的《狩猎图》《巫师图》《默祷图》《缚兽图》等。

图 2-12　漆瑟绘画图像

（4）沙市喻家台彩绘龙凤纹漆瑟绘画（图 2–13）

湖北沙市喻家台 41 号楚墓出土的彩绘漆瑟，两端分别绘有《龙蛇凤鸟图》和《鸟、树图》。左侧的《龙蛇凤鸟图》的核心部分为一只尾羽丰满的凤鸟，凤鸟的头下为一条盘曲的蛇，凤鸟尾部则一龙一蛇头尾相反作缠绕状，凤鸟的背部，有一蛙形人飘浮在空中，凤鸟的爪下还有一只小鸟。

图 2–13 龙蛇凤鸟图

（5）枣阳九连墩楚墓漆木弩彩画（图 2–14）

湖北枣阳九连墩楚墓出土漆木弩彩绘，涉及弋射、侍候、嬉戏、游玩、迎候、舞蹈等题材内容，为研究战国中期楚国绘画艺术提供了宝贵材料。

图 2–14 漆木弩绘画

（九）雕塑艺术

楚国造型艺术中不仅有二维平面的绘画艺术，还有立体形态的雕塑艺术。

1. 漆器雕塑

荆州天星观 2 号墓出土的凤鸟莲花豆是组合形式的器物，由莲花形豆盘、鸟造型与蛇造型拼接而成（图 2–15）。

图 2–15　凤鸟莲花豆

江陵望山沙冢楚墓出土彩绘木雕座屏，由鹿、鸟、蛇、蛙四种动物组成，以对称的形式，以双鸟争蛇为中心构成二方连续的整体图案，动物之间的对抗争斗情景也极具戏剧性（图 2–16）。

图 2–16　彩绘木雕座屏

江陵雨台山楚墓出土的双头猪形漆盒雕刻成憨态可掬的双头猪造型，传达出来的喜乐表情与严肃甚至狞厉的青铜兽面有着很大的区别

（图 2–17）。

图 2–17　双头猪漆盒

2. 玉雕艺术

熊家冢殉葬墓随葬物品多为玉器，玉璧多达 360 件，其他有玉环、玉珩、玉佩、玉牌、玉管、玉晗、玉坠、玉饼、玉珠等。

卷云纹璧圆形扁平体，两半边厚薄不均，一面中部有切割痕，双面有阴刻工艺的纹饰，内、外缘各刻一周阴线廓，廓间有浅浮雕卷云纹（图 2–18）。

图 2–18　熊家冢卷云纹璧

双龙璧刻有谷纹、蝌蚪纹等纹饰，形态简洁灵动；璧两侧附有作躬身回首状双龙。龙身浅浮雕谷纹，周边雕凸棱边廓，尾端刻鬣纹（图 2–19）。

图 2-19　熊家冢双龙璧

透雕蟠螭纹璧呈圆形扁平体，璧形结构由内外两环以及环间透雕纹饰构成，两环之间精美透雕了 4 组共 8 条蟠螭（图 2-20）。

图 2-20　熊家冢透雕蟠螭纹璧

龙形佩，龙形呈回首弯曲状，脊背上缘处有一圆孔，两面纹饰有所区别，一面以浅浮雕谷纹、蝌蚪纹为装饰，另一面则以阴线刻画卷云纹饰（图 2-21）。

图 2-21　熊家冢龙形佩

龙凤形佩由一龙一凤组合而成（图 2–22）。

图 2–22　熊家冢龙凤形佩

荆州院墙湾楚墓出土人操两龙形玉佩由两龙、两鸟、一人构成对称形式，与《人物御龙图》有异曲同工的妙处（图 2–23）。

图 2–23　人操两龙形玉佩

龙鸟鱼形玉佩由两龙、两鸟、四鱼构成。两龙昂首曲身相背，前肢各攫一鱼，后肢共同蹬踏一谷纹扁圆环。两龙角上各顶一鸟，两鸟相对，各啄一鱼（图 2–24）。

图 2–24　龙鸟鱼形玉佩

九连墩 2 号墓出土的蟠龙纹佩由四条蟠龙两两对称围合而成，双凤纹佩将两只顶吻翘尾的凤鸟侧面立像结合成一块玉佩（图 2–25、图 2–26）。

图 2–25　蟠龙纹佩

图 2–26　双凤纹佩

曾侯乙墓出土的十六节龙凤玉佩，堪称战国玉雕工艺的杰出代表。十六节龙凤玉佩由 5 块青白色玉石雕成，十六节整体合一，每小节又塑造龙、凤、蛇，或是璧、环等形态，合计 37 条龙，7 只凤，10 条蛇（图 2–27）。

图 2–27　十六节龙凤玉佩

曾侯乙墓葬中还出土 21 件玉唅，塑造成数量不等、形态缩微的牛、羊、狗、猪、鸭、鱼形象，规格大致在绿豆与黄豆的尺寸之间，尽管体量不大却栩栩如生（图 2–28）。

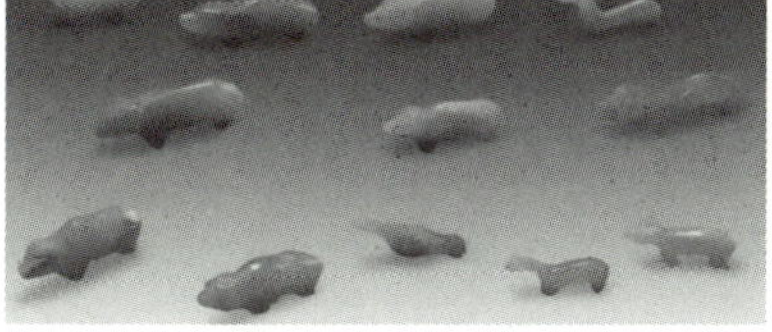

图 2–28　玉唅

（十）书法艺术

中国文字的构成方式与抽象化的形象表达有着密切关系，中国书法也在此过程中被孕育出来。

1. 金文书法

西周中晚期的楚公家钟、楚公家戈、楚公逆钟上的铭文，与西周大篆并无大异，但不似西周金文书法那样柔和整齐，较为随意。春秋早期的楚金文书法开始注重笔画间的呼应，更加均衡对称，形成方正的面貌，粗细较为均匀，横向取势的意识渐渐显露。

春秋中、晚期到战国早期是楚金文书法发展的黄金时期，工整的楚篆受到了艺术化的影响，出现了以王子午鼎为代表的“美术字”，字体颀长、笔画纤细，有了“鸟虫篆”形象化意味（图 2–29）。战国早期曾侯乙编钟铭文是典型的虫书，全用圆笔，飘逸潇洒，流畅自如，极具装饰意味。战国中晚期，金文书法式微，铭文趋向简短且刻款多于铸款，鄂君启节上的铭文已带有明显的手书痕迹，金文书法逐渐褪去长方取势，转而向手写书体靠近。

图 2–29　王子午鼎铭文书拓片

楚国印章篆刻书法艺术与同时期的楚金文、楚简帛文字差异不大，多为白文，刀法酣畅。善用弧笔斜线，纵向、横向、斜向多为直线，其他笔画多以弧线塑造。

2. 简帛书法

战国时期，简帛书法时代到来。在中国书法艺术审美情态中，笔法是客观工具与主观技法结合后所彰显出来的形式语言及美学意象，毛笔是书风笔法形成的物质基础。信阳长台关、包山、长沙左家公山楚墓中均出有笔筒和毛笔。毛笔的运用使得楚文字书写呈现出特有的书法意蕴。

郭店楚简出自多个写手，字体以方形为主或偏长，结体呈扁势且右举，落笔厚实，收笔轻盈而中间饱满，应为长毫笔锋迅速勾写而成，笔法中初见隶书意味（图 2–30）。

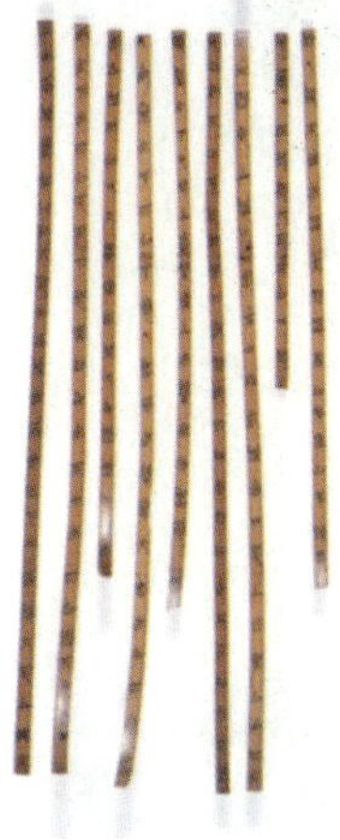

图 2–30　郭店楚简

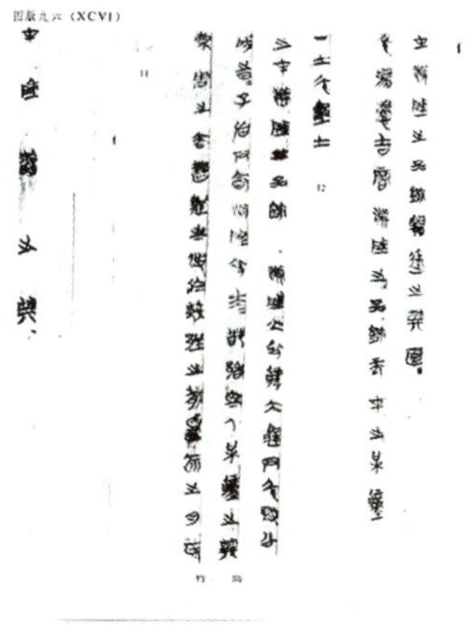

图 2–31　包山楚墓竹简

包山楚简墨迹清晰，书风秀丽，由多人书写，地域性特点明显，书法运笔圆转自如、轻松率意、少有方折，笔锋清晰。起笔重而粗，收笔轻且细、尖（图 2–31）。

上海博物馆藏竹简文字字体隶变程度较深，出自多个写手。

清华大学藏竹简字体规矩精整、线条脉络清晰，简文书写也来自不同写手，存在不同书风。

楚帛书体势扁平，端正严谨，字体笔法圆润流畅，直有波折，曲有挑势，点画顿挫中有节奏感（图 2–32）。

楚简帛书法上承甲骨文、金文，下启隶书、草书、楷书，处于中间转化的过渡阶段，多呈“扁势”，用笔提按分明，侧锋中锋相结合，行笔有节奏感，多弧曲而有劲，有纵横飘逸之势，是“隶变”过程中的一种轨迹，为隶书重要来源。

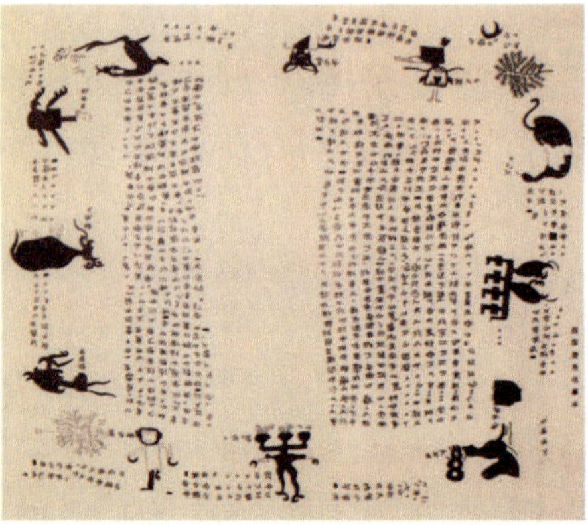

图 2–32　楚帛书

（十一）音乐艺术

《招魂》《九歌》等篇章均描绘楚国音乐的盛况。楚地乐器，按照材质可分为金石类乐器与非金石类乐器两大类。

1. 金石类乐器

钟是大型金属打击乐器，通常按照序列编排组合并悬挂于钟架上，故称编钟。叶家山出土西周早期编钟，是迄今南方发现年代最早、数量最多的编钟。楚公逆钟年代为西周中晚期。宜昌万福垴遗址出土了西周中期甬钟。战国初的曾侯乙编钟，是考古所见的在十二乐音体系中最早具有半音音阶关系的特大型定调乐器（图 2–33）。

图 2–33　曾侯乙墓青铜甬钟

磬是石类乐器。曾侯乙墓出土编磬分上下两层悬挂，厚薄各异但形制相同，石磬上有铭文为其标音，十个律名直接来自楚国，另外一个律名（浊姑洗）也源于楚，是难得的集音乐、美术、史料价值于一身的音乐文物（图 2–34）。

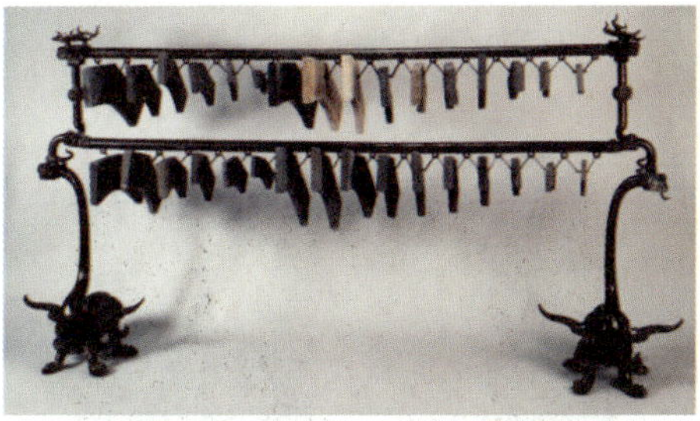

图 2–34　曾侯乙墓编磬

湖北江陵出土 25 件彩绘编磬，表面有彩绘或类似浮雕的凤鸟纹饰，器物、音律与图案相互映衬（图 2–35）。枣阳九连墩 1 号墓出土有石编磬 1 套 4 件。

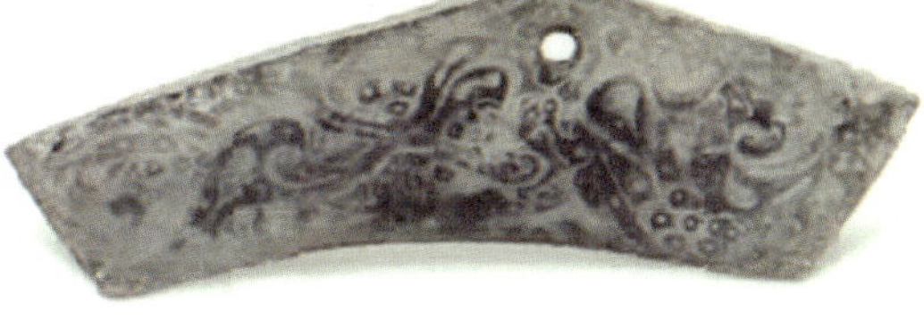

图 2–35　江陵彩绘石磬

2. 非金石类乐器

丝类乐器主要是琴与瑟（图 2–36）。枣阳曹门湾出土 3 张春秋早期瑟，当阳曹家岗 5 号墓、赵巷 4 号出土春秋晚期瑟，曾侯乙墓出土战国早期瑟。曾侯乙墓出土战国早期十弦琴、郭店 1 号墓出土战国中期琴、九连墩 1 号墓出土战国中期偏晚琴。

图 2–36　枣阳九连墩 2 号墓浮雕十弦琴

排箫和篪均为吹奏乐器。淅川下寺 1 号楚墓出土的石排箫，是现存最古老的石质排箫，用汉白玉制成，排箫上有一斜刻带状装饰（图 2–37）。

图 2–37　石排箫

曾侯乙墓出土竹质排箫，均由苦竹制成，形制相同，由十三根箫管按长短依次排列组成（图 2–38）。

图 2–38　曾侯乙墓排箫

篪，是一种有吹孔与按孔，底端密封的横吹竹质乐器。曾侯乙墓出土两件篪， 均为吹孔在上的横吹单管乐器，苦竹制成，具有六声音阶结构，可吹奏出十二个半音。

革类乐器中最具代表者为鼓。曾侯乙墓出土的建鼓为木质鼓框，皮质鼓面。同时出土的还有扁鼓。楚地乐器中最有特色的虎座鸟架鼓是悬鼓（图 2–39）。

图 2–39　虎座鸟架鼓

笙与竽同为吹奏乐器。当阳赵巷 4 号墓出土葫芦笙。曾侯乙墓出土 6 件笙，由斗、苗、簧三部分组成（图 2–40）。江陵天星观 1 号楚墓也出土 6 件笙。

图 2-40 曾侯乙墓笙

（十二）舞蹈艺术

楚人的舞蹈同音乐一样是楚表演艺术形式的重要组成部分，两者联系紧密。

1. 典型舞蹈

（1）巫舞

“巫”字与“舞”字同源，奏乐鼓舞是古代巫术仪式中必不可少的环节。楚国巫舞盛行，是最能体现楚文化特色的舞蹈。《九歌》记录了民间祭祀活动，将先秦楚地巫舞的风貌以文字的形式展现出来。信阳长台关楚墓出土的漆绘锦瑟上有巫师的形象，着广袖长袍摆出各种姿势。曾侯乙墓内棺也有头戴面具似人似怪的形象，状若以戈敲击地面的同时顿足而舞。

（2）优舞

优舞舞者是专门的舞蹈演员，在中国古代也称为倡优或优人，列国宫廷中有专供国君享乐的倡优队伍。楚庄王时期的优孟，扮作已故的令尹孙叔敖劝谏楚王。

（3）踏蛇舞

踏蛇舞，是一种人蛇共舞的独特舞蹈。楚墓中出土了很多以踏蛇舞场面为装饰的器物。曾侯乙墓漆棺的装饰性绘画中就有巫师弄蛇的图像，长台关楚瑟上也有头戴鸟羽或高帽，以手持蛇的巫师形象。荆门战国楚墓中出土的一件铜戚上也饰有头戴羽冠，身披鳞甲的巫师表演踏蛇舞的图像。

（4）傩舞

傩舞头戴面具，奏乐起舞。周代傩舞每年三次，顺应时节变化：第一次傩祭在暮春三月。也叫“国傩”；第二次在仲秋八月，由天子举行，也叫“天子傩”；第三次在冬季腊月，由官员负责举行，也叫“大傩”。

（5）建鼓舞

建鼓舞围绕建鼓，并在其伴奏下进行舞蹈。曾侯乙墓出土的鸳鸯漆盒上的击鼓图表现的就是先秦楚人跳建鼓舞的场景。画面从左至右分别绘有舞者、建鼓及乐师。乐师头戴高冠，双手执鼓槌，作击鼓状。舞者头戴高冠，腰配长剑，挥舞长袖，应着鼓声起舞。

2. 审美风尚

（1）“小腰秀颈”的舒展舞风

楚舞对形体美的追求与热衷，从绘画作品中能窥得一二。长沙黄土岭楚墓出土漆奁彩绘舞女图，十一位舞女皆着曳地长裙，长袖细腰，飘逸动人，衣着服饰与舞者本身的身形曲线相得益彰，女性特有的柔软纤细之美于此得以充分显现。

（2）巫舞中的生命意识

对于“信巫鬼，重淫祀”的楚人来讲，舞蹈似乎能够传达出某种特殊的情怀，巫舞的指向更加明确。这类舞蹈以歌舞愉悦神明，达成诉求的目的较为强烈。似乎每一支舞的背后都有一个明确的“生命意识”在支持。

（十三）服饰

春秋战国时期，楚地织品产量丰富，质量上乘，江陵马山 1 号楚墓被称为“丝绸宝库”。

1. 类别与样式

楚人的服装不仅有单衣、袍、襦、群、裤等常服，也有甲胄、緥衣等具有特殊用途的服装，还有手套、衣带、鞋、帽等配饰，种类、样式繁多。

上衣下裳连体式的衣物有单衣与袍两类。马山 1 号楚墓出土 3 件单衣，其中两件较完好，一件以秀罗为面料，上绣龙凤虎纹装饰，另一件以紫红绢为面料，上绣龙凤相蟠纹饰。袍则是将上衣下裳融为一体的服装，较厚实，马山 1 号楚墓中出有 7 件袍，有素色、龙凤纹、菱形纹三类，均为右衽、直裾。

马山 1 号楚墓中出土的衣袍实物均为直裾形式，但同墓出土的彩绘木俑却身着曲裾单衣。长沙楚墓中出土的木俑衣袍下缘也是一边较长，一边较短，长的一侧距离地面较近而另一侧则远离地面。

襦通常与裙、裤合用，做上衣下裳组合。

緥衣用途特殊，是给死者助丧用的服装，属于明器。

2. 图案与纹饰

楚国织物纹样精美，大致可分为几何纹饰、植物纹饰、动物纹饰及人物纹饰。几何纹样较多，尤在锦类织物中常见，菱形纹比重较大，几何纹饰结构多以单一菱形纹或复合菱形纹的样式出现。复合菱形纹样则主要运用小菱形纹、塔形纹、三角形纹、六角形纹、十字纹等纹饰组合成大菱形纹饰，再做四方连续或二方连续排列布局。

动物纹样以龙、虎、凤鸟为主，并伴随几何纹饰穿插其中。凤的形象几乎成了动物纹饰中的主线，凤鸟的飞舞多姿、飘逸灵动成为楚人艺术作品中最爱表现的题材之一（图 2–41）。

图 2–41　飞凤纹绣

图 2–42　凤鸟花卉纹

植物纹样也常与凤鸟、龙凤纹饰并存，凤鸟纹与植物纹样并重作中心对称分布的纹饰也较为多见（图 2–42）。

马山 1 号墓中的刺绣织物中的田猎纹，以贵族为表现对象（图 2–43）。

图 2–43　田猎纹绦

五、领异标新的科学与技术

在以科学技术为代表的物质文明领域，楚人传承先辈们的经验和技艺，在建筑、矿冶、铸造、纺织、髹漆、农业等多方面的成就独树一帜、创建非凡。

（一）天文

楚人祖先在长期的观测经验中总结出，可以根据大火星和鹑火星在星空中的位置来确定播种的农时，掌握了子午线的知识，并根据天文昏见时刻的四仲中星位置来确定四季。从大火星和鹑火星开始对整个星空的恒星进行长期的观测，确立了一个赤道坐标系统——二十八星宿星象体系，并划分四象与十二分野。历史上“鹑火”曾被当作楚国的分野，到春秋末期，楚国的分野已经变成了由翼、轸两宿组成的鹑尾次。翼、轸所组成的鹑尾次成为楚国的分野，这种变化可能跟楚人对太微垣中太一星的崇拜有关。随县曾侯乙墓出土的带有天文图的漆箱盖上，正中央占全图篇幅三分之一就是一个巨大的“斗”字，说明楚人重视北斗。

《甘石星经》中的《甘氏星经》采用了楚国的天文观测成果，对日月五行以及彗星等天象也有所认识。长沙马王堆汉墓里面出土的帛书上，绘有 29 幅名称形态各不相同的彗星图，以“楚云”置于各类云气之首，可以认定这些包括彗星图在内的天象都是先秦时期楚国天文学家们的观测成果（图 2–44）。这些天文知识积累到一定程度后形成了属于楚地独有特色的天文体系。

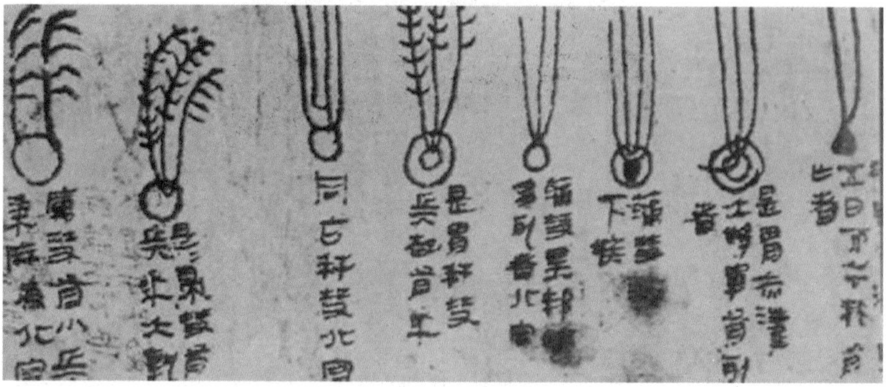

图 2–44　长沙马王堆出土的彗星图（部分）

关于宇宙结构，在屈原的《天问》和《淮南子》中有所反映，楚人对天地结构的认识属于“天圆地方”的盖天说。

（二）历法

制定历法是人类走向文明的重要标志之一。在中国古代，历法是王权的象征，只有中央王权才拥有颁布历法的权力。周王室衰弱之后，楚国自行颁布了独具特色的历法。

1.“观象授时”

通过观测天象确定季节在中国古代称为“观象授时”。最早实行的应该是大火历，通过观测大火星昏见于地平线来确定春耕的时间，称为“火纪时焉”。帝喾时代，楚先重黎担任“火正”，其职责就是确定农时，因此被赐号“祝融”。

商周之后出现了较完备的历法，以干支记日，太阴记月，太阳记年，使用闰月来调整阴阳合历。月有大小，年有平闰，平年十二月，闰年十三月，闰月置于年终。

制定历法还需要知道岁首和月首。古人以冬至日为历元，从冬至开始将黄道（太阳周年运动的轨道）平分为二十四个节气点。到春秋中期，古人掌握了准确测定冬至日的方法，出现以子月为岁首的历法，这意味着此前周王室所颁行的历法是以丑月为岁首的。

地球在日月之间，满月时的月相被称为“望”，完全看不到月光的月相被称为“朔”，新月初见的月相叫作“朏”。西周以前还靠观测新月出现来确定月首，两周之际文献中出现“朔”，可能到此时才掌握了根据朔望月周期推算朔日的方法，之后的历法才开始以“朔”为月首，这意味着中国古代历法从“观象授时”时代走向了推步历法时代。

2. 推步历法

楚历的岁首问题争议较大，楚国早期应是奉行周历，春秋中期以后实行亥正历，即以亥月为岁首和正月。

楚历的月名极为独特，依次为冬夕、屈夕、援夕、刑夷、夏㞢、纺月、夏夕（七月）、八月、九月、十月、爨月、献马。冬夕月对应夏正历十月，表明楚历是以亥月为岁首。按照上述顺序，它们依次对应夏正历的十月至九月。

寅正历的春夏秋冬就是四季分明的物候季节，正二三月为春季，四五六月为夏季，七八九月为秋季，十、十一、十二月为冬季。亥正楚历从冬夕开始依次每三个月分为春、夏、秋、冬，这只是与寅正历的对应，与实际季节并不完全一致。

亥正历的立春点应是在冬至点基础上推算出来的，楚历的置闰法跟中原相似，“岁终置闰”，即将闰月置于最后一个月“献马”后面。

楚国还采用大事纪年法，如“大司马昭阳败晋师于襄陵之岁”“秦客公孙鞅问王于栽郢之岁”等，这种纪年法是事发之后追溯往事的时候使用。

（三）水利

先秦时期，水利工程得到极大发展。楚国地处江淮，江河湖泊众多，雨水充沛，极易发生洪涝灾害，因此楚国较早兴修水利，用以防洪灌溉，楚国水利工程走在各诸侯国前列。

1. 堤防工程

楚地大部分在江淮流域，降水丰富且主要集中在夏秋两季，极易受洪水威胁。楚宣王六年，暴雨给郢都造成严重水灾，为此楚人大力兴建堤防工程。堤防工程还是国土开发的需求，楚国名相孙叔敖曾“堤防湖浦，以为池沼”，曾任楚国兰陵令的荀子，在其著作中特别强调“修堤梁”以兴利除害。

堤防还用于军事目的。《管子》记载，齐桓公时楚国出兵攻打宋国和郑国， 久攻不下，于是在睢水上筑拦河坝，造成水灾。为此召陵会盟时特别在盟约中增加了“毋曲堤”的条文，即不准修建危害别国的堤防。楚人的筑堤技术还体现在楚长城中，其东段是沿河岸筑堤即称“连堤”，险要地段还要跨越河水即“相切”。由此可见楚人高超的筑堤技术和丰富的筑堤经验。

2. 蓄水工程

南方楚地因地势低洼积水易导致水灾，楚人在与水斗争的过程中发展出高超的水利技术。春秋中期由孙叔敖主持修建的芍陂就是用于农田灌溉的陂塘蓄水工程，现在的安丰塘是由芍陂淤塞后的部分经历代修治而来。孙叔敖还在史河上引水筑坝蓄水为人工陂塘，就近灌溉，这就是期思陂[①]。孙叔敖因修治水利使得楚国农业生产得到极大发展，被楚庄王提拔为令尹。

孙叔敖之后蒍掩任大司马，其治绩中就有"规偃潴"一项，即修建人工蓄水的陂塘。

3. 排灌工程

楚国的排水设施在春秋中期已经出现，《汉书·沟洫志》："于楚，西方则通渠汉川、云梦之际，东方则通沟江淮之间。……此渠皆可行舟，有余则用溉，百姓飨其利。"

战国时期，楚国还大力开凿人工运河。《水经注》记载战国时期楚人曾在鄢、郡（今湖北宜城）一带开掘大型排灌工程木渠。楚占领吴越故地后开凿的申浦，能沟通"大江"和"运河"，是楚人在春申君的领导下开凿的人工运河。春申君兴建的是综合性水利工程，通过运河"语昭渎"将无锡陂塘所蓄之水引往大田胥卑，然后再由胥卑田开凿排水渠往南引至太湖，将水"以泻西野"，以保胥卑大田及其周围地区的农业有充足的水灌溉。可见楚人的水利建设已达到综合治理、统筹兼顾的水平。

（四）矿冶

楚国地处长江流域及以南一带，拥有众多的矿山，使得楚人在矿冶技术上处于领先地位。

---

① 汉以后文献，往往把期思陂和芍陂混为一谈，其实它们是不同的两个陂。

1. 采矿

先秦时期的找矿方法分两类六种：一类是地质找矿法，包括重砂找矿法、共生矿找矿法、利用风化矿找原生矿法；另一类是工程探矿法，包括浅坑法、探槽法、浅井法。铜绿山遗址出土大量木制的重砂法找矿工具，表明楚人的重砂找矿法已相当成熟。

采矿工具主要有斧、锛、锤、錾、凿、钻等，装运工具有木锨、木铲、竹筐、木钩、绳索、木扁担等，木制提运机械构件有绞车、滑轮等。春秋中期以前，采矿工具以青铜器为主，兼有部分木石器具。春秋晚期开始，铁制工具全部代替了铜制工具。

采矿的方法主要有露天开采和地下开采两种。地下开采方法有七种类型：单框竖井分条开采法、单层方框开采法、链式方框支柱法、横撑支架开采法、房柱法、方框支柱充填法、护壁小空场法。

为适应地下开采的需要，楚人还采取了排水和堵水措施。排水通道一是排水巷道， 二是排水槽。堵水一是用方框支柱充填，二是用坑木和黏土封闭涌水的巷道。排水工具主要有桶、葫芦瓢、半圆形水槽、带系撮瓢。井下通风主要依靠自然通风，但铜绿山有些采场采用了人工通风：一是在井底烧火，制造温差，形成空气对流； 二是构筑屏障阻断风流和控制风量，将新鲜风流导入作业点。井下照明，主要使用植物油做燃料的灯和短时间照明的火把。

在进行冶炼之前还要进行选矿。除手选矿石外，还有重力选矿法（即淘洗选矿法和溜槽选矿法）。铜绿山遗址出土的淘洗选矿法工具有淘洗船、淘洗盘、淘洗筐等，溜槽选矿法设备为溜槽。江西铜岭出土的重力选矿处理工序设施有尾砂池、滤水台。

2. 冶炼

铜矿有氧化型铜矿和硫化型铜矿两类，楚地矿石多为氧化型。大冶铜绿山、阳新港下和瑞昌铜岭等古铜矿开采的都是孔雀石、黄铜矿、黄铁矿、斑铜矿、辉铜矿等铜铁氧化矿物。铜绿山是一处铜铁共生矿体，用含有铁矿石的矿料冶炼时， 炼铜竖炉中炼渣较稀、流动性好，排渣也较容易。炼铜用的燃料是木炭，在大冶铜绿山炼铜炉旁堆积有栎木炭屑。

炼铜炉由炉基、炉缸、炉身三部分组成，近似竖立的腰鼓形。炼铜竖炉等遗物表明当时冶炼工作是连续进行的。

冶铁和炼铜的原理基本相同，块炼铁是铁矿石在较低温度下（1000° 左右）用木炭还原得到的。楚人能将块炼铁在加热锻造过程中与炭火接触，使其增碳硬化，成为块炼渗碳钢。楚国工匠还发明了柔化退火处理的技术，克服了生铁性脆、易断裂的缺陷，增加了强度和韧性。

3. 铸造

铸造技术可分为石范、泥范、金属型、失蜡法、砂型等。楚人立国较晚，前期的铸造技术较落后，后来楚人不仅将范铸法发扬光大，还运用了失蜡法等新的技艺。

泥范铸造法使用最多，又分为浑铸、分铸、焊铸及嵌铸四种。湖北曾侯乙墓出土的盥缶表面的红铜纹饰，就是用“嵌铸”法铸成的。最迟至春秋晚期，楚人已熟练地掌握了失蜡铸造技术，用蜡料制成与铸件相同的模，外敷造型材料，成为整体铸型，干燥后加热将蜡化掉，形成整体无分范面的空腔铸范，将金属液浇入，凝固后脱除外范（壳型），即得铸件。

楚国的蚁鼻钱，又称“鬼脸钱”，是用青铜铸造的有文字的贝形货币。外形呈一面平整，一面凸起，凸起的一面上一般都铸有文字。早期蚁鼻钱用陶范制造，后采用金属范制造。

楚人在黄金工艺上也独树一帜。黄金质软，展延性大，可以拉成极细的丝，捶成极薄的片。出土的楚国黄金制品中，既有铸造成型的金饼、金版和各种器物，也有捶打成型的金箔、拉制而成的金丝。

（五）髹漆

楚地的漆树分布很广，生漆资源丰富，这是楚国漆器发生和发展的基本条件之一。

1. 制漆

楚人使用的漆有三种：未经加工精制的生漆、脱水加工过的精制漆以及与油类并用的精制漆。生漆含水分较多，采用晒、煮等方式加热制漆，可以去除一部分水分，俗称“晒漆”“煮漆”。江陵楚墓中出土的耳杯，就是在这种漆面上进行朱绘。

楚国漆器中有大量彩绘漆器，色漆是在漆料中加入植物油制成，今称为“油性大漆”。楚国漆工艺中，目前一般认为使用的是“荏油”。

楚国制漆技术，无论是生漆的脱水或植物油的熬制，都可以看成我国古代漆化学的萌芽。特别是油漆并用工艺的产生，是髹饰工艺的重大发展。

2. 制胎

漆器胎体称为胎骨，可分为木胎、夹纻胎、皮胎、竹胎、陶胎等，木胎占绝对多数。木胎制法主要有斫制、镟制、卷制以及雕刻、拼接等。

夹纻胎即“脱胎”，是以苎麻纺成的织物为主要原料制成的一种漆器胎体，它具有轻巧及在气候变化时不容易变形及开裂等优点。

皮革适合制造甲胄，但皮革怕潮湿、不美观，制作时要进行髹漆，楚人常用牛皮来制造甲盾，如长沙楚墓出土的彩绘皮盾和漆甲，胎体就是用牛皮制成。

楚国的竹胎漆器以竹编织物最为精致，目前出土的竹编漆器，由髹红、黑两色的细篾片编织而成，出土时颜色还很鲜艳。制作过程应是削制篾片——髹色漆——编织成形。

3. 髹饰

髹漆的过程分打底、上漆、彩绘三个步骤。楚人采用“漆画”或“描漆”的工艺方法进行漆器彩绘，主要是线条画与平涂画相结合，可能是从青铜器上的平块花纹和线条纹饰发展而来。楚国髹饰工艺中最具有特色的是“描金”“针刻”和金属镶嵌。

扣器是金银嵌漆器的早期形式，它是把一种金属圈安放在漆器的口沿部分起加固防护兼装饰作用，后来人们就有意识地将金银等金属镶在漆器上，从而发展成一种独特的漆制品。

楚人还在铜器上髹漆，一是改变金属外观，二是防止金属锈蚀，这说明了天然漆的使用范围扩展到了金属防腐。

（六）其他科技

楚人除了在天文历法、水利建设、冶炼锻铸、髹漆工艺等方面的科技水平独树一帜，在其他领域诸如数学、建筑技术、玻璃工艺等方面也是精彩纷呈。

1. 数学

楚人祖先所擅长的天文观测和历法计算都离不开数学。算筹是古代的计算工具，楚墓中多次出土了当时的算筹实物。

在数学运算中，面对比较复杂的乘除运算时，要经常使用到“九九”乘法表，据《韩诗外传》，“九九”算表在春秋早期已是家喻户晓，清华大学藏竹简中发现了现存最早的“九九”乘法表。

楚国哲学也促进了数学的发展。《老子》提出了一个最高范畴“道”，并描绘了宇宙演变图式：由“道”这一宇宙本源衍生出世界无穷的事物，这一过程没有尽头，不会完结。庄子对“无穷”概念作了更为深刻、辩证的论述，指出其同时也是数学概念。《庄子·天下篇》：“一尺之棰，日取其半，万世不竭。”由此给出了中国算学史上第一个无穷小数列，即：1，1/2，1/4，…，$1/2^n$。道家的无穷思想对中国后世的数学产生了深远影响，三国时期刘徽割圆与南朝祖冲之父子计算圆周率的思想渊源很可能在于此。

2. 玻璃工艺

楚地出土有大量的古玻璃实物，最早为公元前 5 世纪，大部分为公元前 4 世纪及公元前 3 世纪前半叶。长沙地区出土的玻璃制品超过了江陵地区。大、中、小型楚墓中均出有玻璃制品，表明玻璃制品受到各阶层的喜爱和广泛使用。

除“蜻蜓眼”外，出土玻璃制品大都具有楚地风格，例如玻璃剑饰、玻璃印章、玻璃璧等。化学成分上富含氧化铅、氧化钡，是我国古代玻璃制品独有的特色，西方古玻璃中没有这样高的氧化钡含量，表明这些玻璃是在中国制造。曾侯乙墓出土的“蜻蜓眼”玻璃珠，钙和钠含量高是因为楚人使用了硝石，而西方玻璃珠含钾是中世纪的事情。

河南固始侯古堆勾吴夫人墓中出土的“蜻蜓眼”式玻璃珠，属于二氧化硅、氧化钠、氧化钙（SiO_2· Na_2O· CaO）类型的玻璃，无论是外形还是化学成分都与西方古代玻璃珠基本相同，应为从西方传入的产品，装饰风格也不是楚地固有的。这表明，最晚在战国初期，西方的玻璃制品已经传入到楚地，为楚人所喜爱，并被楚人利用自己的技术与本地的资源仿制出了“蜻蜓眼”式的玻璃制品。

六、规制各异的城邑与建筑

城市是人类文明的标志之一[①]。荆楚地区的城邑在新石器时代晚期就已产生。先秦时期荆楚地区的城邑发展，经历了夏商的衰落期，西周的复兴期，东周的繁盛期三个阶段。

（一）夏、商、周时期荆楚地区的城邑与诸侯国都

商代早期的盘龙城，是中原王朝统治长江中游广大地区的中心。西周在荆楚地区分封有大量诸侯，目前可以确定为诸侯国都邑且资料较充

① 先秦时期，人们称呼较多的是“城”和“邑”。夏、商、西周时期，“城”是有城墙的聚落，“邑”是有沟树之固的聚落，并无城墙。到了春秋、战国时期，随着越来越多的“邑”筑起城墙，“城”和“邑”渐混而为一。但是“邑”还是有大小之别，如包山楚简所见的邑即是一种基层居民组织，无法和加筑城墙的大邑相提并论。我们这里采用当时的“城邑”一词，来指称周代筑有围墙的聚落，以及规模较大，但不一定有城墙的聚落。考虑到现代的习惯性称呼，有时也称之为“城市”。

分的有鄂、邓两国的安居城址和邓城。

1. 商代盘龙城

盘龙城位于武汉市黄陂区滠口街道叶店村，城址的东、南、北三面环水，仅西北部有陆地相连。遗址地理景观自早商以来有了很大的变化，遗址原面积较目前分布更大。

目前发现的盘龙城，考古工作者推断其性质为宫城，由沟通城门的南北、东西向大街分成四个区域：东北部为宫殿，西南部为池塘，其他部分功用暂时不清楚。宫城周边西侧、北侧可能为铸铜作坊，稍远处王家嘴、李家嘴主要是墓葬区， 杨家湾、杨家嘴为居住、铸铜、制陶和墓葬混合区，楼子湾为铸造和墓葬混合区。盘龙城居住区与墓葬区混合分布，这与偃师商城、郑州商城的情况很相似。两周时期的墓葬区一般分布在城邑周边，仅有部分瓮棺葬等特殊墓葬分布在城内。另外盘龙城周边较多的铸造作坊成为盘龙城最鲜明的特点。

盘龙城聚落大致经历了三个时期的演变。

第一阶段包括盘龙城一、二期，是盘龙城聚落的形成时期。第二阶段是盘龙城宫殿基址使用时期，包括盘龙城三至五期，是盘龙城聚落繁荣时期，宫城、贵族墓地、生活区、作坊区均为这一时期的产物。第三阶段包括盘龙城六、七期，是盘龙城的衰落时期，宫殿区被废弃，新的大型建筑、高等级墓地转移到杨家湾，杨家湾成为这一阶段聚落的核心。

盘龙城的性质，一般认为盘龙城为商人南下的军事据点，且控制着鄂东南铜矿的采冶，后期发展为城市（图 2–45）。

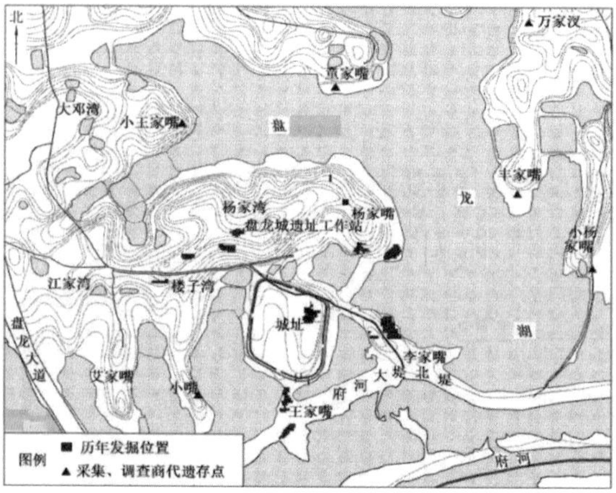

图 2–45　盘龙城遗址遗迹分布平面图

（采自张昌平、孙卓：《盘龙城聚落布局研究》图一，
《考古学报》2017 年第 4 期）

2. 安居城址与鄂国都邑

安居羊子山墓地是西周早期鄂国公室墓地，位于随州安居镇王家沙湾村四组，地处溳水东北岸一处东西走向的岗丘上。2007 年 11 月羊子山 4 号墓出土青铜器 27 件，时代属西周早期，其中多件青铜器有铭文“噩侯乍厥宝尊彝”“噩中乍宝尊彝”，表明墓主应该是鄂侯。距羊子山墓地不远的安居遗址，一般认为即西周早期鄂国都城。

安居遗址大体分布于安居镇及其北面的安居中学之间，中心范围在安居镇与北邻的杨家湾一带。1997 年进行遥感分析，次年 1 月又进行勘探，发现安居遗址为一小型城址，在小城之外还可能有较大城垣。城址呈规则的长方形，南北长约 190 米，东西宽约 170 米。城墙夯土底部宽约 10 米，保存较好的墙体高出地面近一米。在东、北墙体外有护城壕。小城内分布有厚约 0.8 米的春秋时期文化层，城东南有一处夯土台基。

从调查情况来看，安居遗址的上限不迟于两周之际，下限可能在汉代末年或稍晚。安居小城的使用年代可判定在春秋时期前后，为西周时期的鄂国都城。

3. 邓城与邓国都邑

邓城位于襄阳市樊城区团山镇邓城村周边，城址外围分布有 20 余处同时期的文化遗存，是周代至南北朝时期文化遗存分布的集中区域。一般认为是西周至春秋早期的邓国都城，春秋至战国秦汉直到刘宋时的邓县。邓城遗址平面为较为规整的东西向长方形，防御设施齐备，瓮城、角楼、护城河齐全，城内布局亦规整，分为四个部分。邓城城外北部和东部较高处分布同时期墓葬。邓城所体现出来的规划整齐、注重防御的特点，或与其处在南北对抗前沿的军事地理位置有关。目前尚不清楚邓城内部布局以及城垣修筑具体时间。单从城墙暴露的遗物看，该城至少从春秋一直沿用到南北朝时期。

4. 襄阳楚王城

襄阳楚王城位于襄阳市襄州区黄龙镇高明村油坊湾自然村东约 200 米处，淳河流域与熊河流域分水岭西侧的淳河西岸。

城址呈不规则东西向长方形，东南部有菱形小城，面积很小。楚王城东南以许家河为护城河，西、北侧又挖有人工护城河，构成完整的防御体系。楚王城东南隔河有许家河同期遗址，应为楚王城附属码头或防御城垒。

时代为西周中晚期，或为楚熊渠所封之鄂王城。从楚王城面积较小，防御设施较为完整来看，襄阳楚王城为西周中晚期的军事堡垒，周夷王时熊渠封中子红为鄂王，厉王时熊渠去其王号。

（二）东周时期的楚国都城与别都

进入东周时代，楚国都城大发展，目前较为明确的楚都故址有当阳季家湖楚城与荆州纪南城。荆州纪南城则是较为明确的战国中晚期的楚都，季家湖楚城可能为纪南城之前的楚都。宜城楚皇城一般认为是楚的陪都——鄢。

1. 楚皇城与楚鄢都

宜城楚皇城位于宜城市东南7000米处的郑集镇东侧，汉水西岸5000米的一处岗地上，西距蛮河7000米，百里长渠一直通达城西，长渠九支渠，迳由城西穿城而过。

楚皇城面积较大，平面为梯形，东墙利用了岗地边缘，故墙体不甚整齐。南、北、西三面城垣较为规整。城内东北部为宫殿区，西南部为制陶作坊区。战国末期大城废弃后利用大城东北部修筑“金城”。

楚皇城的修筑年代为战国，出土遗物可早至春秋，大量见到的为秦汉遗物。因此，城址的年代，上溯至春秋战国，下续到秦汉以至更晚。城内的金城，有可能是大城颓废后修筑的，与大城并非同时代的遗存。

楚皇城的性质争论较多，一般认为是楚鄢都，秦鄢县、汉宜城县。

2. 季家湖楚城与战国早期郢都

季家湖楚城位于当阳市草埠湖镇季湖村南，地处沮漳河下游的冲积平原，四周地势低洼。西北侧5000米左右为青山楚墓群，其中谢家冢疑似为楚王墓；东北侧约11千米处的熊家冢楚墓为较明确的楚王墓。

季家湖楚城南北长约1600米，东西宽约1400米。南城墙和北城墙较为平直，东城墙临湖可能有曲折，西侧为人工渠道，暂时不清楚城墙形制。城内北部发现1号台基、铜构件和铜钟，应是季家湖楚城宫殿区所在。城内中部偏南发现变形瓦片等，应是制陶作坊区所在。城北有密集的中、小型战国楚墓，应是楚都转移后季家湖楚城有所衰落的表现。年代早于纪南城，一般认为季家湖楚城是战国早期的楚郢都。

3. 纪南城与战国中晚期郢都

纪南城位于荆州市荆州区纪南镇南，因在纪山之南而得名，为湖北境内面积最大、规格最高、保存最为完好的古城址，其面积甚至大于现存的荆州古城。

纪南城为先秦时期南方最大的城邑，平面形状为切角的东西向长方形。护城河宽阔。切角、烽火台显示出纪南城注重安全防御。有三段河流穿城垣出入城内， 分别为朱河、新桥河，以及两河在城内中心地带的板桥汇合成的龙桥河，从西垣郭大口至城中部板桥一线有断断续续的冲沟。这三段河流和西部的冲沟把城内分为四个区域。东南部是以宫城为核心的宫殿区，周围还有制陶作坊。宫城内还有环形界沟，宫城外的古河道构成了内部护城河，可见宫城的安全防御能力较为强大。朱河古河道和龙桥河古河道围合的区域有一定数量的夯土台基，当为一处重要的建筑群。西南部发现许多冶炼遗址，当为冶铸手工业区。西北部有两座夯土台基和两周的居住遗址、春秋墓葬。纪南城外地势较高处有大量的战国墓葬。总体看来，纪南城作为楚都，规模宏大，形成了以宫城为核心的极强的防御体系。三座水门则显示水运在纪南城的发展上具有重要作用（图 2–46）。

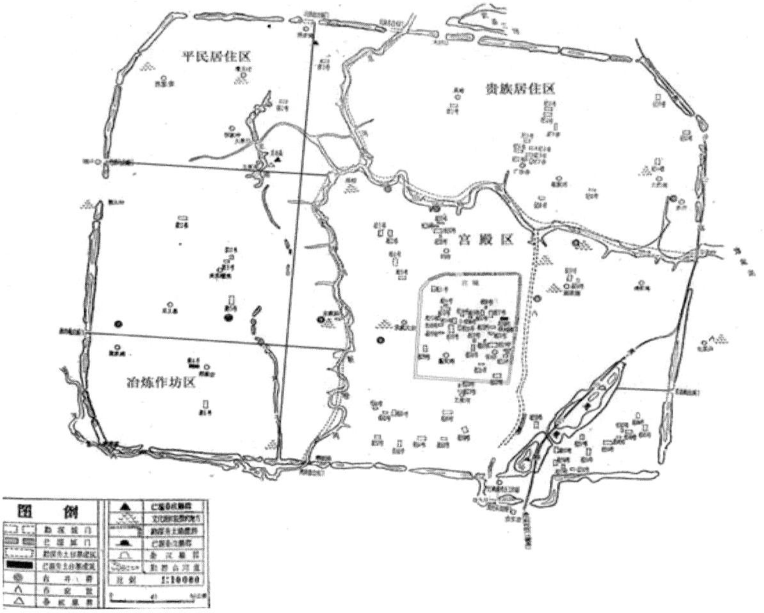

图 2–46　楚都纪南城文化遗迹分布图

（改绘自湖北省博物馆：《楚都纪南城的勘查与发掘（上）》图二，《考古学报》1982 年第 3 期）

纪南城现存城垣是战国早期之后形成的，其始建年代约在战国中期早段或战国早中之际，使用年代为战国中晚期，其性质是战国中晚期的楚郢都。城址的废弃则在公元前 278 年白起拔郢。

（三）东周时期的县邑或封邑

东周时期，楚国在荆楚地区设置有许多县，战国时期置有许多封君及其封邑。目前地望较清楚、材料较多的有邓、鄖（安陆）、州，赤壁土城为楚国的地方城邑，其为楚县的可能性较大。

与楚都规模宏大的城垣相比，荆楚地区楚国县邑小得多，但大小差异较为悬殊。东周荆楚地区的县邑，除云梦楚王城外，基本为长方形。

赤壁土城又叫“太平城”或大古城、小古城，位于赤壁市新店镇土城村。城外有多处同时期墓地，主要分布在城外东、北部岗岭上，战国墓地共发现 3 处，即花园岭墓地、王家岭墓地、猪头墩墓地。汉代墓地发现 2 处，即烂泥冲墓地和吴家后背山墓地。

赤壁土城由战国时期的大城和西汉时期的小城组成，西汉小城位于战国大城西南部，西汉小城的西垣和南垣分别叠压在战国大城的西垣南段和南垣西段。战国大城为南北向切角长方形，形制规整，面积较大。从城门设置来看，四门均错开，故城内道路网应不甚规整。中部不规则的“十”字形夯土台基和西北部的长方形台基显示大城北部是较为重要的区域。西汉小城也为南北向长方形，除西南角外其他三个城角均为直角，非常规整。小城东西向城门对称设置，南北向城门错开，若将东西门连接起来，南门向内延伸至北墙，似可将小城分为东北、东南、西南、西北四个区域。东北区有三个较大的房屋基址，东南区靠近交叉口有一个房屋基址，西南区面积最小，却有两个房屋基址。这显示西汉小城东北或西南可能为官署区。

赤壁土城的时代，战国城址的始建年代在战国早期早段，建城之前的春秋晚期已有人在此生活，建城后使用到战国晚期。西汉城垣始建于西汉早期早段，沿用到西汉晚期。

（四）东周时期的军事堡垒及专业城邑

东周时代，荆楚地区还有一些具有特定职能的军事堡垒和专业城邑。如草店坊城是楚国为了控制古义阳三关的交通要道而建的军事堡垒，鄂东南的五里界城和鄂王城则为专业性的矿冶城邑，是铜矿开采、冶炼、储藏、转运的中心。

这种城址面积较小，规模有限，平面形态多样化，草店坊城为向南突出的五边形，五里界城为标准的南北向长方形，鄂王城为不规则形状。

1. 草店坊城

草店坊城位于孝昌县花园镇陈林村 107 国道的东西两侧，地处桐柏山与大别山分界处南麓，向北沿应山河与大悟河谷穿过古义阳三关之武胜关、九里关与淮河上游相连，向南通过澴水可直达武汉，自古即南北交通要道，城址即处在武胜关道与九里关道交汇处。

平面不规则，南部向南凸出，面积较小。在保存较好的西北、西南、东北三个城角发现夯土台基，护城河完整，整个城邑仅有一门，显示草店坊城具有较强的防御能力。城内中部偏北发现较大的夯土台基，夯土台基北侧有一片红烧土遗迹，内部结构较为简单。

草店坊城时代上至战国晚期，下限延到秦汉或略晚，当为战国秦汉时期的一座重要军事城堡。

2. 五里界城

五里界城位于大冶市东南部大箕铺镇五里界村，周围矿产资源丰富，铜矿的采冶最负盛名。周围发现两周时期遗址 13 处，其中堆积有铜炼渣且具有冶铜功能的 11 处，春秋时期具有冶铜功能遗址 4 处，堆积有铜炼渣而无生活用具的遗址 6 处，战国时期遗存很少，今盆地内有东角山、叶花香、冯家山三大铜矿仍在开采，是一处以铜矿采冶为主要职能的城邑，时代在两周之际，春秋中期偏晚废弃。

城址为规整的南北向长方形，护城河完整，但内部形制较为特殊，由一条西南——东北走向的道路将五里界城分为东南与西北两部。城内中部发现有 7 处夯土台基，主要集中在东南部偏北。城内西北部偏南发现两处房屋遗址。

3. 鄂王城

鄂王城地处大冶市金牛镇高河管理区鄂王村 8 组胡彦贵村。平面为不甚规则的长方形，面积较小，仅有东侧一门。城内发现有两处窑址，呈椭圆形状：一处位于西垣南端城垣上，土窑底部遗存有绳纹筒瓦陶片，未见其他遗物；另一处位于东垣中部城垣内坡脚下。这两处窑址所出土的筒瓦陶片，与鄂王城内出土的筒瓦陶片有相似之处，可能是供应城内建房的制瓦窑址。在鄂王城西部以及西南、西北岗地上发现有成群的封土堆。时代为战国时期，其性质，一般认为是战国时期楚国在鄂东南地区的铜矿管理中心。

（五）先秦时期荆楚地区的建筑

先秦时期荆楚地区的建筑有宫室建筑、祭祀建筑、居住建筑、军事建筑等类型，建筑技术与建筑风格独树一帜。商代的盘龙城宫殿建筑、西周的蕲春毛家咀木构建筑、东周的楚都宫殿及离宫建筑、方城等军事建筑资料较详。特点突出表现在先进的土木结构夯土台基技术、筑土烧烤技术、独具地域特色的干阑建筑，以及独特的军事建筑技术四个方面。

1. 宫室建筑

宫室建筑是先秦荆楚地区最为隆重的建筑物。修建宫室建筑耗费大量人力物力，使用当时最先进的建筑技术。宫室建筑也是统治者的象征，具有明显的政治性，社会的思想和制度对宫室建筑的布局有着深刻的影响。先秦荆楚地区宫室建筑中，布局较为清楚的是黄陂盘龙城 F1、F2 宫殿建筑基址、江陵纪南城的宫城 30 号建筑基址、潜江龙湾离宫遗址。

2. 祭祀建筑

“国之大事，在祀与戎。”承载祭祀功能的祭祀建筑也同宫室建筑一样，在先秦时期有着特殊的地位。先秦的祭祀建筑主要分祭祀自然神的坛庙和祭祀祖先的宗庙。目前发现的祭祀建筑遗迹主要有纪南城附近的红光台基和红土地台基祭祀建筑遗址。

3. 军事建筑

先秦时期荆楚地区的军事建筑，最著名的莫过于楚方城。此外还有大隧、直辕、冥阨、捍关等关隘，以及方城亭等亭障。目前楚方城的面貌已较为清晰。

楚方城，又叫楚长城，是楚国防御北方的重要屏障。楚方城以城垣连接为基础，串联中间地段或沿线的山河之险、关堡、城址及烽火台等，构成了一条有机统一的防御线。

据调查，楚方城修筑了绵延几十千米的人工墙体；海拔在 330 ～ 400 米之间的区域则是山险和人工墙体相结合，仅在遇到山间垭口、古道、要冲处，沿两侧山势而下，修筑一段人工墙体扼守；海拔在 400 米以上的区域，以山险为主，以关堡、城址扼守古道、要冲。楚方城整体由人工墙体、关隘、兵营遗址、烽燧、城址、山险等多种元素构成。

楚方城内外还有较多的城邑。楚方城分布线之外，围绕南阳盆地盆沿自西向东，再向南，依次有绕角城、犫城、叶邑故城、柏国故城、吴房故城、道国故城等。楚方城外围更远处还有陈、蔡、东不羹、西不羹等城址。楚长城分布线内侧近处，有一些与楚方城密切相连的关城，如南召县云阳镇一带的楚国“武城”、叶县保安镇一带的方城凹口南侧的缯关、驻马店市泌阳县的象河关，以及南阳盆地的核心即楚国重要军事基地——申县。这些城邑与方城本身一道，构成了方城的整体防御体系。

七、色彩斑斓的信俗与巫风

周代以来，中原文化的快速南渐、楚的建国及其对江汉土著的统一，使得荆楚文化呈现出兼收并蓄之势。楚人“信巫鬼，重淫祀”，但随着时代的发展，文化中理性因素增加。在风俗方面，楚人崇凤、尚左喜赤、高冠长髯、好细腰、率性、喜楼榭。

（一）爱国忠君、念祖怀乡

1. 爱国忠君

楚先民多在山惊水险的蛮荒之地和强邻窥伺的环境中发展，故对自己的家园有着特别的感情，造就了鲜明的爱国忠君情怀。

在战争中，楚王多亲临战争的第一线，这些行为正是爱国精神激励的结果。楚国的统帅，如有覆军之败，往往自尽以谢国人。

文臣们的责任担当则是以另一种形式来表现。吴师破郢，申包胥“哭秦庭”而请救兵。大夫蒙谷逆行于逃难的人流，深入大宫，背负《鸡次之典》，潜水逃出，使楚国保留恢复大治局面的基础。屈原因主张变法，遭贵族排挤诽谤，被先后流放至汉北和沅湘流域，秦将白起攻破楚郢都，屈原在流放中听闻后悲愤交加，怀石自沉于汨罗江。

2. 念祖怀乡

楚人缅怀先祖的丰功伟绩，故把先祖始兴之地奉为圣地，常以旧居的地名来称呼新居住地。在湖北的秭归、枝江，安徽的马鞍山都有丹阳这一地名，是楚人迁居时留下的。楚国迁都于郢后又多次迁都，新迁之处仍以郢为名。

楚人对祖先的祭祀也十分虔诚，包山、望山和新蔡出土有众多卜筮祷祠简。楚人对祖先的祭祀主要由楚先、历代先王和直系亲祖三部分组成。

楚人对不念祖、不祭祖的族人最为痛恨，夔子记恨熊挚被迫流亡，故不再祭祀楚祖先，引得楚人伐夔。

（二）拜日崇火、尊凤尚赤

1. 拜日崇火

（1）拜日

楚人尊崇的天神有东皇太一、东君等，学界多解释东君为太阳神。楚祖祝融是身为日神的南方炎帝“之佐”，《国语·郑语》：“祝融亦能昭显天地之光明，以生柔嘉材者也。”自然崇拜和祖先崇拜融为一体，形成了荆楚先民强烈的拜日情结。

（2）崇火

天上有日，地上有火，崇火与拜日是相伴而生的。火象征着楚人的生活与事业，代表了楚人的性格和情感。楚人拜日崇火，也是楚人虔诚的祖先崇拜的表现。

2. 尊凤尚赤

（1）尊凤

楚人尊凤，是拜日崇火习俗的延伸产物。楚人在拜日崇火之时，当然也看重日中之金乌——火鸟。最早的凤是红色的，即是日中之火鸟。

（2）尚赤

楚人尚赤的记载最早源自楚庄王。楚王的朝服、行宫都以赤为美，楚墓出土文物亦印证此说。从本质上来说，楚俗尚赤是由拜日、拜火的信仰衍化而来的。在楚人眼中，日光和火焰都是红色的，拜日崇火就必然尚赤。刘邦在沛县举义旗，自托“赤帝子”，“帜皆赤”；刘邦自立汉王，“色上赤”，延续了楚人尚赤的风俗。

3. 其他灵物崇拜

在楚地东部、中南部与西部，灵物崇拜分别为龙、凤与虎。东楚之地，与吴越杂居的楚人崇龙；楚国腹心地带的江汉平原和洞庭湖平原一带，楚人将凤尊为至上灵物，凤恰好与南方对应；楚国西部与巴人杂居的楚人崇虎。东、南、西三个方位及其对应的灵物与四象相吻合，这应不是巧合，当是民族交流与融合在楚人宗教信仰上的投影。这也说明四象的发明与楚人不无关联。

（三）尚巫喜卜、巫鬼淫祀

1. 尚巫喜卜

巫是早期信仰的重要内容。进入理性时代，巫文化在中原衰退，但在楚地仍旧炽烈，巫在楚国有着特殊的地位。

楚国有专门司职宫廷巫术的官职，称为“卜尹”。春秋时，楚有世代为卜的家族“观氏”，大概其祖辈因能观测天象而得名。楚国遇上犹豫难断的军政大事，也常采取占卜来解决。

炽烈的巫卜之风，还体现在墓葬中。镇墓兽，是楚人放置在墓室的驱邪物件，楚墓中普遍出有镇墓兽。在包山、望山、天星观、秦家嘴等楚墓中，都随葬有卜筮祭祷竹简。

此处所言楚国巫风，一般为狭义的巫术，多与鬼神、卜筮相关。巫与医又是紧密相连的，巫医分离以战国扁鹊为标志。扁鹊的出现，意味着职业医生开始出现，但巫术仍以多种形式存于医中，这种情况以楚地尤甚，长沙马王堆出土《五十二病方》就有许多巫医方，极为古朴，当是先秦遗留下来的经验巫方。

2. 重淫祀，敬鬼神

淫祀之风，是先秦楚俗的重大标识，《白虎通·五祀篇》：“非所当祭而祭之，名曰淫祀。”楚地的祭祀规制，随时代不同而不同，楚昭王曾总结为：“三代命祀，祭不越望。江、汉、睢、漳，楚之望也。”然而受淫祀之风的影响，楚人的祭祀往往超越规制。楚地“信巫鬼，重淫祀”之风相继不衰。

综合传世与出土文献资料，楚地宗教信仰，由南而北，同中有异，呈现出三种情形：

第一类是郢都以南至沅、湘之间信奉的神灵体系，见于屈原《九歌》的南楚神灵有东皇太一、云中君、大司命、少司命、东君、湘君、湘夫人、河伯、山鬼等。

第二类是楚国郢都及周边地区所信奉的神灵体系，代表着楚国公族的神灵信仰，主要反映在包山、望山卜筮祭祷简中。分四部分：（1）“举祷”太一、后土、司命等神灵；（2）“与祷”大水、二天子、危山等神灵；（3）“举祷”老童、祝融、鬻熊等人鬼，为祖先之神；（4）“管”祭的高丘、下丘等神，可能为沟通之神，抑或为土地神之类的小神。其他的神灵还有很多，如天神有司祸等，地神有后土、地主、宫后土、宫地主、野地主、五山、宫行、行、渐木立（社神）、水上与溺人（水神）、东陵连嚣等，人鬼有老童、祝融、鬻熊、昭王、荆王、武王、文平夜君、新王父、司马子音、公子春、蔡公子家邵良、邵辰等。

第三类是淮、汉上游地区即楚国北部的神灵体系，通过葛陵卜筮祭祷简反映出来。除大水出现较少之外，人鬼有了较大变化，如出现了文王、昭王、荆王、境平王、子西君、文夫人等，但太一、后土、司命、二天子、三楚先（老童、祝融、鬻熊）等仍为常见的神灵，与包山、望山楚墓神灵体系大体相同，且太一仍旧是位置最高的神灵。

三个区域的祭祀神灵同中见异，其不同之处也是相当明显的。楚国地域辽阔，北部、中部、南部各地的宗教信仰，主要神灵框架虽大体相同，但仍有自己的特色神灵信仰。

（四）尚东重北、尊左好武

1. 尚东重北

（1）尚东

楚人以东向为尊，尚东的习俗与拜日有着直接的联系。屈原在楚人最为敬仰的太一神和日神之前，多冠以“东”字，譬如《九歌》中的“东皇太一”和“东君”等。楚贵族墓朝向也多为东向。

（2）重北

楚国公族尚东，但平民墓则多是南北朝向。平民甚至一般贵族重视坐北朝南，这符合华夏民族的统一习俗。至战国时期，楚地重北与尚东已同时并存了。重视北方的习俗从战国至西汉时期逐渐向南发展，并与楚地民间的“尚东”习俗完全融合。

2. 尊左好武

（1）尚左

周人礼右，楚人尚左。楚国的职官，凡分左右者皆以左为尊。在楚国的三军中，除主力中军外，还有左军、右军之分，但左军为上。楚王的亲军，也分为左广和右广，但出兵次序以左广为先。

（2）好武

楚人好武，十分重视军功，败军之将，要么谢罪自杀，要么再战赢得战争以将功赎罪，方可归国。楚王主政期间不能继承先君之业，不能出兵打仗，死后就不能按照王的规制安葬和享受祭祀。尚武的传统在楚墓葬中也有体现，楚墓中常随葬有各类兵器，种类繁多。

（五）日常生活与审美观念

1. 婚姻制度

楚国的婚姻状况可上溯到祝融时代，到春秋时期，对偶婚向个体婚转化。楚国婚姻特点有三：一是一夫一妻、一夫多妻取代对偶婚，但妇女的地位仍然较高。二是不注重礼仪。据《左传》所载，楚国婚姻仪式名为“娶”或“奔”，当时的女子不注重礼仪，可以自奔男子成亲。三是乱婚现象少，楚国婚姻虽没有周礼那么多繁文缛节，但仍有自己约定俗成的婚姻规则。

2. 饮食讲究，合于时令

楚国物产丰富，《楚辞》中记载有许多楚地饮食物品，都为荆楚所拥有。楚地水产闻名天下，楚国向北方输出鳌、鳖、鼋（大鳖）等珍异水产，出现在楚国郢都的有大象、老虎、麋鹿等陆地珍稀动物。

楚先祖彭祖是道家“‘长生久视’的先声”，对中国传统养生文化有重要影响。受中原文化的影响，荆楚人亦十分讲究饮食养生。周代的荆楚饮食，讲究五味调配，通过对五味的调配，来调和脾胃，这是饮食养生之真谛，荆楚地区的哲学家们也十分重视五味调和。荆楚人在节日中也十分讲究饮食，不同的节日有不同的特色饮食。

3. 好高冠，喜佩戴

春秋中期之后，楚贵族圈追求奢华的生活已成为常态，贵族服饰花样迭出，在着冠与配饰方面极具个性。

楚人男性喜好着冠，楚冠的独特性在于“高”，长冠在汉代还被皇室采用。与冠戴相一致，荆楚人对头发的整理也十分重视。江陵马山 1 号墓的墓主是十分注重仪表的楚国女性，其年龄 40 余岁，使用假发。

自三苗时至战国，荆楚人存在髽首与冠笄融合发展的情况。髽首，本是荆楚原住民的生活习性，是用枲麻束发而结，与中原地区的“冠笄”（髻笄）有所区别。东周时期，荆楚地区挽髻插笄已成为主流，“男子挽髻于头顶，以高椎髻为尊，低扁髻为卑。贵族女子椎髻于脑后，平民女子则垂髻至颈”。平民以至仆隶则戴形制简单的扁圆冠，见于各地楚墓出土的木俑、木质漆器漆画中的随从所戴。

楚人的佩饰，有剑、佩、香囊、弁、缨等。楚墓中出土的各种彩色木佣，就佩戴有瑗、珠、管、璜等饰物，是楚人喜好佩戴的直接证物。“陆离”则是指琉璃，是一种多彩料器，楚墓中多有出土，其俗称“蜻蜓眼”，其主要成分为钠钙玻璃。楚人尚武，因此一般士人都喜好佩剑。

佩戴香草是古代士大夫的一大通好，楚人也不例外。《离骚》中常用香草美人来比喻贤臣明君。在楚墓中，不仅出现熏炉、香囊等使用香料的器物，还出土过用作香料的药草，湖北江陵凤凰山 167 号汉墓以及湖南长沙马王堆 1 号、3 号汉墓中，都出土了香草类药物，这些药物许多在屈原的辞赋中出现过。

4. 长髯，好小腰

长髯，即美髯，楚人以长髯为美在文献中有记载：一是章华台建成典礼之时，楚灵王以国宴款待前来祝贺的鲁昭公，即“使长鬣者相”。

二是在楚平王时的吴、楚“长岸之役”，吴公子光为夺回吴军旗舰“余皇”，派三长鬣者冒充楚人。

纤细苗条是楚人的审美观，尤以楚王为甚，又称“好细腰”，这反映了楚人的审美情趣，女性以纤细为美，即使是男士也以精干为好。

5. 重诺，守信

楚人重诺守信广为流传。楚庄王第一次灭陈前，宣布只诛弑君者夏征舒而已， 但后来宣布灭陈改陈县，在大夫申叔的劝谏下，楚庄王宣布收回成命，履行诺言，立即派人去把逃亡在外的陈国公子午迎回继承陈君之位。被誉为“轻千乘之国，而重一言之信”。

秦汉之际时楚人谚曰：“得黄金百，不如得季布一诺。”季布的诚信已为社会所公认。成语“一诺千金”就源出于此。

6. 率性，喜楼榭，好知音

楚人率性，民性急躁，是湿热的自然气候使然。《史记·货殖列传》说：西楚一带，“其俗剽轻，易发怒”。《论衡·率性篇》说楚俗“促急”。

楚人率性在楚王身上得到了很好体现，楚武王曾经豪言说：“我蛮夷也。”楚庄王因宋国杀死楚使，庄王怒发冲冠，“投袂而起”，赤脚奔向宫外，当晚住在城郊，天明兴师伐宋。

楚人喜楼榭，好音乐。著名的章华台、渚宫，都是建设在紧邻江河的高地上。高台建筑，既能防水患，又能防湿热。楚国宫廷音乐十分气派，一方面来自本土创造，另一方面来自中原列国。楚之乐，被称为“南音”，八音之中，以钟为最。楚人的司乐之官以钟为氏，钟氏之族有钟子期者，以知音流芳百世。

第三章　融汇与升华：秦汉魏晋南北朝时期的荆楚文化

秦汉魏晋南北朝荆楚文化史设定的时间与传统观点略有不同，它上起公元前 278 年秦白起拔郢，楚东迁淮阳立国；下迄通常以开皇九年（589）隋南下江南灭陈为准，但太清三年（549）雍州刺史萧詧以雍州入西魏，承圣三年（554）西魏攻占江陵，扶植萧詧为后梁傀儡政权，开皇七年（587），后梁政权温和谢幕，两年后陈朝灭亡，荆楚核心地区南朝结束的时间实际止于承圣三年（554），提前 35 年并入北朝。

荆楚地区入秦前近半个世纪的抗秦战争让其经济文化遭受毁灭性打击，荆楚地区提前半个多世纪并入秦国，秦将其自商鞅变法以来在本国成功实施的严苛酷政强推至其新占领土，让与楚文化相形失色且大异其气的秦文化在与楚文化的交融碰撞中强势植入，先秦时代荆楚文化澎湃大气、浪漫恣肆、独立发展的步伐被打断。随着秦的建立，自由发展、竞争称霸的战国体制开始被皇权专制的集权体制所取代。秦朝奉行法治，焚书坑儒，唯有应用价值的知识技能得到保留。汉初实行无为而治，行政“汉迪于秦”，曾经沧海的荆楚地区一度披褐怀金，素位而行，文化陷入两个多世纪的沉寂，自身特色被削弱，近几十年出土的大批文献资料，才让其闪现出丝丝霞光。

汉武帝“罢黜百家，独尊儒术”，以儒家思想为宗旨兼容法治的皇权专制思想文化最终确立，儒家文化在荆楚地区得到广泛传播。受主要由荆楚士人集团所建光武东汉政权的影响，荆楚文化开始加速走向兴盛。汉末，刘表治荆州，轻武重文，创办官学，荆州成为全国学术文化中心，形成荆州学派，荆楚文化成功实现转型与发展繁荣。

三国至东晋前期的一世板荡，让荆楚地区遭受战乱兵燹的长期破坏，人口锐减，精英流失殆尽，荆楚文化再度跌入谷底。

六朝时期，虽然篡戮相袭的中央政权更迭不绝，但却始终保持着政治、经济、文化发展的连续性，其震荡对荆楚地区的影响有限。受制于北朝军事压力的长期存在，荆州获得推毂上游的重镇地位，宛如先秦楚国势力的强势回归。六朝军政优先、轻视文教的立国方略，使荆楚地区尤其是长江沿岸和鄂西北地区的开发加速，核心地区获得了超常规发展，经济赶上甚至超过同期的北方。南朝末，西魏、北周、杨隋先后于江陵、襄阳、安州、荆州设立 4 个时分时合的总管府，合时或在江陵或在襄阳，开皇六年（586），隋模仿西晋的灭吴方略，于襄阳设统揽长江中上游的军政事务、节制数十个总管府的山南道行台尚书省，为灭陈做准备，荆襄地区成为统一全国的核心基地和桥头堡。

连续不断的北方移民迁入和大量北上的蛮人出山使荆楚地区人口剧增，提高了经济文化与科学技术水平，为东晋南朝提供了源源不断的高水平劳动力和骁勇善战的兵源，支撑着南方政权的稳定，也让亘古以来生活于斯的荆楚蛮夷主体逐步完成汉化。经历数纪充分的开放融合，更由于儒家纲常名教遭受沉重打击，皇权被严重削弱，专制的枷锁获得一定程度的松动，思想文化学术自由的空间扩大，荆楚文化在其固有底色上广泛吸纳外来营养，引领推动了佛教在南方的传播；受困于理论储备与开创能力不足的魏晋玄学与传统道教结合，通过学习模仿佛教义理、仪轨、场馆，弥补了东方哲学在逻辑数理方面的缺陷，将道教发展成具有浓郁中国特色的本土宗教。这一时期，思想、宗教、文化、教育、艺术、科技等方面都得到快速转型发展，迎来“以佛治心、以道治身、以儒治世”的三教融合共振，创造出缤纷多彩的思想文化艺术，几无二致的共同文化生活，习俗与信仰趋于形成并保持基本稳定，树立了荆楚文化自由、开放、包容、创新的新形象，对隋唐文化影响深远。

一、亮点纷呈的思想学术

（一）重见天日的秦汉思想学术

公元前 278 年秦白起拔郢，楚国幸存精英和王室贵族悉数迁往江淮地区，楚国的政治经济文化中心随之东移。秦于楚国故核心地区设立南郡、南阳郡，在其核心区西侧设汉中、黔中二郡，迁入大量的敌国“罪人”以补充当地人口的极度不足，强推单调严苛的秦制管治。秦王朝建立后的十余年，为巩固帝国统一，秦制的实施变本加厉，荆楚思想文化独立发展环境被改变，陷入近百年的困顿，文献记载的阙如使这一印象变得更加深切刻板。所幸，近几十年出土于楚地的多批秦汉简牍保留了许多当时的学术思想，虽然许多内容带有全国性，但我们仍能管中窥豹。

云梦睡虎地秦简中的《为吏之道》，是一篇让各级官员遵守的道德规范和行为准则，要求执法行政要明法致罚，不能因私废法；务求审慎公正，赦免无罪；杜绝违法乱纪，冤假错案；务必以仁爱之心待民，多行善举；倡导奖善惩恶，存恤孤寡；对官吏享有的权利亦有严格规定，并有官吏考核标准。同墓所出《秦律十八种》《秦律杂抄》是对法律条文的摘抄，《效律》是考核官吏并查验其物资账目的律令，《法律答问》是官方对秦律的解释，《封诊式》是对法律文书程式和司法案件的记录。《秦律十八种》规定的主体范围广泛细致，执行上有严谨的制度保障。《法律答问》是对执法中可能遇到的各种特殊情况的处理办法。秦律并非一味地严苛，儒家思想在答问中也多有反映，主张办案应尽量避免用刑，对“不孝”处以重罚，当代先进的环保、反家庭暴力理念已是成文的法律条款。

江陵王家台 15 号秦墓出土的易占简有卦画 54 种，卦名 53 个，专家考证是失传已久的《归藏》。《归藏》与《连山》《周易》统称“三易”，均由 8 个经卦重叠出 64 个别卦组成。《归藏》内容大多是由卜官主持的对战争、祭祀等国家大事的预测，涉及诸多上古史事，皆可以与其他传世文献相对勘，对于研究古史传说及三代史事价值不菲。

江陵等地出土汉简，内容包括律令、司法诉讼、军事、历法、医学、数学等方面，与法律相关的资料是《二年律令》和《奏谳书》。《二年律令》是对吕后二年（公元前 186）颁布法律条文的摘抄，《奏谳书》记录的是需要依律上报的疑案，与传世文献称誉汉律较秦律“省刑除苛”的记载大相径庭的是，汉律对秦律的“严刑”和“重罚”精神竟全盘继承甚至有所加强。一篇题为《盖庐》的简文是吴王阖闾与伍子胥的对话记录，全书共九章，除讨论治国理政和用兵作战的基础理论外，还讲解了不同地形、时节、气候条件下的作战方法，是一部兵阴阳家性质的兵书。

出土简帛数术文献中有一种模拟“宇宙模式”的图式。这种图式的基本图形结构由“十”与“ ∟”组成，或者在四个“ ∟”内绘四条对角线“／”，分别表现“四仲”“四钩”和“四维”（图 3–1）。用干支充当“宇宙图式”的时空坐标，构成的几何线图与阴阳五行、方位观和时令、天文历算组合成一个时空结构图式，用来表现和规范时间和空间结构，是战国秦汉时期宇宙结构理论的一种抽象表现形式，力图建立一个小小的宇宙模型，只是由于方块汉字在数理及时空表述解读理解方面的天然缺陷，使这一理论体系没能进一步深入发展。

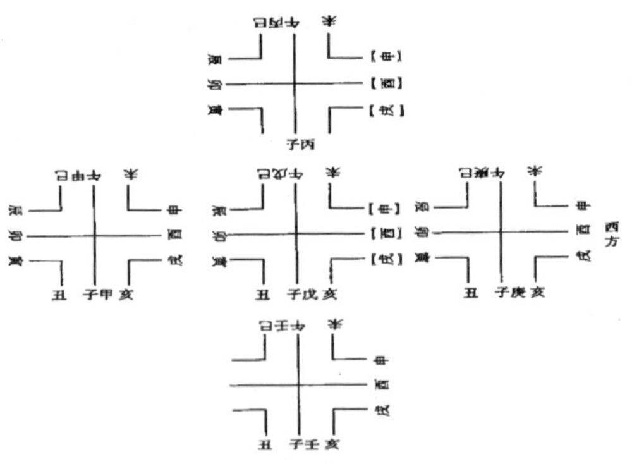

图 3–1　沙市周家台 30 号墓出土竹简《三十六年置居》图

（二）两汉儒家思想地位的确立与学术复兴

汉初采用无为而治的道家兼容秦朝的法家思想治国。汉武帝“罢黜百家，独尊儒术”，确立了以儒家思想为宗旨兼容法家的教育、法律、诏令、选官、考绩等系统性制度，使这一立国纲领获得卓有成效的落实并日益深入人心。建立在天人感应、君权神授、天命循环、五德始终、谶纬学说等理论基础上的纲常礼法成为专制社会的行为准则，一套威权的维护皇权专制的文化理论体系于斯建立，文化从此成为皇权政治的附庸，主流学术被局限于经学的今古文之争和循环往复、烦琐无穷的六经义疏考注，诸子百家学说虽未废止，却日益被边缘化，天文历算因变成为皇权服务的工具受到格外重视，资源的高度集中让地方文化的发展势头受到极大削弱，崇尚老庄哲学的楚人及迁入关中的楚众被实际排斥于西汉主流社会之外，荆楚地区经历了两个多世纪的相对沉寂，留下的文献资料极少。东汉进一步完善强化了儒家思想文化体系建设，完整的制度设计和利禄诱导体系被完整建立起来，南阳大族受益最大，江夏儒学也在衡山国文化建设的基础上异军突起。预言天命的谶纬不经之说羼入儒学大行其道，带动荆楚地区天文、历算、医学、星相等科技的发展，文化学术在楚国故地重焕生机。

东汉建政后，为稳定政局，打造长治久安的东汉帝国，光武帝刘秀加强中央集权，整顿吏治，建立监察体制，裁并郡县，减少吏员，丈量土地，核查户口，并“以柔道治天下”，实行恩养勋旧，启用文吏，约法省禁，轻徭薄赋，解放奴婢等系列治国措施，使东汉王朝迅速走上“中兴”之路，是中国古代一位较有作为的帝王。

“蔡阳（今属枣阳市）三刘”刘珍、刘騊駼、刘毅等人，奉诏续修班固等编撰的《东观汉记》，完善了体例，弥补了班著的缺憾，使其初具国史规模，为尔后的续修奠定了基础，对《东观汉记》的成书具有重要意义，曾与《史记》《汉书》并称“三史”，开后世官修国史之先例，在中国史学史上占有重要地位，代表了当时的学术水平。

王逸用音韵训诂与名物考证为主要方法注解的《楚辞章句》，以儒家思想为标准对《楚辞》进行评价，将屈原及其作品纳入儒家价值体系，反对班固等人对屈原人格品行的否定，是一部具有开创意义的著作。

（三）完美蝶变的三国文化

风云变幻的三国时期[①]，社会剧烈动荡不安，思想文化却异常活跃，荆楚地区在其中扮演了重要角色，明清时期由《三国演义》衍生出的多种文化现象更是异彩纷呈。

东汉末，宗室大儒刘表出任荆州刺史时期的一系列举措，让荆州政局稳定，经济富庶，数以千计的海内俊杰汇聚荆州，刘表因之大兴文教，奖掖学术，搜罗整理文化典籍，删繁就简新编《五经章句后定》教材，制订雅乐，将古文经作为官方经学，襄阳一时替代洛阳成为全国的学术文化中心，催生了影响巨大的荆州学派，在汉魏之际的学术变迁中起到了非常重要的桥梁作用，魏晋玄学理论最重要的奠基学者王弼的学术思想与之关系匪浅。荆州学派师生秉承薄古厚今、经世致用、勇于创新的精神，纷纷走上建功立业的道路，成为开启三国鼎立局面的重要力量，对三国格局的形成、三国进程的演变、三国历史的终结皆具有举足轻重的作用。王仲宣、徐元直、诸葛孔明、庞士元等荆州士子，以其风流博学的君子形象，和建安学子一道，开六朝名士倜傥俊逸风尚之先。

三国历史开始与结束策源地的荆楚大地一直是三国势力角逐的核心地区，各类政治家、军事家、文学家、艺术家、哲学家一时会聚于斯，开创了思想文化新局面，促进了交通城邑等基础设施的大发展，催生过

---

① 三国实际开始于公元 220 年曹丕称帝（221 年刘备于成都称帝，229 年孙权在武昌称帝），迄于公元 280 年孙吴灭亡，前后 60 年。史学界对三国历史的起始时间大致有公元 190 年关东诸侯起兵讨董卓、建安元年（196）曹操迁汉献帝都许、208 年赤壁之战曹操退回北方三说。对公元 280 年晋六路大军东进南下灭吴为三国结束年则无异议。经历了汉末混战→三国鼎立→晋吴对峙三个阶段近百年历史。

许多重大历史事件和不朽传奇。荆楚地区出土了大批精美三国文物进一步加强了荆楚在三国文化中的地位，是三国历史文化的雄藩重镇。近古时期，据三国历史文化创作的《三国演义》章回小说作品和关帝文化，让三国文化蝶变成一个风流传奇并一直在不断衍化的综合文化，闪现出的夺目光辉在世界历史舞台上绝无仅有，荆楚受益殊多。一百回的《三国演义》有四十二回涉及荆楚，一书百获，由此衍生出的物质和非物质文化遗产无数。荆楚是关羽主要建功立业和献身、显圣、皈依、成圣之地，也是中国首座关庙玉泉关庙和全国三大关帝庙之一的当阳关陵所在之区。举凡发生在荆楚的三国重大历史事件都留下三国历史文化遗迹或名人纪念地，成为著名的自然风景区，与楚文化、宗教文化、自然景观一起构成荆楚四大旅游资源。在文化艺术等多方面生产了数不胜数的文艺精品，对荆楚文化、信仰、饮食、风俗、娱乐等方面的影响不可小觑。留下刘备三顾茅庐及其发生地在襄阳隆中还是在南阳卧龙岗？赤壁之战主战场在赤壁（蒲圻）还是在武汉之江夏、汉南？赤壁之战是一场大战还是小战？火攻作用的大小？曹操大败还是小败？夷陵之战发生地的猇亭在江北的夷陵还是江南的宜都？刘备是从西陵峡水路还是长阳陆路进军？长坂坡之战发生在今天的当阳还是昔日位于荆门南部的当阳等诸多魅力无穷令人神往的公案，使三国文化成为与楚文化并驾齐驱在境内外最有影响的荆楚文化，是荆楚重要的文化软实力。

（四）魏晋南北朝时期的思想与学术

魏晋南北朝是荆楚思想学术转型发展的繁盛时期，玄学、史学、方志、佛学等都取得非常突出的成就。

两晋时，不少朝中重臣名士羊祜、杜预、刘弘、王澄、山简、王敦、庾亮、桓温、殷仲堪先后出镇荆州，麾下聚集不少清谈名士，郗湛、袁宏、谢安、顾恺之、王坦之、孙绰等相继出仕荆州。永嘉之乱后，大批名士南下避难，其中有不少名士取道荆州。他们与当地名儒习凿齿、罗含、桓玄辈交往融洽，时常雅集，荆楚士林阵容之豪华空前绝后，盛行于北方的玄学清谈随之在南方广为传播。

进入南朝，迁居江陵的南阳世族始终谨持其两汉儒学传统和家教门风，多以玄佛、史地、文学、艺术等学术立身；南迁襄阳的雍凉大族纵横捭阖于纷繁复杂的南朝政局中的同时，大多在相当程度上保持着其家学传统，是他们将荆楚学术、宗教、文化、艺术推向了高峰。

梁时由萧纲组织高斋学士等学子编纂的《法宝联璧》《长春义记》为佛学和儒学方面的两部开创性大型类书。萧绎以当世孔子的面目力著的《金楼子》对自古以来国家的兴废治乱以立德、立功、立言之三不朽标准予以剖判，提供劝诫启示，在学术史上无疑占有一席之地。

（五）习凿齿的史学思想及其影响

习凿齿撰写史学巨著《汉晋春秋》，目的是要将司马氏血腥篡魏所建的晋朝从名不正、言不顺的所谓虚假“魏晋禅让”建国理论中解脱出来，提出晋代魏是一个正义力量消灭反动势力的伟大正义之举。三国是一个乱世，代表国家统绪的是刘备所建的季汉，晋朝的法统是继承自汉政权，而晋代汉是天命所归的历史宿命，为晋王朝重建了一个黜魏、贬吴、帝蜀、越魏继汉的正统建政立国理论，受到后世推崇，南宋以后成为儒家政治遵循的一道不可逾越的红线，《三国演义》将其播扬寰宇。

（六）两晋南北朝时期的地志

魏晋南北朝时期国家长期分裂与剧烈动荡，地方势力空前强大，门阀士族势力从中崛起，地区观念日见增强，各地士人竞相矜耀家乡的风气盛行，记录家乡地理、风俗、名流、典故等方面内容的志书如雨后春笋般地涌现，荆楚地区的地志创作非常繁盛，有数十种之多。习凿齿《襄阳耆旧记》、盛弘之《荆州记》、袁松山《宜都山川记》、鲍至《南雍州记》、萧绎《荆南地志》等都是当世的地理名著，涉及荆楚地区的方方面面，有重要的史料价值。难能可贵的是，作者在描写优美的荆楚自然风光时，都将自己的感知、情愫激情地融入各自的创作之中，文采斐然，辞藻华美，动人心弦，表现出极高的文学价值，实为空前绝后。

二、并行互渗的佛道文化

（一）秦汉时期的原始宗教

先秦时期，楚人一直忙于开疆拓土，没有像承平时期的周初那样进行过制礼作乐的文化洗礼与规划建设，其宗教信仰芜杂零乱，原始的万物有灵论占据着楚地的信仰空间，日月星辰、山川河流、风雨雷电都有各自的神灵，与之相关的淫祀、谶纬和生死信仰等深深影响着他们的生产生活习惯，成为他们日常生活的一部分，对文化艺术发展的陶染比比皆然。

秦汉时期，荆楚民众的信仰源于先秦楚地的原始宗教，在出自楚人的汉皇室和功臣的推动下，太一等楚地的神灵被纳入汉初的国家信仰体系，巫俗也被带入关中，在长安巫祠的祭祀对象中，楚地神灵曾占据多数，在全国的宗教活动中表现突出。汉武帝之后，随着儒家学说被奉为圭臬，作为怪力乱神的巫祝之风逐渐被排除出国家祭祀活动。但荆楚地区对于巫鬼的崇奉态度依旧没有改变，淫祀之风浸润到民间的各个角落，及至乱世，巫术便大显神威，陈胜、吴广就曾成功利用巫鬼之道为其起义造势。

魏晋南北朝时期，虽然玄学迭兴，佛道继起，但是荆楚民众对巫鬼的信仰不仅没有随着时间的推移而稍有减退，反而更为兴盛，巫风盛行又引致淫祀昌旺，在所剩文字不多的残佚本《荆楚岁时记》里尚保留着多条记载。

（二）荆楚地区的谶纬学说

谶纬，是谶和纬的结合。谶是由那些具有宗教色彩的儒士假托古代神仙圣贤之名，或以文字或以图案或以隐晦的语言编造的预言，纬则是用神话对儒家经典的解释和附会。谶纬在殷周时期已崭露头角，于春秋战国时期趋于成熟，秦汉之际形式日渐丰富，西汉末期开始大行其道，经学开始神学化，各路人马在争夺政权之时，都竞相以谶纬造势，并作为自己政权合法性的依据。刘秀在利用谶纬夺得天下后即“宣布图谶于天下”。荆楚成为谶纬学说久盛不衰的流行区域，搬弄出不少所谓已得到过往验证和于未来验证的谶言，贯穿这一时期发生在荆楚地区的大事中无不夹杂有谶纬的声音，最为大众所熟悉的莫过于“楚虽三户，亡秦必楚”。

（三）道教的兴起与发展

荆楚地区是巫鬼与神仙方术的渊薮，是孕育道教生长的一方沃土。上古原始宗教与民间巫术、战国至秦汉时期的神仙传说与方士方术、先秦的老庄哲学和秦汉的道家学说、儒学与阴阳五行思想、古代体育卫生知识五大道教思想学术来源，绝大部分皆与荆楚文化关系密切。东汉受此影响兴起的太平道和五斗米道在荆楚地区流播甚广，太平道信众数量庞大，是黄巾起义的主力之一。

汉末党锢，魏初破除浮华给予士人很大打击，汉魏鼎革的所谓禅代，让“颠扑不破”的儒家真理在士人心中幻灭，名教的虚伪暴露无遗，不愿和光同尘的一部分上层知识分子从《周易》《老子》《庄子》的空无学说中寻求逃避现实的精神寄托，与荆州学派有深厚渊源的王弼提出的“贵无”哲学思想成为魏晋玄学的理论基础，极大地转变了魏晋人的世界观和生活态度。永嘉之乱后，大批名士南下避难，盛行于北方的玄学清谈遂在南方传播开来。先后出镇荆州的王澄、山简等当世名士，于荆楚日夜纵酒，不理政事，一副名士作派，随后出镇荆州的庾亮、桓温、殷仲堪、桓玄等督府中清谈名士云集，促进了荆州玄学的发展及其与传统道教的结合。其时，原本幼稚庸俗的道教，在一众逍遥物外、追求长生不老知识分子的参与下，在学习模仿佛教的组织形式、教义、仪规、戒律以及场馆的基础上，融佛入道，建立起道教的教义、仪轨、戒律，逐步确立道场供奉的神仙偶像体系，将阴阳五行、三才中和、采药炼丹、服食修道、长生成仙、灵符签咒等较佛教注重现世利益的本土道教的固有理论、修炼技法，杂糅改造成道教经典与修行方法，让蒙昧混乱的早期本土道教起死回生，逐渐发展转变成具有浓郁中国特色的神仙道教，道教的发展逐渐走上正轨。

荆楚道教信众甚多，张昌借此组织信徒与流民啸聚，荆楚多地留下葛洪传教的遗迹，沮水上游的清溪山是真人羽士的清修圣地，桓温、殷仲堪、桓玄等都信奉天师道教。其间，创建了不少名传后世的道观，武当山正是在这一时期凭借独特的地理环境，“学道者常数百，相继不绝”，相继吸引尹轨、马明生、阴长生、戴孟、谢允等名家入山修道，逐步发展成为一个重要的道场。

（四）佛教在荆楚地区的传播及其贡献

佛教于东汉时期传入中国，三国时开始在荆楚地区传播。魏黄初年间，精通六国语言的大月支高僧支谦来到武昌（今鄂州），于此搜集众本，译梵为秦，共译出《维摩》《大般》《泥洹》《瑞应本起》等四十九部佛经。吴黄武三年（224），天竺沙门维祇难、竺将炎继来武昌，又与支谦共同译出《法句经》。荆楚译经活动在南方地区中开展最早，开启了南方佛教信仰的先河。

支谦之后，又有康居人康僧会在孙吴传教，借助舍利子的奇异，康僧会的弘法活动得到孙权的支持，孙权为其在建业（今江苏南京）建了中国继白马寺后的第二座寺庙——建初寺供其传教。康僧会对佛教在长江中下游传播方面的贡献远远超越了支谦。

永嘉之乱，中原士民纷纷南渡荆襄地区，地处荆襄大道上的襄阳和江陵成为佛教在南方地区传播的主要集散地。兴宁三年（365），释道安率四百余人的僧团南下襄阳，确立了依靠官府弘扬佛法的传教路线，并大获成功。他在襄阳深居 15 年，从教制、僧团、寺庙建设与佛经翻译等诸多方面直接促进了荆襄佛教事业的发展，更深刻地影响了南朝佛教以及中国佛教的历史进程，为弘扬佛法做出了多方面的重大贡献，是印度佛教中国化的主要奠基人之一。因此，襄阳一度成为南方佛教中心，是中国佛教发展史上最重要的一环。道安先后两次分遣僧团骨干弟子赴全国各地弘法，无意中建立起了一个影响深远的佛教传教网络和学术渊源关系。可考的有法汰、僧先、慧远慧持兄弟、昙徽、法遇、竺僧辅等。其中法汰东下扬州，备受建康朝野礼敬，信众士女成群。慧远、慧持兄弟南往荆州，先是驻锡江陵上明寺，随后栖止于庐山，桓伊为其建东林寺。慧远在庐山孜孜弘法三十多年，继续道安的译经活动，与当时政治上的重要人物有着广泛的交游，博得了上层统治者的普遍敬重，更被后世净土宗追认为宗师。慧持则从庐山辗转入蜀弘教，影响甚大。如此一系列重大传教活动，促进佛教传播不断向广度和深度上发展，广泛地融入社会生活的各个方面。

其时，在佛法呈现一派兴盛的局面下，出现了大批向西求取真经的僧人，不少回国高僧入居江陵继续研习佛法，法显大师在完成西行取经求法的壮举后，最后定居终老于江陵辛寺。

荆楚地区的佛教信仰除见于文献记载外，在出土文物中也多有反映。1956 年，在今武昌发掘出的一座孙吴永安五年（262）墓中出土了一件陶俑，其前额上塑有模仿佛祖释伽“白毫相”的圆突。同墓中还出土一件镂刻有一尊佛像的鎏金铜带饰，是我国现存年代最早的一件鎏金铜佛造像。在鄂州的孙吴、西晋墓葬中，还出土了具有佛像图案装饰的青铜镜 6 面，青铜器 3 类 4 件，这些文物大部分可能制作于孙吴时期。2008 年，襄阳樊城菜越三国墓出土了一件由院墙、门楼和二层楼阁组成，楼顶竖立一串相轮金盘的浮屠祠，是中国目前发现的最早“浮屠祠”模型（图 3–2）。这些发现为自汉末以来荆楚地区便是释教浸染之地提供了确凿的实物证据。

图 3–2　绿釉陶浮屠祠

（五）佛教活动与岁时传统

就荆楚地区的佛寺来说，自释道安驻锡襄阳刁家池以后，荆楚地区佛法渐兴，随即掀起一股建寺礼佛之风，襄阳、江陵、武昌几地开风气之先，萧绎、萧詧、萧岿在江陵广建佛寺，见载的当地佛寺达到一百多座，包括长沙寺、上明寺、天皇寺、陟屺寺、宝光寺、四望寺等众多名寺。襄阳著名寺院有白马寺、檀溪寺、谷隐寺、石门寺等，武昌著名寺院有头陀寺、西山寺、鹦鹉寺、铁佛寺等。

梁武帝萧衍皈依佛门，他严行戒律，深研义理，广建佛寺，将佛教置于其原本笃信的儒道之上，将佛教节日上升为国家庆典，给僧人以至高的地位和待遇，广泛开展群众性的佛教宣传教育运动，将佛教隆崇为国教，其子孙率皆承袭其崇尚释教的风气，萧纲曾两度出镇雍州，萧绎长镇荆州，无不在辖域大力弘扬推进。侯景之乱让建康佛教界遭受重创，大批僧众逃离凋敝的京都逃奔荆州。

上层社会中，一大批官僚名士信仰释教，结合自身的玄谈传统，促进了对佛教义理方面的学习探讨。宗炳《明佛论》调和儒释道三教，使佛教思想在与儒、道二家的激荡中，逐渐走上了与中国本土的原有文化与哲学融合、汇通的道路，适应了时代发展的需要。与此同时，其“精神不灭”的论证也为中国的佛性论注入了新的活力，加快了般若学向涅槃学转换的步伐，开拓了中国心性论的新领域，为后世哲学思想的进一步发展提供了重要的借鉴。

后梁江陵佛教进一步崛起，加之其定都的江陵自东晋以来一直是荆楚地区佛教的中心，萧詧、萧岿、萧琮三代绪功余烈。公元574年，北周武帝掀起规模巨大的灭佛活动，江陵成为北方僧众的避难之所，慧意、慧命等名僧“南投于梁”，使得佛教在后梁得到赓续和蓬勃发展，在禅学、律学、般若学、涅槃学等皆继承了南朝的特色，毗昙学在这里亦有流传。又因为真谛入华，摄论学派渐渐流行，《法华经》《维摩经》在荆州地区传播甚广，显示出后梁荆州地区的佛教学术特点，致《续高僧传》中的后梁名僧远多于陈朝僧人，一时间僧众多达三千余人，超过了同时期在建康新建的南陈及关中的北周，洵是一时的世界佛教中心。

进入中国的佛教，除了改变地面上的人文景观，在更为广阔的民间社会深刻地影响了人们的知识文化、思想意识与社会风俗。荆楚岁时民俗同佛教经文故事结合，形成不少新的节日，或旧有节日被影响改造，出现不少有关民间佛教信仰文化的风俗。

众多高僧驻锡于荆楚名寺开展各种讲经、斋会、头陀等佛教活动，他们东与建康，西与巴蜀，北与关中，南与三湘岭南乃至与域外佛教皆保持着交流互动，荆襄所处天下之中的位置使其在当时不同的佛教传播路线中发挥着基地和中转作用，这也是魏晋南北朝时期荆楚佛教对中国佛教发展的意义所在。

经过漫长的相互融合渗透，南朝时儒释道在荆楚地区日渐呈合流之势，三者于画像砖墓中同饰于一室的现象屡见不鲜，国人的精神空间架构于此基本定型。

三、私学日炽的教育

（一）学以致用的秦汉学吏制度

白起拔郢以后，荆楚地区原有的教育体系不复存在，被以法为教、以吏为师的秦国学吏制度所替代。秦统一后，纳李斯之策，“非《秦纪》皆烧之。非博士官所职，天下敢有藏《诗》《书》、百家语者，悉诣守尉杂烧之。有敢偶语《诗》《书》者，弃市。以古非今者，族。吏见知不举者，与同罪。令下三十日不烧，黥为城旦。所不去者，医、药、卜筮、种树之书。若欲有学法令，以吏为师”。继之而来的是标志性的“焚书坑儒”惨案，覆及全国沉重窒息的政治空气势必弥漫荆楚大地。

秦国的学吏制大致可以分为专门培养处理文书类事务文吏的“学室”、跟随吏员学习律令等知识的学吏弟子、博学之士的博士制度三种。朝廷为他们编撰相应的基础教材，其中最重要的当属秦丞相李斯所作《苍颉篇》，中车府令赵高所作《爰历篇》，太史胡毋敬所作《博学篇》。所用文字“皆取史籀大篆，或颇省改”。近几十年来，出自荆楚地区的不少文书、律令、日书、病方等应用方面的简书应有不少是学吏教育的教材或教学内容的一部分，《苍颉篇》也于出土简牍中重见天日，表明李斯制定的教育制度无不得到很好的执行。

秦代对吏员的教育还体现在为整顿吏治编写的四篇出土官箴文献上，分别为睡虎地秦简《为吏之道》、岳麓书院藏秦简《为吏治官及黔首》、北大收藏秦简《从政之经》以及王家台秦简《政事之常》。如《为吏之道》规定了良吏恶吏标准，以此对官吏进行考核，奖惩黜陟。同时建立了一套相当普遍的技能教育体系，为国家培养具有专门技能的技术型人才，最主要的教学内容当属算数、日书、医药等应用类知识技能。此四篇文献反映了秦人对吏德的重视与要求，涵盖了吏德的各个方面。

出土文献反映，汉初荆楚地区教育主要体现在对秦代学吏制度的延续、官私学的不断进步和儒学的发展上，学童学习的途径增多，除了在官府设置的学室学习，成为学吏弟子和博士外，还可以通过在官府做基层小吏的方式向长吏学习，以边仕边学的方式熟悉官府公务运作，成为官府后备官吏。文献载汉惠帝四年（前 191），秦代禁止私人藏书的挟书律被废除，被长期压制的文教事业和思想文化得以正常发展。

（二）独尊儒术的两汉官私学

汉武帝接受董仲舒独尊儒术的意见以后，思想文化逐渐为儒学教育所垄断，国家设立以教授儒学为目的官办中央太学和地方郡县学，创建了新型的官学教育体系，研习儒学成为知识精英为官治学的根本途径。

两汉之际，南阳儒学崛起，形成一定规模的经学研习群体，南阳士子前往长安求学蔚然成风，还出现了郭丹、张堪这样在学术上颇有造诣的人才，并在东汉的建立过程起到模范作用。东汉建立后，南阳一大批以军功起家、有一定文化素养的功臣勋旧响应光武帝号召，功成身退，追求经世致用，偃武修文，倾力兴办教育。这一时期江夏在衡山国文化教育初步繁荣的基础上，兴起了一些儒学世家，江夏黄氏家族是其中之一，最著名的人物是黄香、黄琼、黄琬祖孙三代。刘昆、郅恽、黄琼、马融、娄寿等当世名师在江陵、江夏等地也将学校办得有声有色，共同推动了私学发展，促进了儒学繁荣，催生了一个个以地方大族为支撑的杰出地方文化学术集团和一批文化学术世家，开六朝士族文化教育的先声。

东汉末年，在荆州刺史刘表的推动下，荆州的教育事业迅速兴起，辉煌一时，官学规模宏大，教学制度完备，“吏子弟”“童幼”“总角佩觿”、低级官吏、武人纷纷入学。负责授课的都是汇集于荆州的“洪生巨儒”，他们广泛搜集整理图书，改定五经章句为教材，“朝夕讲海”，其规模效应“远远逸出郡国学校的范畴，不妨说是洛阳太学的南迁”[①]，培养了一大批杰出人才，影响了中国历史进程，成为荆楚教育史上的光辉篇章。

（三）萎缩断续的官学教育

刘表去世后，魏蜀吴对荆州的争夺让荆州的教育事业一落千丈，史书对这一时期荆楚地区的教育状况记载较少，《三国志》载魏荆州刺史王基曾在江夏修建学校，复兴教育，对恢复荆楚地区的教育事业做出过努力，但环境条件、支持力度和取得的成就等方面皆不可与刘表的荆州官学同日而语。曾在荆楚为官的羊祜、杜预、庾亮等人也比较重视教育。羊祜于襄阳“开设庠序，绥怀远近，甚得江汉之心”。杜预“修立泮宫，江汉怀德，化被万里”。庾亮坐镇武昌（今鄂州），有感于曹操在天下尚未安定之时即大兴文教，遂命令在武昌建立学舍，设置学官，延请名师，严格挑选入学生员，保证了学校的教学质量，久废的荆州官学一时得到恢复，他们的兴学之举也都受到世人的颂扬。但随着人事的更替，官学兴废无常，此后，直到齐萧嶷、梁萧秀、萧绎等人主政荆州时，荆州官学才有过短暂的复兴。建元元年（479），萧嶷任荆州刺史兼南蛮校尉，“于南蛮园东南开馆立学，上表言状。置生四十人，取旧族父祖位正佐台郎，年二十五以下十五以上补之，置儒林参军一人，文学祭酒一人，劝学从事二人，行释菜礼”。天监七年（508），安城王萧秀出镇荆州，于州治建立学校，招揽隐士，荆州官学再度被史书提及。梁朝后期，湘东王萧绎镇守荆州，在王府置学，将当时的著名文学之士都揽至江陵，让名儒贺革担任儒林祭酒，拓宽招生范围，因而入学听讲者身份复杂多样，颇具一点有教无类的特征。其时策试入仕的有国子生、太学生、五馆生、州郡生。史载大同年间，岑之敬年“十六，策

① 唐长孺：《汉末学术中心的南移与荆州学派》，《唐长孺社会文化史论丛》，武汉大学出版社 2001 年版，第 3 页。

春秋左氏、制旨孝经义，擢为高第”，开启了科举制的先河。

（四）日渐兴盛的私学教育

战乱兵灾导致魏晋南北朝之官学式微之说固然理据昭然，但绝非根本原因，战乱时的刘表照样将荆州官学办得有声有色、硕果累累。可即使在“无风尘之警”的晋太元之世以前的百许年中，在政理称举“三十有九载，兵车勿用”的刘宋盛世，官学也没有得到过真正的恢复。客观地讲，造成官学衰微的根本原因是儒学虽仍是维护皇权政治无可替代的理论武器，但其价值体系已然崩坏，残酷的现实政治让传统的官学烦琐说教倍显苍白无力，甚至羞于启齿才是官学衰退的根本原因。荆楚地区除偶见上述羊祜等督抚大员在荆楚地区修建过学校、礼待过名士、使荆楚官学有过间断的短暂恢复外，鲜有官府问津。

六朝政权俱以宫廷篡夺或悖逆的无情杀戮方式更替，价值体系近于崩塌的儒家纲常礼教不得不半退半隐于幕后，粉墨登场的孝道被推上前台敷衍惑众，任由其在解决政治危机、维持礼教方面发挥更重要的作用。西晋以后，国家推出以孝治天下来部分取代儒家的名教纲常，正史开始为孝子立传，编撰了不少孝行卓绝的先进事迹，甚至将孝行夸张渲染到失常的地步，孝成了愚民宁邦的利器，黄香“扇枕温衾”、孟宗“哭竹生笋”、庾黔娄“尝粪验病”的孝行素材均来自这一时期的荆楚地区，发生在他乡的董永卖身葬父、丁兰刻木事亲故事也在荆楚地区落户安家，郭巨埋儿是雍州地区出土画像砖中的常见图案。

与公学废弛相反，私学教育于其时获得了蓬勃发展，不管是教学内容还是教学形式都有所进步。司马徽流寓襄阳，益州李譔、伊默等从其求学，因其有知人之鉴，人称水镜先生，刘备向其讨教世事，寻求俊才，他向刘备推荐了庞统和诸葛亮。陈国长平（今河南西华县）人颍容博学多通，尤善《春秋左传》，汉献帝初平年间，他躲避战乱，移居荆州，招收弟子一千多人。孔融极力称道的南阳章陵（今湖北枣阳）人谢该，为当世名儒，所收门徒数百上千人。襄阳人杨虑，少年以洁德高行显名，拒应州郡的征辟，十七岁早夭时有门徒数百人。襄阳人繁仲皇，官至青州刺史，其家族世代为书生门户。曹魏时南阳阴县（今老河口市西北）县令刘熹“雅好博古，教学立碑，载生徒百有余人”。太史叔明精通《庄子》《老子》，又善《孝经》《礼记》，对“三玄”（即《老子》《庄子》《周易》）的研究尤为精到，每次讲说，前来听讲者常有五百多人。邵陵王萧纶很欣赏太史叔明的才学，在他出任江州、郢州刺史时，都邀请太史叔明一同前往，太史叔明“所至辄讲授，江外人士皆传其学焉”。此时的教育为士族所垄断，荆楚大族继承了两汉以来私学教育的传统，教育主要在家族内进行，除修习儒家学说外，兼修文史、释道、才艺，受教育的程度、修习的内容，与各家的政治地位、生活地域、家族历史、文化积累尤其是代表性人物的素养好尚有关。南阳旧族普遍保持着维持良好家族教育的传统和家风，通过出仕中朝与荆州佐吏建立维持家族地位，以学识仪表树立家族形象，彰显了以文化教育立族的长远硬实力。

家族间竞争激烈的大族不仅是维护国家政权和社会稳定的定盘星，也是维护民族文化与伦理习俗方面的压舱石，是文化的引领者和主要创造者。他们抱着儒家经学礼法不放，是儒家在遭受根本性挫折后仍得以延续的关键。他们对学术艺术科学传统的不懈坚持，对佛教的热烈拥抱，对道教的积极改造等，终将荆楚文化推向一个新的高度。

刘宋时，谢晦、沈攸之、刘义宣等中游叛臣的连续起兵失败，给荆楚地区带来的惨痛打击，让江陵士子惶恐不安，纷纷规避远离复杂险恶的官场旋涡，或隐逸田园，或寄情山水，或潜心艺术，或谈玄论佛，激起一股清俊通脱隐逸之风，却全无江左普遍出现并被《世说新语》等载籍夸张放大的骄奢纵恣、标新立异之虚妄恶习，更见捐华务实之美德。宗教艺术备受青睐，佛道信仰深入到社会的各个角落，思想文化艺术趋于多元活跃，学术水平提高显著。

社会动荡加上门阀士族制度的发展，使宗族组织变得越来越重要，个人的发展有赖于宗族支持，个人发展的高低成败又直接影响宗族的兴衰，个人的荣耀通常需要通过出仕来实现。东汉时期盛行过一股品评人物的风尚，品评结果可以影响个人仕途，卧龙、凤雏因此受益良多，许多士人乐于以扩大交游的方式来增加自己的影响力。其时的政客、士人、僧侣、道士都很重视交游，政客通过交际壮大势力，士人在交游中切磋知识，扩大影响，僧道在交游中传播宗教。

一些南迁雍州的大族世家和雍凉文化世家各自延续着自己的家学传统与门风，席氏、皇甫氏、吉氏、王氏、杜氏及范阳张氏、兰陵萧氏等均将其独特的家学及教育传统带到了荆楚，不仅在风云际会的南朝历史舞台上纵横捭阖，起伏跌宕，投机钻营，牺牲贡献，形成武断乡曲，左右地方，影响中央的一方大族势力，河东柳氏、关中韦氏等关洛大族通过允武修文，跻身于南朝顶级文化世家之列；帝王兰陵萧氏、帝舅范阳张氏更是成为南朝文化成就最高的大族，其成就亘古所未有。更由于这一时期北方衣冠大族为交争数世的异族统治所摧毁，江东大族被侯景之乱一朝荡没，幸存者因南陈亡国不受新朝待见而地位一落千丈，唯独荆楚地区的移民大族随着雍荆二州平顺地并入北朝而得到延续光大。之后，无论续居荆襄还是北归故里，无不引发家族文化地位的蝶变，子孙衍庆，于隋唐的历史舞台大放异彩，成为后来关洛地区隋唐文化繁盛的最大推手之一。

（五）独树一帜的寺院佛学教育

东晋名僧释道安在襄阳孜孜不倦从事的佛学教育颇具创新意义，《高僧传》载：道安“在樊沔十五载，每岁常再讲《放光般若》，未尝废阙”。“道安在寺院教学上的建树，不仅促进了寺院教学的发展，也为后世书院教学、儒学研究与传授提供了一种教学与研究模式”[①]，是寺院教学最早的实践者和推广者之一。门下高徒慧远于庐山创建白莲社，执经问难的僧俗弟子成群，万流景仰。慧远之后，长江中游佛学的

① 熊贤君主编：《湖北教育史（上卷）》，湖北教育出版社 1999 年版，第 43 页。

研习教育传播中心转至江陵，延续至梁末。葛洪以道家理论融合各家学说的培养既能治国理政又可以长生成仙人才的教育思想，也在荆楚大地上开花结果。

总的来讲，魏晋南北朝时期荆楚地区的教育受战乱和朝代更迭频繁的影响较大，失去了稳定发展的环境土壤，表现出兴废无常、时断时续、支离破碎的萎缩衰退状态，即便如此，在有志的荆楚人士和督荆官吏的共同努力下，荆楚教育仍在困境中砥砺前行，培养出不少文化人才，虽有过不少令人失望的衰落喑哑时期，但其辉煌嘹亮岁月的成就却令人瞩目。

四、五彩缤纷的文学

（一）破土而出的荆楚文学

先秦时期诸国分立，荆楚文学独树一帜，影响深远广泛。秦占领荆楚地区以后，留下的文献资料零星稀少，获得了“秦世不文”的差评。所幸荆楚地区“破土而出”的大量秦汉简牍中有不少战国晚期至汉初的文学作品和具有文学色彩的其他资料，表明其时的荆楚文学不仅没有衰绝，而且仍在一定程度上保持着自己的独特魅力。

1975 年底到 1976 年春，云梦睡虎地 4 号秦墓出土了两枚木牍，内容是随军征战在淮阳郡（今河南周口市淮阳区一带）的一对兄弟士卒“黑夫”和“惊”写给安陆家人的尺牍（书信），是我国发现最早的私人家书实物。11 号木牍的内容是，黑夫和惊给家中兄弟“中”驿递的一封家书。家书开头先报平安，向家人、邻居一一问好，接着请求家人寄些钱和衣物过去，如果安陆市场上的丝布价格昂贵，就只寄些钱由他们自己在驻扎地的市场上购买成衣。信中惊也向自己的妻女“新妇”和“媭”问好，希望妻子可以尽心尽力赡养老人。6 号木牍下半段残断，为“惊”寄往家中的另一封家书，内容和上一封家书大同小异，另有让家人把家里的柏树卖掉换钱，希望家中兄弟能代自己关照他的女儿婴，告诉家人政府已经下令要迁徙一些犯人到新地充实人丁，新地很不安全，有盗贼，叮嘱家人不要到危险的新地去，希望家人到祠庙为他祈福。这两封保留了本初模样的书信，出自两个底层小人物之手，为我们研究秦代基层社会和书信类应用文的发展演变提供了重要资料。

前述《为吏之道》简牍中附有一篇文学作品"成相辞"。"相"是一种打击乐器，"成相辞"系指击打相时传唱的相合之辞，是一种在先秦至两汉时期流行的韵文体，是劳动人民舂米时传唱的曲调，每章一般五句，其结构为三三七四七式，内容和《荀子·成相》有很多相似之处，对后世诗词创作产生过一定的影响，这在汉晋乐府、唐诗、宋词中都有体现。

北京大学 2010 年收藏的一批秦简牍中，保存了一封被拟名为《公子从军》的书信，是用荆楚语言习惯创作的一篇书信体文学作品。它以女子"牵"的口吻给远在军营的丈夫写信，语言凄婉哀怨，真切地表达了妻子对丈夫的深切思念、埋怨和担忧。

这批简牍中还有《教女》《泰原有死者》两篇文学佳作。《教女》内容包括"善女子之方"和"不善女子之方"，是对女子良行懿德行为的倡议和逞性妄为行为举止的劝诫，是一篇教导已婚女子行为规范的佳构。《泰原有死者》是一篇描写人死而复生的志怪故事，传达了不少丧葬祭祀方面的礼仪与禁忌知识，意在宣传普及丧葬风俗与知识。简中另保留有四首酒令，揭示了当时普通荆楚人宴饮娱乐时的热闹欢娱场景。

学术界向来以为，秦时楚地文学受专制高压而一片死寂，甚至寸草不生，而这些文体不同、文风迥异、内容丰富的文学作品资料的不断出土，直接扭转了"秦世不文"的传统认知，对秦时楚地文化低潮说也产生了一定冲击。

汉朝的建立者及其部分功臣籍贯为东楚地区的楚人，他们对故地文化的好尚使楚文化在汉初延续了发展势头。2009 年，北京大学入藏的一批从海外归来的西汉竹简中，有一篇对整部文学史都堪称意义重大、名为《妄稽》的文学作品，是一篇我国迄今发现年代最早、篇幅最长、被称作“西汉俗赋第一篇”的大赋，全文2700多字，描绘了一个妒妇的悲剧故事，文风华美韵致，故事一波三折，带有一定的楚地特色。另一篇作品《反淫》，从形式到内容都意味着“反”体赋产生的时间至少向前推进了一个世纪，在辞赋史上意义重大。

1972年，在山东临沂银雀山汉墓中出土了一篇自名为《唐勒》的作品，描写唐勒与宋玉在楚襄王面前对善“御”者的评议，与传世文献《淮南子·览冥训》中描述的三个层次的御者及所举上古善“御”的代表人物完全相同，后者明显袭自前者。唐勒是战国楚襄王时与宋玉齐名的楚辞名家，《唐勒》的出土弥补了传世文献对唐勒记载的不足，也让之前被不少学者视为伪作的部分宋玉作品得到完全确认，表明赋这一文体在宋玉、唐勒所处的战国时代已经发展得十分成熟，司马相如等汉代辞赋家深受宋玉、唐勒作品影响的结论信而有征。

睡虎地11号秦墓出土的《语书》是南郡守腾在秦始皇二十年发布的对县、道官员进行教育训诫的文告，文字饱含丰沛情感，为我们保留了秦汉时期的一种独特的文书文体，作为孤例，其重要性不言而喻，其内容形式对研究秦代文书、地方政府职责、秦代文学等方面均有很高的价值。

张家山汉墓出土的《奏谳书》虽非纯粹的文学作品，但其对司法案件的记录文字，故事性强，有对话，有修饰，有评价，极具可读性，文学价值俱在其中，不容忽视。

（二）根源于楚地的两汉辞赋

众所周知，先秦时期的楚人文化品位高，追求作品的娱乐性与浪漫性。出自楚地的汉皇室，对楚文化有天然的亲近感，故而楚歌、楚舞盛行于宫廷之中，汉高祖的《大风歌》《鸿鹄歌》等都是传唱一时的著名楚歌。

楚辞对汉代诗赋形成发展的影响切实深远。统治者对楚辞十分推崇，楚辞自身的独特魅力亦备受当世文人的竞相追捧。荆楚地区诗赋人才辈出，经典作品层出不穷，汉初名士贾谊的《吊屈原赋》《鹏鸟赋》是骚体赋的代表作；东汉学者王逸对《楚辞》各篇详予注解的《楚辞章句》，成为《楚辞》最早的完整注本，是楚辞研究史上的奠基之作，其影响贯穿中国文学史。

东汉有很多辞赋名家出自荆楚，黄香、王逸、王延寿是其中的佼佼者，分别有《九宫赋》《机妇赋》《鲁灵光殿赋》等经典作品。此外，蔡邕的《汉津赋》、张衡的《两京赋》也是东汉末年荆楚文学中的代表性作品。

（三）成果丰硕的汉代乐府、散文

“乐府”是秦汉时期主管音乐的官署名称，除了满足举办“郊祀之礼”的实际需要外，还担负着搜集汇总各地歌诗的职责。荆楚是汉乐府诗的主要采集地之一。汉乐府官署设有“楚严鼓员一人”“楚鼓员六人”“楚四会员十七人”，[①]这些乐人都以演奏荆楚地区的歌诗为主。此外，还有不少作品虽非源自楚地，却在体例、内容等方面受到楚辞的极大影响。

汉代的散文，主要有传记、政论、奏疏、书信、碑文等。王粲，胡广，刘焉，黄香、黄琼、黄琬祖孙均有代表性作品流传后世。王粲的《荆州文学官志》颂扬荆州牧刘表在荆州安集流民，招揽人才，推行教化，大力发展学术文化，使得荆州文教大盛。《列仙传》记载郑交甫被汉江边两位气质优雅、风情万种的神女吸引，不由主动上前搭讪，二位神女并未羞涩恼怒，而是不动声色地化解了郑交甫的撩拨，机智礼貌地避免了尴尬。这则短小的故事将汉水女神的神秘、温婉、美丽、机智、大度、理性显露得出神入化，留下悬念无数，成为文学史上久唱不衰的题材和典故。

① （汉）班固：《汉书》，中华书局 1962 年版，第 1073、1074 页。

荆楚地区发现的不少汉碑显示出极高的文学水平。如《玄儒先生娄寿碑》，碑文介绍了娄寿的生平与家世，多用简短的四言句，用词简洁，但意蕴深刻，堪作传世《儒林传》的补充，有很高的文学价值和史学价值。延熹六年（163），王延寿所作《桐柏淮源庙碑》颂扬了南阳太守修建淮源庙的善举。汉宜城故城前南阳太守秦颉墓碑，记录了一些具有史学价值的职官名称。延熹三年（160）所立《楚相孙叔敖碑》，高度赞扬了孙叔敖的历史功绩与美德嘉行。与历史散文和政论散文不同，汉代这种叙事类散文更关注具体人事，都是针对现实生活中具体人物故事而作，较少抽象的华丽辞藻，随文记事，言之有物，更加符合散文的发展方向，于后世获得了快速发展。

除诗赋、散文、策论外，其他文体如颂、铭、箴在秦汉时期也有所进步。黄香著有《天子冠颂》《屏风铭》，胡广著有《侍中箴》《边都尉箴》《陵令箴》《印衣铭》，鲁褒著有《钱神论》等，体现了这一时期荆楚文学的丰硕成果和对文学史的杰出贡献。

汉末天下动荡，大批北方官僚贵族、豪绅名士南下，著名文学家王粲、祢衡、繁钦等都曾驻足荆楚，创作了不少传世作品，王粲以一篇情景交融的《登楼赋》成为中外登楼文学的鼻祖，荆楚成为登楼文学的发源地。祢衡的《鹦鹉赋》、继后郭璞的《江赋》《游仙诗》、庾信的《哀江南赋》都是划时代的作品。

（四）大放异彩的西曲

东晋立足江南以来，荆楚地区农业、手工业的长足进步促进了商业、交通和城市经济的相应发展，人们的文化生活开始变得丰富多彩，自由娴雅、妙趣抒情的即兴歌舞随之在官僚贵族乃至平民百姓中兴起流行："凡百户之乡，有市之邑，歌谣舞蹈，触处成群，盖宋世之极盛也。""永明之世，十许年中，百姓无鸡鸣犬吠之警，都邑之盛，士女富逸，歌声舞节，袨服华妆，桃花绿水之间，秋月春风之下，盖以百数。"下里巴人和阳春白雪的新旧乐曲与歌词不断在民间翻新传唱，并为乐府所采集整理、加工润色而登上大雅之堂。

鼎祚南移及抗衡北方的需要，让荆楚地位变得举足轻重，霸府王府势力极大，在出镇荆楚的府主中，不乏像桓温、殷仲堪、刘道产、刘义庆、萧子良、萧纲、萧绎这样崇文尚艺的名流，在他们周围都聚集着一批风流饱学之士，产生过多个不同类型的文化学术团体。这些文化集团以江陵、襄阳、竟陵为中心开展文化搜集整理与文艺创作推广活动，有力推动了荆楚文化的传播、发展、升华和保存，地志方面的《南雍州记》《荆州记》，文学中的“西曲”“宫体诗”均由这些团队或成员完成。凡此种种，与宗教、移民、士族等一起推动引领荆楚文化学术于南北朝再次攀上新的高峰。

“西曲”出于荆、郢、樊、邓之间，其声、节、送、和夹杂有西伧、羌、胡等胡族和南蛮的乐舞之风，代表了南朝荆楚民歌的最高成就，习称“西曲歌”，录存在刘宋郭茂倩所编《乐府诗集》中的仍有三十四曲。由于形式新颖，曲调激越动听，受到社会各阶层的广泛喜爱，“家竞新哇，人尚谣俗”，起到了承上启下的功用，使惯于兼采众长的荆楚文化传统得以延续光大（图 3–3）。

图 3–3　出土于襄阳城南的西曲画像砖

（襄阳收藏家李键收藏、拓片、摄影）

《估客乐》这一词牌本为齐武帝萧赜所作，继位前他曾游历樊邓（今襄阳市樊城、高新区）一带，对一曲当地婉转悠扬的歌谣《估客乐》特别醉心，御极后追忆往事，将其荐入庙堂。

（五）叶韵优美的宫体诗

萧纲极具才华，口碑载道，雅好诗赋，其为太子时，引纳名士徐摛、庾肩吾等，又选摛子陵、肩吾子信为学士，上下扇扬附和，诗赋酬对，文风浮靡轻艳，自成一派，时人以其流行于太子东宫而名之为“宫体诗”，徐氏与庾氏父子更是其中佼佼者，以“流丽”别成“徐庾体”。宫体诗深受佛教影响，注重格律，叶韵优美，辞藻华丽，强调用典，虽失之于缥缈轻靡，但对诗歌发展的贡献可圈可点，况且，当时的文人乐府也并非全系轻佻的情歌，鲍照的作品慷慨沉郁，揭露了当时社会现实和黑暗。王褒、庾信的乐府诗格律严整，清奇雄健，成为宫体文学的代表作家，他们都将乐府的格调提升了许多，对隋唐文学影响极大。

（六）异军突起的佛教文学

佛教经义文字本身的文学价值极高，行文中以散文、韵文、譬喻交替，答问机锋洽辩，文字生动晓畅，宣唱美妙悠远，想象丰富浪漫，不时有深刻洞察宇宙人生的妙文，富有道感，对中国文学影响甚大。僧侣在传播佛法的过程中，为了打动感染受众，在翻译宣讲教义时都倾注了自身的全部文学修养，也间接提高了佛教文学的艺术性；与此同时，一些士人、官僚贵族热衷于与高僧交往，二者相互汲取营养，水乳交融地融为一体，又为佛教文学注入了新的活力，极大地丰富提升了中国文化。庾信《奉和同泰寺浮图诗》、王草的《头陀寺碑记》拔新领异，才藻新奇，可谓此类文学作品中的名篇。社会上还频繁地出现崇佛与反佛的论争，形成了大量阐释或批驳佛教观点的文章，其中最为著名者，当属神灭神不灭之争，不少荆楚士人也参与到这场旷日持久的论战之中，代表人物为宗炳及其长篇鸿文《明佛论》。其时大量名僧、高士创作的佳作迭出，使得这一时期的荆楚佛教文学粲然可观，蔚然成长为六朝文苑中的一朵奇葩。

五、崇尚自然的艺术

（一）出土与传世文献中的秦汉乐舞

单调严苛的秦国政治体制固然不可避免地影响到荆楚社会生活的各个方面，但审美艺术毕竟受风俗习惯、传统文化、环境风貌等地域因素的影响相对较大，荆楚地区汪洋恣肆的先秦文化艺术并未完全消失，独特的审美倾向和艺术品位仍获得相当保留，出土的画像石、画像砖、陶瓷俑等有很多反映当时当地的歌舞艺术资料，散发着泥土的清香。

1975 年，纪南城凤凰山 70 号秦墓中出土过 1 件描绘歌舞与宴饮画面的漆画木梳。汉代舞蹈当推南阳出土的画像石上描绘的图画最具代表性，主要有建鼓舞、踏鼓舞、长袖舞和七盘舞 4 种。建鼓舞是以建鼓为主要乐器的男子双人舞；踏鼓舞是舞者踩踏在“鼓”上进行表演的舞蹈；长袖舞是舞者挥动长袖舞衣表演的舞蹈；七盘舞的舞者须双足踹踏在盘子和鼓上舞蹈。另外，宜昌市区和五峰县各出土过 2 件东汉时期巴人的乐器实物——錞于，鄂州市出土过 1 件三国后期的卧箜篌乐俑。

（二）感情真挚的民歌

楚声音乐于秦汉时表现出极高的水平。楚汉之争中，八千兵散的项羽被汉军围困于垓下，入夜，四面突然响起嘹亮的楚歌，情之难禁，发为楚声，项羽慷慨悲歌了一曲催人泪下的《垓下歌》。击败英布路过沛县故里时，刘邦激昂高唱了一曲《大风歌》，惠帝刘盈将其定为故里泗水亭高祖庙的祭歌。在刘氏皇族及一众出身于楚地的官吏影响下，楚歌风靡全国，由民间纳入宫廷，并进入祭祀领域，开了以俗为雅的先河。汉武帝扩建乐府机构，乐工们收集了不少楚地民间音乐并将其荐入宫廷。汉末宫廷乐人于战乱中离散，杜夔、孟曜流落荆州，刘表让他们恢复雅乐，曹操平荆州将雅乐带回宫廷。《古乐府》收录的《戚夫人歌》

《赵幽王歌》《李延年歌》《瓠子歌》《天马歌》《汉成帝时歌谣》等都是这类作品中的精华。汉乐府扩建后，乐工们将先秦楚地原始民歌加工成一种新的歌曲形式——相和歌，演唱人自己击节打鼓，与伴奏的管弦乐相应和。郭茂倩编写《乐府诗集》把相和歌词分为相和六引、相和曲、吟叹曲、四弦曲、平调曲、清调曲、瑟调曲、楚调曲、大曲等九类，从遗存的平、清、瑟、楚调四曲作品量度，大多是对先秦楚声的发展接续。

南北朝时期，不仅反映荆襄地区社会生活的民歌大量涌现，“又有西、伧、羌、胡诸杂舞。随王诞在襄阳，造《襄阳乐》，南平穆王为豫州，造《寿阳乐》，荆州刺史沈攸之又造《西乌飞哥曲》，并列于乐官。哥词多淫哇不典正”。纯从音乐的角度划分，西曲中凡带“乐”一类的多为舞曲，音韵节奏轻快激越，感情真挚浓烈，显露出歌声的无比美妙动听，舞姿的飘逸如飞，表情的眉目传情。

（三）由隶嬗楷的书法艺术

除歌舞外，荆楚大地上还活跃着书法、绘画、雕塑等多种艺术形式。汉字嬗变于秦汉，其间完成了隶书向楷书的过渡，纸的发明和广泛应用，助推书法递变成一门独特的国粹艺术，书法由简单机械的记事变成涵文载道的艺术，开始有了生命和灵魂，拥有无穷的魅力和韵味，大大促进了社会文明。汉魏六朝时期荆楚地区便出现了相当多的书法家和书法理论家，知名书法家有梁鹄、杜预、庾亮、庾翼、王珣、桓玄、范汪、王褒、萧子云等。书法兼书法理论家庾肩吾所著《书品》是书论史上“品第”类著述的开山之作，收录汉至萧梁时期的书法家 123 位。庾肩吾将他们分为上、中、下三品九等，每品之后都有精到的点评，在书法评论史上意义非凡。现存较有代表性的南朝书法作品当属梁代的《程虔墓志》，出土的大量秦汉简牍、碑刻也为这一时期的书法研究提供了重要实物参考。

（四）雄浑瑰丽的汉晋画像砖石

楚地传统风格画像石兴起于东汉早期，兴盛于东汉中期，衰落于东汉后期，集中出土于南阳，分布范围“东到唐河、桐柏，北到叶县、襄城；南抵长江北岸的当阳、随州（原随县）一带”。刻画题材有世族生活、舞乐百戏、历史故事、远古神话、天文图像、科技、农耕狩猎等等，囊括了当时的政治、经济、思想、文化、民俗、体育、娱乐等各个方面，刻画了多种不同人物在不同场合的性格特征与情绪表情，在一定程度上代表了两汉魏晋南北朝时期的民间绘画艺术水平，是研究社会史的重要材料。在湖北枣阳、老河口、随县、当阳等地也出土过一批东汉画像石，除了雕刻技法有所差异外，在风格和内容设计、布局等方面与南阳画像石相近。

文献记载，产自襄阳、立于建康宋文帝长陵地面上的石雕，成为南朝帝陵竞相模仿又难以企及的匠心巨制。在该石雕产地，以襄阳为中心的原雍州辖域内，出土了不少用成套画像砖装饰整座墓室的现象，是除江苏南京和甘肃嘉峪关以外出土画像砖墓最为集中的地区。襄阳贾家冲、柿子园、谷城肖家营发掘的画像砖室墓的画像主要内容有千秋万岁、双狮、龙、虎、飞仙、郭巨埋儿、供养人等祥禽瑞兽和神话人物，展现了当时建筑、雕刻、绘画方面的独特风貌。

瓦当是中国古代建筑中覆盖檐头筒瓦前端的遮挡物，瓦当上往往画刻起装饰美化作用的文字、图案。鄂州东吴武昌城出土的人面瓦当不仅具有功能美观作用，更体现了一种当地传统风俗，南京吴国宫殿出土的人面纹瓦当应该是文献所载拆运自武昌宫的那批神话镇火人物瓦当。

（五）造诣臻绝的绘画艺术

汉末赵岐、南朝宗炳、宗测、萧绎等人在绘画方面的成就，代表了荆楚上层贵族对艺术追求的最高境界。赵岐在汉献帝东迁时留居江陵，逝前手绘季札、子产、晏婴、叔向及自己的画像于墓室。家族侨居江陵数世的涅阳（今河南邓州市北）宗炳，是刘宋时期的著名画家，毕生钟情于畅游南朝的名山大川，老疾后病居江陵，将心中的山水绘成画作，自得其乐地神游其间。宗炳也是一位杰出的绘画理论家，其名作《画山水序》是中国绘画史上第一篇山水画论，强调山水画要“以神法道”，具有深邃的思想性，让人获得精神上的解脱觉悟；要“以形媚道”，具有高超的艺术性，让观者获得心理上的美感体验，从此确立了山水画的独立画种地位。宗测为宗炳之孙，他一遵祖法，以善书法和人物绘画而闻名天下，代表作有《阮籍遇孙登》，所绘永业寺佛影台壁画，时称臻绝。梁元帝萧绎酷爱绘画，技巧全面杰出，尤其以擅画人物肖像著称，其作品保存到现在的只有北宋摹本的《职贡图》局部（图 3–4），内容是梁武帝时期外国使节向梁朝朝贡的情景。原图共描绘了 35 个国家的使臣，现仅存 12 人，构图严谨，用色合理，个个生动形象，每一位使者身后都附有简短的题记，叙述使者的国别、方位、自然地理、风土人情等，是一幅难得的艺术珍品，姚最《续画品录》将萧绎推崇为南朝人物绘画第一人。

图 3–4　宋摹本萧绎《职贡图》局部

（六）丰富多彩的工艺审美

秦汉魏晋南北朝时期荆楚地区的手工业发达，在青铜器、漆器、陶瓷器制作方面成就辉煌，近世出土了许多以陶、木、青铜等材料制作的雕塑俑，主要有人物俑、动物六畜俑、镇墓俑等。东汉时期，流行用青铜制成的树形明器随葬，树枝叶上坠挂各种钱币、神仙、凤鸟等图像，今人俗称“摇钱树”。1982 年，在郧县五峰乡东峰村征集到一株此类摇钱树。

六朝时期荆楚地区的青铜制品从器物种类到风格特征与两汉一脉相

承，主要有洗、勺、盘、盏、耳杯、熨斗、带钩等日常生活用具。2008年，出土于襄阳樊城菜越三国墓中的长高均为163厘米的青铜马是已发现的当世世界上最大、工艺水平最高的青铜立马（图3–5）。

图3–5 襄阳樊城菜越三国墓出土的青铜马（杨力 摄）

荆楚地区铜镜制作源远流长，战国时期，楚国铜镜制造盛极一时，流行于时的各种铜镜都有出土，两汉时铜镜制作进入第一个鼎盛时期，制造水平领先全国。在铜镜制造业整体陷入低迷的六朝岁月，鄂州的铸镜业非但没有停滞，还迎来了第二个高光时刻，鄂州铜镜制作精良、种类齐全、造型优美、构图新颖，许多镜上还刻有制镜时间和匠师姓名或姓氏的铭文。1984年出土于日本的三角缘盘龙镜在金石学上颇负盛名，从其制作风格看，应是来自武昌的工匠所造。

漆器美观轻便，造型灵活，造价低廉，一出现便得到快速推广。中国是世界上最早使用漆和制作漆器的国家。幅员辽阔的楚国，有着肥沃的土地和暖湿的气候，适合漆树和油桐的生长，加上竹木资源丰富，铜铁加工制造工具进步显著，为制漆业的发展提供了物质保障；荆楚地区出土的漆器显示秦汉漆器业发展迅速，开始呈现出逐步取代青铜器的势头，产品主要有文书工具、丧葬用具和酒具、食器、妆具等生活用具，其中数量和种类最多的为耳杯、卮、樽、壶等。

江陵地区出土的部分汉墓中随葬有大量的丝织品，主要是囊、镜衣、车盖、袍、幡、衣衾等，凤凰山168号西汉墓中出土的纱冠、丝鞋，沙市谢家桥1号汉墓中出土的棺罩荒帷（图3–6），品质上乘，展现了荆缎震惊世人的华美。

图 3-6　修复后的谢家桥 1 号墓出土荒帷

秦汉时期，荆楚地区的制陶工艺一直是一个重要的手工业部门。出土陶器分为仿铜陶礼器和日用陶器两大类，仿铜陶礼器的基本组合为鼎、盒、壶。东汉末年，原始瓷制造技艺有了突破，荆楚地区墓中开始出现罐、碗类青瓷，鄂州吴墓出土的青瓷数量多、品种全、造型生动独特；两晋南北朝时期制瓷业趋于繁荣，以碗、罐、壶、盘等普通用具为主，身份尊贵墓主的葬品中还出土有唾壶、鸡首壶、水盂、虎子等精致生活用品，几乎取代了传统漆器。

（七）风水立宅与园林艺术

秦汉魏晋南北朝时期，房屋的建造特别讲究，选择什么样的地点，如何规划布局，什么时间破土动工，有哪些禁忌等都成为神秘高深的学问。汉代已经出现很多关于相宅的专业书籍，惜皆散佚，然出土于云梦县睡虎地秦简《日书》中的《相宅篇》，为我们提供了一篇了解当时荆楚地区相宅术的珍贵文献。

《相宅篇》包括“宇、池、水宝、圈、囷、井、庑、内、圂、屏、门”十一个方面内容，涵盖了诸如开工动土、立门户、盖屋、建仓库、入宅等方面的喜旺宜忌，基本涵盖了后世“相宅”术的所有内容，阴阳五行、干支、月相等术数理论精华尽在其中，无不闪耀着早期科技的光芒。

先秦时期，中国园林为王室所独占。汉代经济繁荣，一些受过良好教育，对居住品质有较高追求的王公权贵开始模仿皇家园林建造私人庄园，逐渐发展成人文气息浓厚的私家园林。荆楚地区私家园林的雏形当属西汉末年南阳湖阳（今南阳唐河）大地主樊重的私家田庄。史载樊氏庄园通溪连湖，田庄内“高楼连阁，波陂灌注，竹木成林……其兴工造作，为无穷之工”，已具备私家园林的基本元素。首座真正可以称作荆楚私家园林代表的当数襄阳习家池，相传为东汉初年襄阳侯、侍中习郁所建。习郁的嗣裔习凿齿称其祖模仿范蠡的钓池，利用自然泉溪于其府第挖池筑堤，池中起钓台，植芙蓉、菱芡，堤上栽种松竹。明代著名园林家计成举荐习家池为郊野园林的典范。另一个具代表性的荆楚私家园林是湘东王萧绎任荆州刺史时所建的湘东苑。湘东苑以水系为轴徐徐展开布置，沿溪建筑有土山、钓台、曲沼、飞梁，配以楼、馆、亭、阁，重岩覆岭，深溪洞壑，涧道盘纡，跨水为阁，山水台榭花木相映成趣，出水芙蓉风姿绰约，其叠山理水技艺已远非寻常可比，是荆楚园林的巅峰之作。

佛教园林也在这一阶段应时兴起，南方佛教寺院建筑的园林化或许与道安僧团久居习家池，后被道安分遣全国各地传教有关，其高徒慧远见庐山清幽秀丽，遂驻锡于斯，先后创建了园林式的龙泉精舍和东林禅寺。

（八）开创性的竹类专著——《竹谱》

中国人爱竹，在国人心目中，竹子具有正直坚韧的品格，是无可替代的君子化身，始终深受这个民族的推崇。刘宋时，盛产修竹的武昌，诞生了世界上第一部竹类植物的百科全书式专著——《竹谱》。该书为南朝宋人戴凯之所撰，全书约三千字，介绍了四十多个竹子品种，详细记载了它们的生长习性与地理分布，总结了竹子的生长特点、用途，是我国竹类研究和审美的开创性专著，对后世综合性农林类著述和植物类专著等产生过重要影响。

六、成就斐然的科学技术

（一）体系完备的天文历法

传世古籍中，历法方面秦代只有使用颛顼历的零星记载，汉武帝改行太初历，西汉末年开始实施三统历，东汉章帝时为四分历取代，魏明帝景初元年（237）颁行景初历，刘宋采用何承天的元嘉历，梁天监九年（510）执行祖冲之的大明历。

《历谱》指导古人的生产生活，有助于今人推算当时的朔闰。荆州沙市周家台 30 号秦墓、张家山 3 座汉墓、随州孔家坡 8 号汉墓都出土过当世的《历谱》，孔家坡《历谱》行一日十二时制，最早记载十二时并用十二辰表示十二时制的是云梦睡虎地秦墓所出的《日书》简。

西晋杜预所作《春秋长历》主要研究《春秋》《春秋左传》中的历日干支、晦朔闰月、四时八节等，推算的精确度很高，对春秋历法的研究很有帮助。

古代天文学家在研究天体运行时，选择二十八颗恒星作为日月五星运行的轨道坐标，相当于在天空中标注了一个度量系统，称为二十八宿。二十八宿最早见载于《吕氏春秋》，《汉书》记载了战国天文学家甘德、石申夫记录的二十八宿，曾侯乙战国墓所出箱盖上、云梦睡虎地秦墓所出《日书》中都有二十八星宿的完整记录。秦汉时期，二十八宿开始被应用于划分国土九州之分野，对应荆楚地区的是翼轸二宿（图 3-7）。

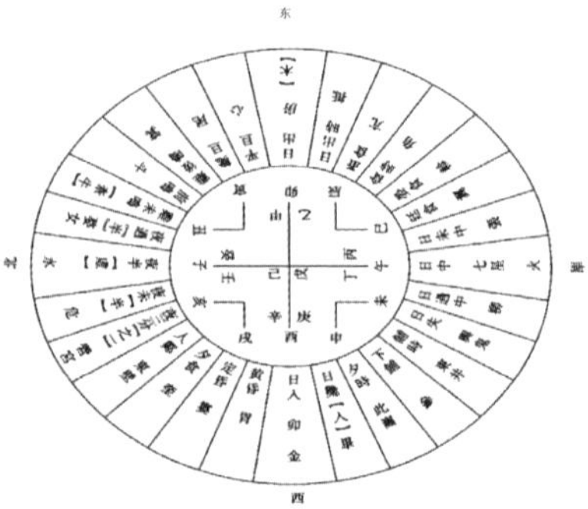

图 3–7　周家台秦墓出土二十八宿线图

利用二十八宿进行占卜在先秦时期固已有之，周家台墓所出占卜线图和占辞的占卜方式表明，时人已将二十八宿与国家、地区、个人的命运相联系。

占星术是一种利用天象解释或者预言命运的占卜体系。《荆州占》是荆州牧刘表命武陵太守刘叡搜集天文星占的资料汇编，辑录有此前中国占星术中众多的天象和占辞，是一部重要天文学典籍。

张衡所著《浑仪》《灵宪》是著名的天文历法类著作。《浑仪》以二十八宿等星体的升落隐现，解释北极和南极附近地区一部分恒星永远看不见的原理。《灵宪》创建了一个新的天体观测星表，载有星官四百四十四个，恒星多达两千五百颗，叙述了星体排列，探讨了月食成因。张衡还认为陨石是天空中的星星精气散尽后的坠落物，具有科学精神。

天文仪器设备历来都是一个国家尖端科技的代表，在我国，天文还对国家政治有较大影响，西魏攻破江陵，将江陵府库中珍藏的宋浑天仪、梁日晷铜表、魏相风乌、铜蟠螭趺、径四尺围七尺的大玉等悉数掠往长安。

（二）泽被千秋的医学成就

荆楚地区出土的秦汉医书简表明，秦汉时期荆楚医学在快速发展完善。1993 年，沙市周家台 30 号秦墓出土的医药病方简牍，保留了很多疾病名称及其治疗方法，并收录有一些治病的民间偏方和祝由术。北京大学藏秦简中的《医方》简包括《避兵方》和《医方杂抄》两部分，前一部分讲避兵，后一部分类似周家台秦简中的《病方及其他》，部分单方还可与马王堆汉墓所出《五十二病方》相参照。

云梦睡虎地 11 号秦墓出土的《封诊式》是对刑事案中尸体、伤情、疾病等方面检验的翔实记录公文，内容丰富，确证两千多年前中国的法医检验已自成体系，并是当时刑法侦破案件中的必备环节，颠覆了国际上将我国南宋宋慈定为世界法医学开山鼻祖的传统说法，可视为现存世界上最早的法医学著作。

江陵张家山 247 号西汉墓出土的《脉书》，记录了六十余种疾病名称、人体经脉及所主病症。同墓出土的《引书》所载“导引术”有数十种，远多于马王堆简帛的数量。

东汉南阳张仲景所作《伤寒杂病论》一书，是后世从医者必读之经典，内容包括伤寒、中风、湿温等在内的一切外感热病和“杂病”，收录方剂二百多个，对针灸、药摩、急救等治疗方法多有阐释，记录的一些急救措施也较具特色，张仲景被后世尊为“医圣”。朝鲜、越南等地的古医学都受到过《伤寒杂病论》的较大影响。

（三）应用广泛的数学成就

应用数学在农耕文明中的地位重要，传世文献中秦与西汉的数学史料极少，《汉书·艺文志》所载《许商算术》《杜忠算术》早佚。近些年出土的简帛材料，让我们意外见识了秦汉时期数学所达到的极高水平及其在社会生活中的广泛应用程度。

北京大学藏秦简《算术》分为甲乙两篇，甲篇由四部分组成，第一部分《鲁久次问数于陈起》，是一篇用问答方式阐述学习数学知识意义的文章，主人公陈起回答了数学的起源、运用、重要性等问题，涉及的知识内容广泛。第二部分为“九九术”，接近今天的“九九乘法表”。第三部分为“算题汇编”。第四部分为衡制换算，包括“石、均、斤、两、锱、铢”等单位的互相换算，与之一起出土的还有算筹 61 根。乙篇由多道算法和例题组成的具有并列关系的算题，内容包括金、布、锡、钱的交易比例，粮食体积和距离计算等。《田书》是关于田亩面积和田租计算的数学书，对研究当时的田亩租税制度也大有帮助。江陵张家山 247 号汉墓出土《算数书》主要内容亦是算题汇编，可与岳麓秦简《数》和传世的《九章算术》相互参证。云梦睡虎地 77 号汉墓出土《算术》有“一分、三分、四分、五分、六分、七分、八分、分术、田、径田、周田、土攻、合分、约分、反齐、率、通分、径分、米粟、秏、并米粟、粟半、衰分、食攻、求高、同攻、贷钱、租枲、刍稿、买犬、分攻、石率、启方等”内容。这些在当时均是广泛传播的实用数学，较文献所载的《九章算术》早百余年。

（四）全面发展的农业经济

中华文明是农耕文明，农业一直是立国之本。荆楚地区流行的“火耕水耨”耕作方法，在此期间经历了“由早期的烧荒式直接焚烧，到后来先用一定工具除草，待晒干后再烧的发展过程”。在翻耕工具上经历了从石器、骨器到金属工具的发展历程。在翻耕技术上逐渐发明了犁耕，牛耕变得普遍，《秦律》设置有饲养和保护耕牛的条款，很多墓葬出土有牛的形象。铁制农具不断创新普及，臼、磨、碓等谷物加工工具得到普遍使用。为了抵御水旱灾害，人们发展灌溉，积极兴修水利，一些有作为的地方官对此建树卓越。渔业、林业、牧业、果蔬等副业呈现出繁荣景象，桑麻种植普遍。东晋南朝时，政府征收的赋调为“丁男调布绢各二丈，丝三两，绵八两，禄绢八尺，禄绵三两二分”。江陵凤凰山汉墓中出土有麻絮。《南齐书》谓“襄阳左右，田土肥良，桑梓野泽，处处而有”。《荆楚岁时记》记载当地人在正月十五有占卜蚕桑的习俗，可见对桑蚕养殖的重视。其时的时令瓜果蔬菜极为丰富，云梦秦墓出土有“植物果核”；江陵凤凰山 168 号汉墓中出土有生姜、红枣、杏、李子、梅子、花椒；8 号汉墓出土遣册记录有瓜、梅、李子、姜、葵、芥等；张家山 247 号汉墓遣册记录有蒜、李子、瓜、姜等；云梦大坟头 1 号汉墓出土遣册记录有瓜、李等，最负盛名的水果当属频见于史籍的柑橘，“江陵千树橘”与“穰橙邓橘”驰名天下。李衡于武陵龙阳（今常注汉寿）种橘千树，子孙家以殷富。夷道县（今宜昌宜都）“橘柚蔽野”，还以盛产大枇杷驰名天下。外来物种蒲桃、胡麻、大蒜、芋头、豌豆等极大地丰富了中国人的生活。其时的畜牧业发展迅速，家禽家畜的遗骸、模型明器在出土文物中率以为常。

（五）成就辉煌的手工业

秦汉魏晋南北朝时期的手工业有官府经营、私营生产和家庭自给自足的区别，私人手工业和商业活动则亮点纷呈。南方青瓷技术发展迅速，马钧改良了绫织机，织造技术发展到了较高水平。在这样的历史背景下，荆楚地区的纺织业、铸造业、漆器、铜器、瓷器的制造等方面都成就辉煌。

岳麓书院藏秦简《数》、江陵张家山汉简《算数书》中均有以普通民女织布为背景的计算题。中国是“衣冠上国”，衣服裁制繁复讲究。《制衣》是北京大学藏秦简中一篇罕见的关于制衣工艺的著作，依次记录了多种服装诸如下裙、上襦、大襦、小襦、前袭、绔的裁制方法，部分还原了秦代的制衣工艺，有助于我们了解当时的服装制作，填补了传世文献空白。南梁刘孝威所作《鄀县遇见人织率尔寄妇》，讲述他在鄀县（今宜城市南部及其以南地区）看到了“机顶挂流苏”的花本式提花机。

继先秦以后，铜绿山仍是重要的大型采矿场。铜绿山矿冶遗址包含采矿和冶炼两类遗存，在采矿遗址中，发现了多种井下开采形式，铁制工具开始普遍使用，木制辘轳取代了之前的人工作业。华容方台山出产的云母，质量上乘的被用于制作屏风。

云梦睡虎地秦墓出土有铜丝和铁丝，南阳瓦房庄等汉代冶铁遗址反映当时已能生产炒钢、灌钢等高端产品。《荆楚岁时记》载“人家妇女结彩缕，穿七孔针，或以金、银、鍮石为针”，表明铜锌合金冶炼技术已很普及。

东汉南阳太守杜诗发明了用水排推动机械鼓风提高炼炉炉温的技术，西晋在鄂县（今鄂州西南）所置铁官即运用这种水排冶铸。1987 年鄂钢综合原料厂出土了多件钢铁兵器，孙权的“百炼钢刀”至今锋利无比。鄂州地区孙吴的铜镜铸造已分成制模和铸造两道工序，除铜和锡两种主料外，还融入了其他金属，很多铜镜铸有“百涑青铜 ”“百涑正铜”铭文。

荆楚地区河湖众多，人们很早就学会了造船，春秋时期楚国已拥有装备战船战具的水师。江陵凤凰山 8 号、168 号汉墓都出土过木船模型，显示了木船制作技术的先进。东汉初年，征南大将军岑彭造用“直进楼船、冒突露桡”数千艘，调集划桨的“棹卒，凡六万余人”，向据守宜昌东侧荆门、虎牙的公孙述军发起强攻，冲撞焚毁了公孙述军架设于江面上的浮桥、半楼、攒柱，一举攻破其长江防线，继以舟师逆流入江州，进而入蜀消灭了公孙述的成家（大成）割据势力。三国时期，荆楚地区的造船业依旧发达，“刘表治水军，蒙冲斗舰乃以千数”。黄武五年（226），东吴在武昌建造了一艘能容纳三千人的“长安”舰。东晋于武昌设置船官造船兼管理航运。南朝时，荆州是非常重要的造船中心，宋泰豫元年（472），荆州刺史沈攸之怀不臣之心，“荆州作部岁送数千人仗……装战舰数百千艘，沉之灵溪里，钱帛器械巨积”，可见造船能力之强。齐末，萧衍于襄阳檀溪湖中造船三千艘，作起兵进军建康的准备。此前曹操还曾浮邓塞（今襄阳樊城东）之舟参与赤壁之战。魏征南将军王昶于襄阳操练水军，表明襄阳的造船能力一向不弱。梁将巴东人徐世谱善造舰船，在与侯景作战时，“别造楼船、拍舰、火舫、水车以益军势。将战，又乘大舰居前，大败景军”。其中的“水车”是于船中设置水轮推进的楼船。

秦及西汉前期，漆器的使用依旧广泛，制作工艺相比战国时期进步明显，主要体现在卷木胎、夹纻胎、金银镶嵌等漆器数量的增加，生产的器物更加精美，新出扣器、针划填金漆器是漆器制作工艺的一大进步。一些器物上还留有“草”“饱”“洀”“画”等铭文字样。其中“草”意为“造”，“饱”指髹漆“麭”；“洀”指阴干，“画”指彩绘，表明漆器制作已有很细的分工，领先于当世。

荆楚地区汉代陶器制作已有浸釉、荡釉、刷釉等多种施釉方法，最显著的技术进步是加铅料的低温釉陶开始出现。青瓷前身的高温釉陶在湖北枝江赫家洼遗址和当阳刘家冢子东汉墓等地都有出土，体现了当时陶瓷技术的进步。此外，荆楚地区在玻璃制作、造纸、竹编技艺等领域的进步可谓竿头日上。

荆楚是中国古代源远流长的名酒之区，酒类品种很多且酿造方法不尽相同。一类称为“醴”，是一种以黍米为原料发酵期短的甜酒；一类称为酘，是将醴进一步发酵而成，酘中还有一种以黍或秫为原料酿造的黄酒“醪”。宜城醪醴天下知名，时人常常将“宜城醪醴”和“苍梧缥清”并称，“言一清一浊也”，是两种不同类型的名酒。另外还有酎，又称为九酝，是一种多次投料、连续发酵的制酒工艺。张衡《南都赋》中提到“酒则九酝甘醴”，西晋张华《轻薄篇》誉为“宜城九酝醝”。《荆楚岁时记》还记录了一些节令酒，如正月初一时，“长幼悉正衣冠，以次拜贺，进椒柏酒”。端午节时，“以菖蒲或镂或屑以泛酒”。这些都是在普通酒的基础上再加入椒、柏叶、菖蒲等配制的酒，有一定的风俗意义，或还具有一定的药理作用。

除前面提到的提花机和车轮战舰外，其时还出现了指南车、飞鸟等用高超的机械原理、以精铜为材料制成的仪器，说明在秦汉魏晋南北朝时期荆楚地区的齿轮传动与离合技术均已取得了不俗的成就。

七、日渐繁盛的城市与商业

（一）秦汉三国交通与城邑网络的形成

秦汉时期的荆楚城市大多是楚国城邑的延续，随着郡县制的普遍推行，行政管理型和边缘地区城邑有所增加，地区发展不均衡的状况得到迅速改变，鄂西山地开发被激活。最重要的变化是江夏崛起为一角，使吴头楚尾的鄂东地区开发加快，成为新兴的区域发展中心，与荆楚地区之间的联系变得日益紧密。在此基础上，黄初二年（221），孙权从公安移都鄂城，改鄂县为武昌，以备战蜀汉因痛失荆州可能发动的东征之战，以武昌、下雉、寻阳、阳新、柴桑、沙羡六县为武昌郡，进一步加强了对鄂东地区的开发。

三国时期，荆楚地区进入全域加速开发的历史时期，东吴占据的沿江两岸开发尤为迅猛。曹魏西晋对东三郡（房陵、上庸、西城）的占领开发特别重视，荆楚与皖、赣、川渝、黔、豫、陕间原有之干道于此期间得到极大拓展，隙地获得开辟。建安二十四年（219），刘备遣宜都太守孟达从秭归北攻房陵（今房县），杀房陵太守蒯祺；刘备派马良深入武陵山地动员胡王沙摩柯参与夷陵之战；王昶尝谓“黔、巫、秭归、房陵皆在江北，民夷与新城郡接，可袭取也”，表明鄂西南武陵郡与鄂西房陵上庸郡间的道路业已畅通。黄祖多次遣兵从江夏东进柴桑受阻于江东；孙权势力夺得江陵后，为让长江上下游连为一体，加强对长江中游的控制，防备蜀汉的东进和曹魏南侵，强势与魏、蜀争衡，于长江沿线建置建平、西陵、乐乡、南郡、巴丘、夏口、沔口、邾城、武昌、皖城、牛渚圻、濡须坞、广陵十三城，沿途设置烽火台，“合暮举火于西陵，鼓三竟，达吴郡南沙”。黄武年间（222—229），吴戏口守将晋宗拥众叛吴入魏，魏委以蕲春太守之职任，孙权于盛夏命贺齐督麋芳、刘邵偷袭蕲春，生擒叛将晋宗。征之此前千余年，鄂东至皖南大规模铜矿开采与“金道锡行”的外运史，足证鄂东沿江两岸之道路也早已津途四达，荆楚全域交通网络于斯形成，是赤壁之战、夷陵之战、东三郡争夺战等大型征战能够展开的基础条件。

（二）人口迁徙对经济文化的影响

南北交会、东西连通的枢纽位置与地理环境，决定了荆楚地区是一个移民频繁，民族成分复杂，并因此受益远多于受害的地理区域。荆楚核心地区在先秦时期的发展得益于汉阳诸姬、中原先秦古国、巴濮群蛮尤其是楚人的迁入。楚于荆襄地区立国后一直不遗余力地向江淮拓展，战国末期楚王室和贵族精英的东迁，不仅极大地加速了江淮地区的开发繁荣，还风行草偃地让“皋陶庭坚”之后，一向以徐偃王行仁义相标榜的柔弱松散、暮气沉沉的当地民风豹变，是秦汉以后长江下游地区迅速超过原本较其先进得多的中游地区的决定性因素。秦末活跃于抗秦舞台上的多支楚地抗秦军领袖和策士无不智勇兼资地团结在“张楚”的旗帜下，展现出横扫一切的非凡气势与担当，让关东先秦诸国嗣裔之军莫不慑服。西汉朝野方方面面表现出的对楚文化的好尚，主要体现在淮泗地区的楚人身上。汉初为关照那些建国元勋，将衡山、淮南、庐江三国分封于江淮地区之东楚故地，是后续江夏、庐江、九江郡设立的基础，可在相当程度上视为楚人势力与文化的延续。江东土居和移民大族具楚人血统的不在少数，曹操、袁绍家族均具楚人血脉，曹操核心同盟之夏侯氏，核心主力青徐军之徐军，大多是楚人。刘焉、刘备带大量楚人入巴汉，汉末“南阳、三辅民数万户流入益州”，摇身转变成刘焉东州兵的主力，“（来）敏随姊夫奔荆州，姊夫黄琬是刘璋祖母之侄，故璋遣迎琬妻，敏遂俱与姊入蜀”。西晋末“王如余党李运、杨武等，自襄阳将三千余家入汉中”。孙吴集团中活跃着一支助孙策“平定吴会，诛其英豪”的强大楚人力量，是他们助孙氏势力在江东站稳脚跟，出自江淮和湖湘地区的谋臣将帅更是群星闪烁，洵或是强大的荆州势力落败于江东孙氏集团的深层原因，楚汉对垒和三国之争相当程度上是楚人之间的战争。自东吴立国建业以后，下游开发进一步超过中游。其后，“淮南楚子，天下精兵”是六朝立国江南的底气所在，宋齐梁政权俱由江左楚子所建，是六朝上下游之间始终相互支撑，斗而不破的深层内在根由，也是上下游间文化风俗习惯相近的重要原因。

为填补秦楚战争中无数楚人牺牲和精英东迁后的人口空白，秦强迁大量敌国“罪人”入江汉和鄂西北地区，与先秦之南蛮应有密切关系的五陵蛮也趁机大量北迁江北广袤的山区隙地，造成荆楚文化两个多世纪的落寞。汉武帝时，东南的越人被大规模徙往江淮之间，活跃于蛮河、沮漳流域间的众多越人当或与这批北迁越人关系密切。

魏晋南北朝时期，那些来自晋、陕、陇、豫、冀等地，带有浓厚血缘地缘色彩的大规模移民先后移居荆楚，主要分布于襄阳、江陵、武昌等平原地带，以襄阳为中心的汉水中游最为集中，外来人口数量和势力超过本地。其次是江陵、松滋一带，再次是江夏、武昌地区，形成一个个聚族而居的流民集团。东晋南朝以这些移民之原州郡地域集团为基础设置了众多军政合一的侨州郡县，用其民力并宣示主权，极大地促进了荆楚地区经济文化的发展。在襄阳邓城出土有南朝时期南阳宗、弘农杨、辽西韩家族墓地（图 3–8），也有一些名郡大姓铭文砖散见于民间收藏者手中。

图 3–8　襄阳邓城出土南朝弘农杨、南阳宗、辽西韩家族墓铭文砖

广泛分布于长江中游地区的蛮族于此时纷纷出山就陆，或被当朝掳掠、逼降、招抚出山，据统计，仅在汉水中游地区出山与汉民杂居的蛮民不下 130 万人。极盛时，朝廷在蛮族聚集区设置的左郡左县分别达 40

和 140 多个，率以归服之蛮族首领出任郡县守长，让他们以其固有的统治方式管治，朝廷不干预其内部事务，带有相当程度的民族自治色彩，在宜城楚皇城出土的“晋蛮夷归义矦”“晋蛮夷率善邑长”两枚铜印是其见证。

伴随移民的定居化，其聚居之地因此得到开发，更多的城邑乡聚随之涌现。

（三）城市、交通、商业、大土地开发带来的经济繁荣

九省通衢的交通地位使荆楚地区具备倚重交通带动经济社会发展的有利条件，在春秋战国时期业已形成北通中原，东贯江淮，南达岭表，西及巴蜀的交通大格局。楚怀王之弟鄂君启的庞大商船队，满载着除国防物资以外的各种货物，从南阳城北的封地鄂邑出发，常年从白河进入长江中下游及其支流数十座城邑从事商贸购销活动。其庞大的商用车队于楚国北方转运营销并与中原国家往来贸易。北京大学收藏和湖南里耶出土的秦代里程简详载了以江陵为中心，北通鄢（今宜城）、南阳、洛阳，东至安陆、夏口、沙羡（今江夏）的水陆里程、途经城邑及彼此间的距离。严耕望先生《唐代交通图考》谓古代中国以由关中东南行、由洛阳南行，进入南阳盆地到达宛，再循南襄隘道南下襄阳，复南循汉水进入长江中游地区的交通最为便捷繁忙，且网及南北、东西诸多地区，因而在国家政治中心东移、经济中心南移及大运河开凿之前，这条路线成为南北交通的主干道。实则这条主干道在秦汉魏晋南北朝时早已形成。

荆楚地区河湖密布，水路成为与陆路同等甚至更为重要的交通动脉，主干长江、汉水，支流湘水、资水、沅水、澧水、丹水、沮漳水、蛮水、涢水、举水、富水等水的流量丰沛，“可以浮舟筏巨川”，形成了四通八达的航运网络。尚有人工修建的运河让其更加便捷通畅，晋杜预所开扬水运河直接连通长江与汉水，使襄阳、江陵间的水道航程大大缩短。故无论是公私往来，还是商旅贸易，出行首选水路是荆楚城市的

重要特色。

南朝以降，荆州被析分为雍、郢、湘三州及司州的一部分，这使拥有广袤土地的原荆州受到朝廷更为严密的控制。不断增加、叠床架屋的行政机构和众多的王侯封地，逐步推广到偏远边地的郡县，使得荆楚地区的州郡县治所城邑激增。

荆楚地区是兵马重镇，其得失攸关国家的兴衰存亡，六朝政权纷纷在一些荆楚要塞修建城堡，屯集着大量军队，为解决军粮供给危机，屯田御边之策在六朝一直受到青睐。这些具有浓厚政治军事色彩的城邑主要分布于长江与汉水沿岸，这里资源丰富，交通便利，具有良好的先天发展条件，它们因此“大都经历过由单纯的军事防御职能，向行政兼工商业中心双重功能的转化”，成为促进荆楚地区土地开发、城邑增加的又一个因素。

伴随着宗教日益兴盛，荆楚地区兴建了很多寺观，寺观通过购买和接受捐赠、赏赐、投附等方式，获得大量土地和依附民，迅速崛起壮大的寺院经济也在一定程度上促进了土地开发和商业发展。

随着政治局势的变动，汉代开始形成的大地产田庄的集中分布区域，经历了一个从南阳向襄阳再向江陵转移的历史过程，广占田地与山川林泽是这一时期荆楚地区土地开发的一个重要途径。在经营方式上，大地产主要以田庄的形式自主经营，促进了农业经济向多样性、精细化方向发展。粮食的丰裕，使得经营者能腾出更多的劳力从事林、牧、渔、手工业等多种生产经营和商品贸易。传统宗族组织依恃的坞堡被大量修建，而更多的人口则是跟随大族入居城邑，军阀政权也每每将众多的人口强制驱往城市，城郊渐变成人口聚居地，一个以坞堡城邑为中心、自给自足、相对封闭的生产关系悄然建立。坞堡城邑为生产耕作提供安全保障，城市农民从事农耕劳作，城乡界限被打破，人们从乡村涌入城市，从小城流向大城，“城郊结合”型农业渐成寻常业态，是构成城邑增多的另一个重要原因。

城市的数量与城市人口的迅速增加，常态化大规模人口流动，文人雅士、宗教人士雅集，不断增加完善的节庆和宗教活动，促进了商业贸易的繁荣，官商、贵族官僚、行商坐贾三类经商模式竞相趋于活跃，州府治所郡邑中都设有官市，政府设市丞、牧、佐管理。繁荣的商贸活动加速了以江陵、襄阳、夏口为中心的荆楚商贸网络的形成。南朝时，“荆州物产，雍、岷、交、梁之会……良马劲卒，彼中不无，良皮美罽，商赂所聚”，“鱼盐杞梓之利，充仞八方，丝绵布帛之饶，覆衣天下”，是当时南北货物与地方农产品、手工业品的贸易中心，对整个长江中游地区形成巨大的吸引力和经济辐射力，并是一座重要的对外贸易城市，其地位和影响几可与都城建康相提并论。

襄阳是汉水中游地区的经济中心，“百工集趣，机巧万端”，“自晋氏南迁之后，南郡、襄阳皆为重镇，四方凑会”，“交、扬、益州，尽遣驿使”，江面上商船往来如织，陆路上车马辚辚，行商摩肩接踵，兼有“互市”机构，经由往来各地贸易的“互市人”之手，商货可由凉州辗转到达襄阳，从而使得传统的“丝绸之路”贸易由长安延伸至荆楚，成为一座具有国际贸易性质的城市。

“夏口在荆江之中，正对沔口，通接雍梁，实为津要”，拥长江与汉水交汇之地利，可直接与襄阳、江陵、长沙、都城建康连通，增加了航路选择，是一座“浦大容舫”“商舟所会”的大型商贸港口城市，市场一直十分活跃，一度“不立市丞牧左之法”，是长江流域令人侧目的新兴商业城市。

商贸网络的形成，对荆楚城市发展的影响不言而喻。在各州中心城市的辐射带动下，周边的城邑通过商贸活动与中心城市有机联动，成为中心城市的腹地与卫星城。从小区域的城市群，再扩展到整个荆楚地区的城市网络，商贸经济活动在其中发挥了巨大作用。因而城市、交通、商业三位一体在荆楚大地上迅速发展起来，带来这一时期荆楚地区人文地理景观和社会面貌的巨变。

八、日益趋同的风俗习尚

风俗最能反映一个地区的精神特质，受地理位置、自然环境、文化传统、对外交流的影响，饭稻羹鱼的生活方式，信鬼神、重淫祀、尊天命的民间信仰，赛龙舟、登高、修禊、斋醮礼佛诸娱乐节庆是荆楚地区及楚人东迁之江东地区的典型风俗特征。

（一）物产丰富的饮食娱乐

在出土秦汉简牍中，荆楚地区仍保存有不少独立的地域习俗。大一统后，外地的先进生产技术和新物种纷纷传入，五谷六畜、瓜果蔬菜变得丰富，秦汉墓葬遣册中记载的粮食作物有稻米、粢、菽等，瓜果蔬菜有梨、枣、柚、芋、藕、葵等，肉产品有牛、羊、兔等牲畜和雀、雁、鹌鹑等禽类，水产品有鲫、鲤、虾、蟮、鳖等，还有黄芩、芜荑等药材，盐、糖、姜、蒜等调味品，茶、浆、酒等饮品。

秦汉时的餐制一般为一日两餐，也存在着一日三餐甚至四餐。马王堆汉墓遣册记载的烹饪方法有羹、炖、熬、焖、濡、炙等。饮食讲究礼仪，宴席仍以东向为尊，饮酒之风依旧盛行，酒的品类有白酒、温酒、助酒和米酒。宴饮时常伴有一系列助兴的游戏，北京大学藏秦简中的《酒令》即是当时流行于江汉地区的助酒辞令，六博、歌舞是宴饮时常见的助兴娱乐，其时的随葬品中有不少六博棋具及六博画像砖，江陵凤凰山 8 号西汉墓遣册所载葬品中有“博、算、綦、梮、博席一具、博囊一”，出土物中有 12 枚骨质棋子，6 根箸。北京大学藏汉简中有一篇附有《博局图》的《六博》文。汉高祖、光武帝、汉明帝回乡宴请父老乡亲时，皆以歌舞助兴的记载让过目者印象深刻。南阳、襄阳出土的汉画像石、画像砖中，有很多击鼓起舞的宴饮场面，以及角抵、狩猎、杂技、蹴鞠、武术、投壶、扛鼎、赛棋、拔河等娱乐情景。

这一时期的名士大多好酒，在汉代甚至更早便已声名远播的宜城美酒声誉更隆，不仅在王室宫廷间享有盛名，还是王室赏赐臣属的佳品，考古发掘资料对此也多有反映。

饮食方面，发酵面食开始出现，蔬菜常被做成菜菹储藏，盐、蜂蜜、茶等物于时出产。随着佛教深入城乡各个角落，饮食文化于时逐渐渗入浓郁的宗教信仰特色，荆楚地区的饮食习俗潜移默化地发生着变化，最具代表性的是素食主义饮食观流行，不再有正月一日吃鸡蛋的习俗。

随着胡床等坐卧工具的传入和普及，汉族原本席地而坐、就低案而食的饮食方式受到冲击，分食制开始向合食制过渡，产生了很多新的食物和饮食习俗。

这一时期荆楚地区的文娱活动非常丰富，传统的娱乐活动仍在延续，见于《荆楚岁时记》的有饮酒、施钩之戏、打球、秋千、斗鸡、斗百草、竞渡、藏钩之戏等。

（二）种类繁多的服饰

秦汉时期的衣服原料有丝、麻、葛、毛等，男子冠帽有法冠、冕冠、长冠、武冠、爵弁等十余种。云梦睡虎地 11 号秦墓出土的丝帽上缠贯有起固定作用的铁丝。江陵凤凰山 168 号汉墓出土遣册记有“冠二枚，在棺中”，棺中果然见到两顶纱帽。衣服分为很多种类，凤凰山 8 号墓遣册记载的几件丝质“禅衣”的颜色、名称各不相同。长沙马王堆 3 号墓遣册载“美人四人，其二人楚服，二人汉服”。1 号汉墓出土的 2 件“素纱禅衣”薄如蝉翅。与禅衣相对的是一种较厚的夹层复衣，江陵凤凰山 8 号墓遣册中记录有“素禅襦”“绿绮复襦”“绣小复裙”“布禅绔”等。其时还流行将上衣下裳连在一起的曲裾深衣，宽松的直裾长衣更为流行。襦裙、深衣、袍等衣服在当时不大区分男女。汉代女子的礼服除了深衣，还有高档的“袿”。最常见的女鞋称“履”，袜子称“韎”或“襪”。江陵凤凰山 168 号汉墓出土一双精巧的双尖翘头履（图 3–9），与同墓出土木俑所穿双尖翘头鞋同款。“布”通常指麻、葛等物的织成品。衣服的色彩讲究并有等级之分，与五行相对应的五色为基本色调。男子普遍以佩戴剑、刀、带钩、韨、冠作为身份尊贵的象征，秦汉墓中出土不少死者生前所佩戴的刀剑、带钩及多种材质的“璧”。睡虎地秦墓还出土了3件鱼形木珮，1件竹笄，1件木环，2件铜璜，2颗陶珠，江陵凤凰山汉墓出土有1件骨簪，都是当时男子的实用性装饰品。女子发髻常装扮成椎髻、垂云髻、堕马髻等，饰品有簪、钗、步摇、假发等，耳饰有珰、珥等，配饰多为香囊。

图3-9 江陵凤凰山168号汉墓出土双尖翘头方履

士庶间存在着两种判然不同、不可逾越的生活方式，士族高门低门间的差距巨大，婚宦关系复杂讲究，这在以地域大族、官员绅旧统领的移民集团中尤为突出。上层社会崖岸自高，普遍追求峨冠博带的飘逸服饰，贵族墓中出土的陶俑普遍造型瘦长，刻画精美，“秀骨清像”“褒衣博带”的审美倾向昭然。画像砖中供养人的穿着也体现出这一时兴风尚。

平民穿戴的衣服被称为“白衣”，又称布衣，一般由麻葛制作，常见的有襦、裤、衫、袄、裙等，用来束衣的腰带种类繁多，上层阶级的腰带多用绅制成，被称为“绅带”，也有用皮革做成的“鞶”。平民百姓所用的腰带多由熟牛皮制成，被称为“韦带”，首服有冠、帢、巾等，士大夫喜欢用幅巾包头，并在社会上形成风尚。

北方少数民族南下，胡服风行于中原，南方也受到了一定影响，裤褶服开始流行，鄂城六朝墓出土了不少头戴尖帽，身穿紧领窄袖袍或紧身衣、分裆裤的胡俑。胡服虽无飘逸的美感，却制作简易，便于劳作打理。

女子的发式与秦汉相比有所变化，束发越来越松弛，假发于两晋流行过一段时间。女子的头饰有簪、钗、步摇、钿等，喜欢用金银珠宝制作的花钿等花形饰品。

男子流行的配饰有玉器、刀剑、麈尾等，团扇成为南朝的常见装饰物，如意深受士人喜爱，镯子、指环、带钩、鸳鸯坠、辟邪等都是流行配饰，以“熏衣剃面，傅粉施朱”相尚的贵族子弟在楚地并不普遍。

（三）特色鲜明的婚丧祭祀

中国自古便有“吉凶军宾嘉”五礼。吉礼谓祭祀之礼，凶礼指丧葬之礼，军礼为军旅之礼，宾礼为宾客之礼，嘉礼为冠婚之礼。其中婚丧祭祀包含有时代文化、各地习俗等方面内容。婚俗有“男三十而娶，女二十而嫁”的说法，但在实际生活中并非如此，汉惠帝甚至下诏，女子十五岁以上不嫁者将受到惩罚。婚事一般请媒妁提亲，得到女方同意后再行问名占卜，接下来便是订婚，男方随之向女方家下聘，然后选择婚期，由男方家庭派人去女方家中接亲。婚礼当天宴请宾客。由于涉及户口管理，结婚和离婚都要履行一定的官方手续。

魏晋南北朝时期的婚姻形式仍沿用前代礼数，以聘娶为主。由于政府鼓励甚至强制，时人普遍早婚，晋武帝曾下诏，若女子在十七岁前未嫁，由地方政府强行婚配。婚礼上时兴新娘用团扇含羞遮面等待新郎催请的却扇礼。奢侈之风弥漫，官方不得不出台相关禁令。然在动荡的东汉末年至东晋时期，也曾出现一种“拜时”婚，用纱巾盖住新娘面部，由新郎揭去，拜过公婆，即算礼成。

不同葬俗最能反映不同民族的习俗。中国古代事死如事生，对丧葬礼仪特别重视，富贵之家的丧葬规格高、礼仪非常隆重，普通人家相对简省。人死之初，要对死者进行沐浴装殓，根据死者的身份地位贫富状况，置办一系列随葬物品。棺木的材质和规格按等级贵贱置办，准备工作就绪后，要在堂中停放，接受亲朋乡邻的吊唁，在外地的亲属都要赶回家中赴哀，在外为官者要告假甚至辞官。吊唁之人一般都带着赗礼。葬地和葬日的选择较为慎重，归葬故土的观念强烈。荆楚地区流行竖穴土坑木椁墓，葬式以仰身直肢为主，秦及西汉早期的墓葬多为单人葬，此后出现双人葬或多人葬，还会在椁室外填青灰泥，棺椁盖上覆盖竹席等织品，还有专门服务于丧葬的文书，如遣册、告地书等，遣册主要内容是记录随葬物品的清单，告地书是模仿官文给死者带往阴间地府的报到文书。边远山地还存在船棺葬、崖墓葬等独特葬俗。

荆楚地区“信巫鬼，重淫祀”，因而民间祭祀非常丰富，祭祀祖先的方式逐渐从庙祭转为墓祭，往往在墓葬旁设立祠庙以便祭祀。墓前石刻主要有碑、石兽、石柱等，曹操时，以天下凋敝，下令不得厚葬、立碑，使立于地面的墓碑大量减少，替代的是埋于穴内的小型碑碣，后世墓志即由此演变而来，其内容主要介绍死者的生平家世。汉代设置在陵墓前起护卫、辟邪作用的圆雕狮、虎、马、鹿、神兽等石刻，其俗流传久远。

南北朝时期葬俗的主要改变是盛行薄葬，发掘的墓葬对此有所反映，随葬品中的精美器物大大减少，以陶器、漆木器为多，偶见青瓷器及其他物品，生活用器为大宗。相墓术得到普遍应用，流行镇墓文、衣物疏、买地券等丧葬文书，镇墓兽颇为常见，墓前延续汉时风俗，陵墓前设有石兽和祭台等。佛教的影响力也渗透到此时的丧葬文化中，画像砖和铜镜花纹中盛行佛像题材。蛮族有死后搁尸树上，三年后再由女婿拾骨入土安葬的奇异葬俗。

（四）日益形成传统的岁时节日

《日书》类似于后世的皇历，出土的秦汉简牍《日书》十余批，大多出自楚地，包含生老病死、娶妻生子、出行等各个方面的信仰与禁忌，最常见的是当时的宜忌选择方法和吉凶占卜。

岁时节日是古代人民为指导农业生产等，根据天候、气候、物候等规律性变化约定俗成产生的、具有特定意义的节日，通常以年为周期，不同的节日有不同的内容形式，秦汉时期大致定型的节日有正旦、立春、正月上丁日、正月上亥日、社日、三月上巳日、五月五日、夏至、伏日、貙刘（立秋日）、八月节、十月旦、冬至、腊日14个。对照稍晚成书的《荆楚岁时记》可证这些节令风俗在当时的荆楚地区业已形成传统，当下的荆楚节令此时已臻于成型。

起自元旦、迄于除夕的岁时节日部分保留在残存的《荆楚岁时记》中，能大致反映出荆楚岁时节日的基本面貌，兼带提及当时人们普遍信仰的山臊恶鬼、门神、紫姑、鬼鸟度、穷鬼、社神、牵牛、织女、灶神等诸多神鬼，还有屈原、钩弋夫人等历史人物。时人敬畏兵祸、毒气、疾病等事物，反映在习俗上大致有辟邪、祈福、占卜预知、驱逐鬼魅、疾病等多个方面，荆楚民间信仰系统纷繁庞杂之说并非虚言。

佛教的强大影响使荆楚地区产生了不少新节日以及各种法会活动，如二月八日为释迦牟尼诞生之日，四月八日为浴佛之日，四月十五日为结夏之日，七月十五日为盂兰盆节。

一些山地和偏僻的边远地区依然保留着比较独特的风俗，《隋书·地理志》载荆州地区“多杂蛮左，其与夏人杂居者，则与诸华不别。其僻处山谷者，则言语不通，嗜好居处全异，颇与巴、渝同俗”。

总之，秦汉魏晋南北朝是中华文明发生重大变化的历史时期，集权专制体制下的中国文化重建于这一时期，荆楚文化也承袭转换发展定型于这一时期，共同的文化生活习惯形成于这一时期，虽然其发展繁荣远非一帆风顺，战乱与和平交替出现，和平则人文蔚起，亮点纷呈，生机盎然；战乱则生灵涂炭，满目疮痍，水流花谢。凭借天然的地理形势，根深蒂固的历史地理与经济文化联系，借助各种因缘际会的国内外形势与较多的对外交流，经过民族、宗教、文化、艺术的融汇出新，荆楚文化的创造力依然强大，仍旧保持着难得的独立性和独特性。在隋唐重新大一统之后，顺利汇入新时代的滚滚洪流之中，为中华民族文化的形成做出了卓越贡献。

第四章　恢弘与雅致：隋唐宋元时期的荆楚文化

“江汉风流万古情。”在诗圣杜甫诗句的引导下，若来一场穿越时空的旅行，走进隋唐宋元时期和此一时期的荆楚地区，触摸荆楚文化发展的时代脉搏，一种贯通古今，神交古人，思绪万千之感油然而生，如大文豪苏东坡那般：“大江东去，浪淘尽，千古风流人物。”“恢弘”，博大，宽宏；“雅致”，高雅，美观；“恢弘”“雅致”这两大关键词，是我们认识与把握隋唐宋元时期荆楚文化“时代性”和“地域性”最为贴切的印象词。

隋唐宋元时期荆楚文化的恢弘气象，犹如元马致远《陈抟高卧》第一折所唱：“志量恢弘纳百川。”在整个中国历史上，隋唐宋元时期共计 788 年。隋朝的国号源自随州和随国，反映了当时荆楚文化在全国影响力的提升；唐朝是当时世界上最强盛的国家之一，声誉远播，成书于 636 年的唐官修史书《隋书》自称“大唐”，成书于 720 年的同时代史册《日本书纪》已将唐朝尊称为“大唐”，荆楚大地成为当时南北东西文化碰撞、交流和融合的大舞台，荆楚文化呈现复兴恢弘之势；承接盛唐气象的两宋时期，荆楚大地文化名人辈出，寓居俊彦群星灿烂，在学术与思想、文学与艺术、科举与教育、生产与科技文化等方面都取得长足的进步；元朝时期，荆楚文化虽然缺少特别的创造，但依然不乏恢弘气象，多点多面多元多彩，理学北传，元曲精妙，宗教文化和交通文化也都得到一定的发展，从而为中国古代社会后半期荆楚文化的昌盛奠定了坚实基础。

隋唐宋元时期的荆楚文化最为雅致，因为其雅致，才能如白居易

《读李杜诗集因题卷后》诗句所言：“吟咏流千古，声名动四夷。”广博精深的儒学思想与学术，既有光耀荆楚的儒学思想传播者，又有彪炳史册的理学思想家，还有博古通今的学术研究。争奇斗艳的文学，既有渔歌激辞的本土文学，又有光芒万丈的客籍文学。吉光凤羽的艺术，既有别具一格的书画，又有清韵悠长的民谣与表演。开拓进取的教育，既有继往开来的官学与私学，又有弦歌不辍的书院，更有俊彦辈出的科举考试。突飞猛进的科技，既有强基固本的农耕与水利、变革领先的冶金与火器、传承创新的造纸与活字印刷、精美瑰丽的漆器与竹编，又有不同凡响的建筑与造船、朴素生动的陶俑与瓷器、开榛辟莽的茶学与茶艺、引人注目的医学成就。关注众生的宗教，既有盛甲天下的佛教，又有盛衰嬗变中的道教。独具特色的风俗，既有特色鲜明的节会风俗，又有特色浓郁的饮食风俗……

一、广博精深的儒学思想与学术

（一）光耀荆楚的儒学思想传播者

荆楚文化在隋唐宋元时期的蓬勃发展，突出表现在思想上。思想如奔腾向前的江河，汇聚着不断发展的民族智慧和认识成果，凝聚着哲人们的沉思和心血。中国传统宗法制社会由前期向后期过渡，在隋和唐初已有转化的迹象，到宋代才完成这一转化过程，这一转化过程对思想界的影响巨大。

“天不生仲尼，万古长如夜。”蜀道馆舍壁间的这一联语，经由《朱子语类》的传播，成为对孔子最有名的定评，思想之于人类的意义由此可见一斑。从思想发展的阶段性看，隋唐时期荆楚地区儒学思想相对较为沉寂，其发展时期则主要在宋元时期。

皮日休是一位不可忽视的思想家，他尊孔崇孟，可以视作唐代对儒学思想传播与弘扬做出过贡献的荆楚文人。皮日休（约 834—约 883

年），字逸少，后改字袭美，竟陵（今天门）人，一说襄阳人。皮日休曾经企图用儒家思想的药，来医治病入膏肓的唐王朝的病。皮日休从儒家学说中接受更多的是孔子的“仁者爱人”和孟子的“民为贵，社稷次之，君为轻”这些具有进步倾向的“民本”思想，他思想中强烈的现实意识和忧悯情怀来自于他所面对的唐王朝的腐朽黑暗和人民的疾苦，也许这就是他于僖宗广明元年（880）参加黄巢农民起义军的根本原因。皮日休把王通、韩愈作为当朝孔孟的继承者，两次上书请求让韩愈在太学里享受祭祀。皮日休还以儒家思想为指导，在《鹿门隐书》六十篇中论述了一些为文做人的道理，称得上是儒家人生教科书。皮日休的尊孔崇孟思想影响其文学思想与成就，他以“明道”作为自己为文的宗旨，作为晚唐著名诗人及散文家，皮日休与陆龟蒙齐名，世称“皮陆”。

宋元时期，不管是客籍湖北的儒生还是本土儒生，他们在传播儒学思想和理学思想的创立与传播上，成就卓著。如知黄州的王禹偁、安陆名儒令狐挨、“直声动天下”的唐介、为官荆州的杨时、张孝祥和张栻、知荆门的洪适、任武昌县令的薛季宣、追随朱熹的兴国军吴必大和大冶万人杰，以及“江汉先生”赵复和“江汉同调”砚弥坚等人，他们因或践行传统儒学的“仁政”“民本”思想，或播扬理学特别是二程的洛学、朱子之学，或致力于儒学的北传和儒学的复兴而光耀荆楚。

客籍湖北的儒生，以“有德于民”的好官“王黄州”为例。北宋名臣王禹偁（954—1001年），字元之，济州巨野（今山东巨野）人，被后世史家誉为“北宋政治改革派的先驱”“关心民瘼、敢说敢为的好官”“诗文革新的旗手”“据实直书、不畏时忌的史家”。宋真宗咸平元年（998）的十二月出知黄州（今黄冈市），时年45岁。第二年闰三月抵达黄州。咸平四年（1001）春移知蕲州（今黄冈蕲春县），四月到任，五月十七日卒于任所，享年48岁。刚直不阿的王禹偁是北宋第一位贬谪到黄州的士大夫，他在黄州、蕲州共居住两年两个月的时间，在两年多的任期内，他深谋远虑，做了许多谋国为民的大事。王禹偁一向勤于政事，孜孜以求，致君泽民，报效朝廷。下车伊始，他即踏勘黄州山川、城垣，任期内关心黄州儒学教育、修筑城垣防御工程、设立医院救助狱中病囚，很好地实践了儒家“仁政”“德治”思想。林逋《读王黄州诗集》有“纵横吾宋是黄州”一语，苏轼《书韩魏公黄州诗后》亦云：“元之自黄迁蕲州，没于蕲，然世之称元之者，必曰黄州，而黄人亦曰‘吾元之也’。……元之为郡守，有德于民，民怀之不忘也固宜。”可以说，“王黄州”之名不仅是对王禹偁（图 4–1）知黄州的极高评价，更是他德治仁政、公忠体国一生的缩影。

图 4–1　王禹偁画像

在北宋政治舞台上，荆楚地区涌现出的儒生官员尤以江陵唐介最为著名。唐介一生为官，践行着儒家的正直价值观，《宋史》史臣将唐介与刚正不阿的包拯的传立在同一卷中。唐介（1010—1069 年），字子方，江陵人，北宋著名谏官。据同朝宰相王珪所作《唐质肃公介墓志铭》载：“公讳介，字子方。其先晋昌人，唐末避乱于余杭，自其祖始徙家江陵，今为江陵人。”唐介一生以正直、敢言著称。在任地方官时，他就表现出刚直不阿、秉公执法的品格。如在任岳州沅江县令时，曾发生县吏因勒索富而吝啬的百姓李氏未遂，便诬其从事官方严令禁止的“杀人祭鬼”陋俗的案件。岳州太守捕其全家，虽施以重刑，但李氏并不招供。太守又让唐介审理此案，唐介并不迎合上司，而是依法审案，他独立审理后认为犯罪证据不足。愤怒不已的太守仍不甘心，还奏请朝廷派御史异地继续审讯，最终审理结论与唐介同。为此，岳州太守及以下官员获罪，而唐介“未尝自言”。自任京官为御史后，唐介忠实履行谏官独立敢言的职责，其正直品性得到淋漓尽致的展现。如当他得知皇家寺院启圣院造龙凤车，且宫内库房为之提供奇珠宝玉用于装饰，不只奢靡，又搅扰清静圣地时，就向仁宗进谏道：“此太宗神御所在，不可喧渎；后宫奇靡之器，不宜过制。”皇上采纳其谏言，下诏立即毁掉龙凤车。唐介坦率耿直、疾恶如仇的美名轰动天下，后来相继继位的英宗、神宗均对唐介礼遇有加。唐介病故后，王珪写有《赠礼部尚书唐质肃公挽词二首》，其诗句有云：“昔在仁朝日，孤忠独犯颜。一身宁自顾，万里偶生还。”“恤恩天子厚，遗直世人哀。”而《宋史》本传卷末史臣论曰：“介敢言，声动天下，斯古遗直也。”

（二）彪炳史册的理学思想家

理学是中国及世界哲学的一次巨大飞跃。理学的奠基者二程兄弟，即程颢和程颐，生于湖北黄陂且长于黄陂。二程后来定居洛阳，其学被称为“洛学”。二程的主要著作，有他们讲学语录的汇编《河南程氏遗书》和《二程外书》，后人总纂为《二程全书》。其中包括程颢《语录》和《明道文集》；程颐《语录》《伊川文集》《经说》《程氏易传》。二程的学术理论，虽各有千秋，如程颢重内心体验而治理学，程颐重宇宙、社会而言理学；但是理论思想则是一致的，中心问题是性理问题，其实质是伦理道德。二程洛学在学术道统上，上宗先秦孟子的性理之学，下开程朱理学和陆王心学的先河，具有承前启后的重要历史作用。作为程朱理学的两位创始人，程颢、程颐兄弟是喝着黄陂滠河水长大的，他们的少年时期是在黄陂度过的，所以，至今黄陂留下了大量有关二程出生、儿时读书及游憩生活的民间传说。例如，黄陂城西有草庙巷（今武汉市黄陂区前川街文教巷），传说是二程出生地。滠水前川段左岸有一座鲁台山，他们因崇敬孔子，在鲁台山顶遥望东方鲁地，留下

“鲁台望道”的典故。

胡安国治《春秋》彰显理学特征，朱震和项安世治《易》，以及陆九渊的“心学”，他们因是精致完备的宋明理学体系的创立者而彪炳史册。例如，朱震（1072—1138 年），荆门军长林沙洋人（今荆门市），北宋末、南宋初著名理学家，具有重要影响的易学家。因其居于沙洋汉江之畔，世称“汉上先生”。《宋史·儒林传》《宋元学案》均有朱震生平传略。朱震学识渊博，对经学很有研究，尤其精通《周易》，体会透彻。他以程颐《易传》为宗，采纳各家之说，融会贯通。朱震易学兼综象数与义理的诠释方法。他认为《周易》象、数、辞、占都是对易道的显发，象数与义理两种解易理路都是源于《易传》对于《易经》的阐发，是《周易》天人之学的显现。因此其治易并不专取一家，而博采众说，兼及象数、图书与义理等方法。朱震采用了卦变为核心并包含动爻、卦变、互体、纳甲在内的汉魏象数体例，兼综河洛、先天图式展开的宋代图书之学和程颐确立的义理解易方法，最终自成一体。朱震广泛采辑并折中百家之学，将两汉象数易学与北宋图书学之成果联系起来，建立了一个无所不包的易学体系，其易学纳甲观，就鲜明地体现出这一特点。

元代有“江汉先生”之称的赵复，则致力于儒学的北传。赵复，字仁甫，生卒年不详，元德安府（今安陆市）人，宋元之际著名经学大师，时人称其为“江汉先生”。南宋端平二年（1235），蒙古军队攻陷德安，赵复被俘。姚枢从俘虏中访得名儒赵复，力劝其北上讲学授徒。赵复以所记程朱诸经传注，整理后交给姚枢，并随姚枢北上燕京（今北京），讲学太极书院，从其游学者达百余人，理学得以在北方广泛传播。赵复北传理学，重在程朱理学的传承、旨趣和范围，力图扭转流于空疏和烦琐章句之学的学风，指示研习理学的门径，为北方思想学术导入一股清新之风和源头活水。在宋金对峙的局面下，正如《元史·赵复传》所言“南北道绝，载籍不相通”，北方对程朱理学则缺乏认识和了解。师从二程的杨时，辞归家乡福建时，程颢送别赠言说道：“吾道南矣。”赵复北上及其讲学授徒，终于揭开“道北”的历史序幕，赵复毫无疑问成为元代理学的先驱。

（三）博古通今的学术研究

学术是民族文化的重要组成部分，从整个中国学术史上看，中国学术的发展，与历史的发展相适应，显示出明显的阶段性。一般认为，宋明是中国学术的造极期，但学术史视野下的隋唐宋元时期荆楚地区的学术，自唐代始即已达到相当的高度。

学术上最有代表性的首先是唐代江夏李善与《文选》注。《文选》是南朝梁武帝之子昭明太子萧统（501—531年）主持一批文人编选的一部诗文总集，也称《昭明文选》。该书选录了先秦至梁朝约900年间，100多位作家，700余篇各种体裁的文学作品，历来受到文人们的喜爱和重视。唐朝科举考试进士科最重诗赋，《文选》是必读书之一，“文选学”因此成为显学。李善（？—690年），唐代学者，鄂州江夏（今武汉）人，《新唐书》记载，李善“有雅行，淹贯古今，不能属辞，故人号‘书簏’……为《文选注》，敷析渊洽，表上之，赐赉颇渥”。李善《文选注》最大的贡献就是征引了十分丰富的文献资料，凡经部215种，史部352种，子部217种，集部798种，四部合计1582种。其中许多古籍今天已经亡佚了，书中的一些内容全赖李善《文选注》才得流传下来。李善对原文进行了文字校订，这是正确注释的关键性步骤，在注释过程中，李善追源溯流，大量引证经典文献，李善《文选注》所代表的“文选学”对中国古代文学作品注释具有十分深远的影响。人们将李善《文选注》与杜预的《左传注》、颜师古的《汉书注》并称。

其次，是北宋“红杏尚书”宋祁与《新唐书》的编撰。宋祁（998—1061年），字子京，与兄宋庠有安陆“二宋”之称。宋祁因一首著名的词《玉楼春·春景》：“东城渐觉风光好，縠皱波纹迎客棹。绿杨烟外晓寒轻，红杏枝头春意闹。浮生长恨欢娱少，肯爱千金轻一笑，为君持酒劝斜阳，且向花间留晚照。”被时人张子野称作“红杏尚书”。至和元年（1054），宋仁宗令时任翰林学士、史馆修撰等职的欧阳修担任主编，与宋祁一起修撰《唐书》。由于此前五代后晋时刘昫等人已经编撰了一部《唐书》，因此，后世将欧阳修和宋祁编撰的《唐书》称为《新唐书》，将刘昫等编撰的《唐书》称为《旧唐书》。《新唐书》全书一共225卷，比《旧唐书》多出25卷。列传部分主要由宋祁负责编写，宋祁采用大量小说、笔记、传状、碑志、家谱、野史等资料，增加了不少唐代晚期人物的列传；由于宋祁是《新唐书》的主要作者，使《新唐书》在体例、笔法和风格方面更加严谨，《新唐书》的质量从总体上胜过《旧唐书》。

此外，吴从政《襄沔记》、段成式《酉阳杂俎》、余知古《渚宫旧事》、孙光宪《北梦琐言》、王得臣《麈史》、魏泰《括异志》，这些博古通今的学术著作，影响巨大。

近代作家、批评家黄人在《清文汇·序》中写道："有一代之政教风尚，则有一代之学术思想。"以隋唐宋元时期荆楚地区的学术思想观之，信矣！

二、争奇斗艳的文学

（一）渔歌激辞的本土文学

从中国文学史上看，中国古代文学发展的四大里程碑中有唐诗、宋词、元曲三大里程碑产生在隋唐宋元时期。

"猎响惊云梦，渔歌激楚辞。"唐代襄阳籍诗人孟浩然为后人留下了这令人无比向往而又激荡人心的诗句。在惊采绝艳的楚辞屈骚文学的影响下，隋唐宋元时期的荆楚地区，文学成就堪称光辉灿烂，这首先表现在灿若群星的本土文学上。

襄阳柳䛒的诗得到隋炀帝的特别青睐。柳䛒（542—601年），字顾言，襄阳人，《北史》卷八十三、《隋书》卷五十八均立有《柳䛒传》。柳䛒的诗今仅存5首，其诗能突破齐梁轻艳之风，打破闺怨的局限，歌颂江山之美，反映劳动人民生活疾苦，在隋代诗坛显得非常可贵。

荆州又称“荆南”，语出西晋陆机《辨亡论》“电发荆南”，《文选》张铣注曰：“（孙）坚起兵于荆州，故云荆南也。”唐代誉为“衣冠薮泽”，唐初荆南作家以刘孝孙为代表，盛唐则以“边塞诗人”岑参为代表。《太平广记》引孙光宪《北梦琐言》说：“江陵在唐世，号衣冠薮泽，人言琵琶多于饭甑，措大多于鲫鱼。”仅就文学成就方面而言，荆州地区与襄阳地区同样具有极大的影响，一大批杰出的诗人、文学家应运而生，荆州籍的著名诗人有蔡允恭、刘斌、刘洎、刘孝孙、慧赜、岑羲、岑参、綦毋潜、戎昱、崔道融、刘蜕等，他们既是诗人，又大多是政治家、文学家。刘孝孙是唐初荆南文人中编有个人文集的第一人，两《唐书》均载有《刘孝孙集》三十卷，已佚，其所存七首诗收录在《全唐诗》卷三十三。作为初唐荆南作家的代表人物，刘孝孙《游清都观寻沈道士得仙字》《游灵山寺》写方外之情，反映出当时士大夫精神生活的一个侧面，正是受刘孝孙等乡贤前辈的影响，綦毋潜才成长为“善写方外之情”的高手。

岑参（约715—770年），别称岑嘉州，唐代边塞诗人。岑氏旧籍南阳，其祖上梁代时迁居江陵，因此称他为湖北江陵人。在盛唐的诗苑里，丰富多彩的边塞诗代表了盛唐诗歌的现实主义主流特色。连绵的边塞战争及各民族之间的频繁交往，是孕育盛唐边塞诗歌的沃土。尤其从开元中期至“安史之乱”爆发的近三十年中，边境几乎是烽烟迭起，战事连连。于是，以反映边塞战争、边塞生活、边塞风光为主题的“边塞诗歌”就产生了。岑参就是边塞诗人中最杰出的代表之一，他以鲜活的人生内容和靓丽的艺术风格，创作了大量的诗篇，这些饱含着诗人理想主义的浪漫精神诗篇，都融注着一股荡气回肠的英雄正气。如岑参的代表作《白雪歌送武判官归京》曰：“北风卷地白草折，胡天八月即飞雪。忽如一夜春风来，千树万树梨花开。散入珠帘湿罗幕，狐裘不暖锦衾薄。将军角弓不得控，都护铁衣冷难着。瀚海阑干百丈冰，愁云惨淡万里凝。中军置酒饮归客，胡琴琵琶与羌笛。纷纷暮雪下辕门，风掣红旗冻不翻。轮台东门送君去，去时雪满天山路。山回路转不见君，雪上空留马行处。”岑参诗作历来为人所称道的最大艺术特点就是“奇”，是“超拔孤秀，度越常情”的风骨和“清新奇逸”的特色。

而体现襄阳诗韵的有杜审言和孟浩然，前者与律诗的定型化相关，后者是唐代著名的山水田园诗人。杜审言（约645—708年），字必简，襄阳人，后因其父杜依艺任巩县令，才举家迁往巩县（今河南巩义市）。杜审言五律成就最高的作品，是他的那首被称为“初唐五言律第一”的《和晋陵陆丞早春游望》云：“独有宦游人，偏惊物候新。云霞出海曙，梅柳渡江春。淑气催黄鸟，晴光转绿蘋。忽闻歌古调，归思欲沾襟。”这是一首因春起兴的名作，“惊”为诗眼，“归思”为诗旨，作者是用原唱同题抒发自己宦游江南的感慨和归思，写得别有情致，景色优美而情调感伤。全诗采用拟人手法，写江南早春，历历如画，对仗工整，结构细密，字字锤炼。后世诗评家纷纷对杜审言在律诗定型化方面做出的贡献予以充分肯定。

孟浩然（689—740年），名浩，字浩然，襄阳人，世称“孟襄阳”，以写山水田园诗为主，他与另一位山水田园诗人王维合称为“王孟”，《新唐书》里有他的传记。后流传于世的孟浩然诗，基本都是源于王士源辑《孟浩然集》。孟浩然是唐代第一位倾大力写作山水诗的诗人。他主要写山水诗，是山水田园诗派代表之一，他前期主要写政治诗与边塞游侠诗，后期主要写山水诗。其诗今存200余首，大部分是他在漫游途中写下的山水行旅诗，也有他在登临游览家乡一带的万山、岘山和鹿门山时所写的遣兴之作，还有少数诗篇是写田园村居生活的。诗中取材的地域范围相当广大。

孟浩然的诗歌中描绘襄阳万山的有《秋登万山寄张五》《陪独孤使君同与萧员外证登万山亭》《万山潭作》。其中，《秋登万山寄张五》云：“北山白云里，隐者自怡悦。相望试登高，心飞逐鸟灭（一作‘心随雁飞灭’）。愁因薄暮起，兴是清秋发。时见归村人，沙行渡头歇。天边树若荠，江畔洲如月。何当载酒来，共醉重阳节。”这首诗从登山时悠然自得的闲情写起，进而写到见雁思人、临晚生愁、诗兴大发的情感变化，接着又写登高所见清秋薄暮的景色，层次分明，比喻形象，色彩鲜明，充分地描绘出汉江优美风光。诗歌最后表达对友人的思念，既照应题目，又契合古人登高怀人的传统。

孟浩然的诗歌中描绘岘山的有《与诸子登岘山》《登岘山亭，寄晋陵张少府》《卢明府九日岘山宴袁使君、张郎中、崔员外》《岘山送张去非游巴东》《岘山送萧员外之荆州》《岘山饯房琯、崔宗之》《和贾主簿弁九日登岘山》。其中《与诸子登岘山》是一首吊古诗。其文曰："人事有代谢，往来成古今。江山留胜迹，我辈复登临。水落鱼梁浅，天寒梦泽深。羊公碑尚在（一作‘羊公碑字在’），读罢泪沾襟。”这首诗首联“人事有代谢，往来成古今”不同凡响，最为著名。此联的大意是人世间的事总是在不停地更替变化，寒来暑往，时光流逝，形成从古到今的历史。诗句信手拈来，雄视古今，也为下文的吊古伤今定下了基调。

图 4–2 襄阳鹿门山孟浩然纪念馆外景

孟浩然得到了后人的尊重与纪念（图 4–2）。现代学者闻一多先生在《唐诗编》中说："张祜曾有过‘襄阳属浩然’之句。我们却要说，浩然也属于襄阳。也许正唯浩然是属于襄阳的，所以襄阳也属于他。大半辈子在这里度过，大多数诗章是在这地方、因这地方、为这地方而写的。没有第二个襄阳人比孟浩然更忠于襄阳，更爱襄阳的。”而《襄阳文化简史》作者自豪地写道：“孟浩然的一生，无愧于时代——他在当时的文坛上，引领了山水诗派；无愧于家乡——他把家乡的风土人情、美好的山水风光，推介给了世界。”

宋元时期，荆楚地方文人有：“千轴不如一书”的公安张景，“孤风雅操”的安陆宋庠，“文有豪气”的安陆郑獬，女词人“魏夫人”魏玩，“篇篇奇丽”的词僧仲殊，“苏门后四学士”之一的廖正一，“江西诗派”中的荆楚作家，“南渡巨擘”的襄阳张嵲，诗文“疏畅明达”的谷城王之望，词作“骏发豪迈”的兴国王质，“才华清隽”的江陵杨冠卿，王澜、余玠与詹正等词人，“雪楼先生”京山程钜夫。以“千轴不如一书”的公安张景为例：

据宋祁《故大理评事张公墓志铭》知，张景（970—1018年），字晦之，江陵公安（今公安县）人。张景文集《张晦之集》已佚，但研究者认为，张景推崇其师柳开，继承柳开文学革新主张；张景的古文创作尊韩重散，起到了承流接响的作用。沈括《梦溪笔谈》记载了一则“千轴不如一书”的故事，讲的即是张景超过老师柳开的文坛趣事：

> 柳开少好任气，大言凌物。应举时，以文章投主司于帘前，凡千轴，载以独轮车。引试日衣襕自拥车以入，欲以此骇众取名。时张景能文有名，唯袖一书帘前献之。主司大称赏，擢景优等。时人为之语曰：“柳开千轴，不如张景一书。”

（二）光焰万丈的客籍文学

“李杜文章在，光焰万丈长。”众多或客籍、或路过、或游历、或为官、或贬谪到湖北的文学家：如“谁知入楚来”的陈子昂，写下《黄鹤楼》的崔颢，安陆十年的李白，漂泊荆南的杜甫，“漫叟”元结，诗海留“随州”之名的刘长卿，“负气入江陵”的元稹，不止“三游”湖北的白居易，写出《西塞山怀古》的刘禹锡，咏黄州赤壁的第一人杜牧，咏怀楚史的李商隐，大笔写巴东的“寇巴东”，“庐陵事业起夷陵”的欧阳修，“风流最是黄州著”的苏东坡，足迹遍鄂东的黄庭坚，“谪官憔悴来天涯”的张耒，“舟行湖北路千里”的王十朋，写下《哀郢二首》的陆游，他们在荆楚大地得到了热情的接纳、温情的抚慰，在良好的文化土壤上结出了光芒四射的客籍文学之果，创造出了既是荆楚文学也是中国文学更是世界文学不可多得的文学遗产。一如韩愈诗句中提到的李白、杜甫一样，一个是浪漫主义巅峰诗人，一个是现实主义巅峰诗人，还有大文豪欧阳修、苏东坡等，这四人是唐宋时期客籍湖北文学家中最杰出的代表。

安陆十年的李白。李白（701—762年），唐代伟大的浪漫主义诗人，与杜甫并称为“李杜”，被后人誉为“诗仙”。其诗作文辞优美，想象瑰丽，气概豪迈。从26岁到35岁，李白留居安陆，不仅在此成家，生儿育女，而且创作出许多脍炙人口的诗篇，展现出无与伦比的文学天赋与诗歌才华。李白在安陆十年，不是荒废的十年，而是人生观、事业观形成时期，写了大量的名篇佳作。千古名篇《静夜思》就创作于此时。在安陆时期，李白还借机游历湖北各地，在饱览荆山楚水秀美风光的同时，也到民间采风。他经常以民歌入诗，如《襄阳歌》《襄阳曲》《荆州歌》等便是其中的优秀代表作。李白的诗集中共收诗歌1000余首，其中有关黄鹤楼和江夏、汉阳的诗共有50多首，武昌蛇山留下了许多关于李白的传说和遗址，有搁笔亭、太白亭、李白读书处等，武汉“江城”之名就得自李白的《与史郎中钦听黄鹤楼上吹笛》“黄鹤楼中吹玉笛，江城五月落梅花”的诗句。《湖北文学史》作者是这样评价李白与湖北的关系：

唐代伟大诗人李白与湖北有着密切关系。这不仅是因为他在湖北生活了较长时间，并在湖北安过家，受到了荆楚文化和湖北文学传统的熏陶，促进了他的文学才能的提高，而且也因为他在湖北的

文学创作，推动了湖北文学的繁荣，对湖北文学的发展产生了积极而深远的影响。（图 4–3）

图 4–3 安陆市白兆山李白塑像

漂泊荆南的杜甫。唐代与李白齐名的伟大诗人杜甫（712—770年），字子美，自号少陵野老，世称“杜工部”“杜少陵”，祖籍襄阳，出生于河南巩县。杜甫是唐代伟大的现实主义文学作家，唐诗思想艺术的集大成者，后人尊他为“诗圣”。与李白不同的是，杜甫没有像李白那样在湖北生活较长时间，只是在他的晚年，以衰老贫病之身来到湖北，度过了一段凄凉的漂泊生活。在湖北的一年左右时间里，杜甫以其旺盛的创作热情，为我们留下了五十余首诗歌。杜甫不愧为“人民的诗人”，即使在荆南漂泊不定、流离难安之时，仍然关心国事，忧及黎元，仍然壮心不已，豪情满怀，表现出一颗“穷年忧黎元”的赤子之心，其诗歌中强烈的现实主义精神对湖北文学的影响无疑是十分积极而深远的。特别值得一提的是，杜甫在江陵所写《江陵望幸》一诗，对荆楚文化来说是极具意义的。其中，经常被荆楚文化研究者所引用的“地利西通蜀，天文北照秦。风烟含越鸟，舟楫控吴人”这四句，与文学家欣赏诗的角度不同，历史文化学者则品出了该诗的文化意义：“诗圣杜甫以其如椽巨笔，标示出湖北自然地理与人文地理的坐标，也成为世人了解和探究湖北特色文化的基点。”[①] 杜甫的诗被称为“诗史”，《江陵望幸》诗所标示出的荆楚自然地理与人文地理的坐标，更成为世人了解和探究荆楚文化的基点。

“庐陵事业起夷陵”的欧阳修。欧阳修（1007—1072年），字永叔，号醉翁、六一居士，江西吉州庐陵（今江西吉安市永丰县）人，北宋政治家、文学家、史学家，唐宋八大家之一。一代文豪欧阳修，祖籍江西庐陵，出生在绵州（今四川绵阳），却在湖北长大成人，青少年求学时期也是在湖北度过的。仁宗景祐三年（1036），这一年成为欧阳修人生的转折点，因为改革派代表人物范仲淹辩护，30岁的欧阳修被贬为峡州夷陵（今宜昌市）县令。贬官夷陵的时间虽不到两年，但这段经历既丰富了欧阳修的人生阅历，也加深了他对人生和社会的认识，为其“忧以天下，乐以天下”价值观念的形成和后来成为一代文宗奠定了坚实的基础。清人袁枚在《随园诗话》卷一中载参政庄有恭诗云：“庐陵事业起夷陵，眼界原从阅历增。况有文章堪润色，不妨风骨露崚嶒。”从此之后，“庐陵事业起夷陵”便成公论，意思是欧阳修一生的文章事业，是得益于贬谪夷陵的经历。在夷陵期间，欧阳修在为政方面诸如整顿吏治、严明法纪、体察民情、移风易俗等做了不少工作，还利用闲暇饱览了夷陵的山川形胜，饱读了诗书，钻研了学术，思索了治国之道。据研究者的统计，《欧阳修全集》诗文中，直接涉及夷陵的就有140篇，其中在贬官夷陵期间所写的诗歌近50篇，文章近30篇。从这一数据统计来看，我们完全可以说，庐陵文章起夷陵。

“风流最是黄州著”的苏东坡。宋代大文豪苏轼（1037—1101年），字子瞻，号东坡居士，世称苏东坡。苏轼是宋代文学成就的代表，在诗、词、散文、画、书等方面获得了显著成就。苏轼因“乌台诗案”，于神宗元丰二年（1079）底被贬黄州。苏轼共在黄州谪居四年零四个

① 刘玉堂：《湖北特色文化谈丛·序》，见刘玉堂、张硕：《远古人类文化的演化地》，湖北人民出版社2011年版，第1页。

月，黄州时期成为他的文学创作的巅峰时期，创造了中国文学史上的奇迹。仅从数量上说，贬谪黄州期间，苏轼写了750篇（首）诗、词、文、赋。以苏东坡谪居黄州的第三年为例，这一年即元丰五年（1082），是他在黄州文学创作的巅峰之年，被称为千古绝唱、豪放派词代表作的《念奴娇·赤壁怀古》横空出世，宋代文赋的代表作《赤壁赋》《后赤壁赋》震撼面世……还有《定风波》《遗爱亭记》《记承天寺夜游》《柯丘海棠诗》等问世。从作品的影响力上说，黄州期间，苏东坡的名篇力作数不胜数，除著名的"一词二赋"外，词还有《定风波》《西江月》等为人所喜爱；《古文观止》共收历代散文222篇，其中与黄州相关的有5篇入选，苏东坡一人占5篇中的3篇，即《方山子传》《赤壁赋》《后赤壁赋》。从文风上说，黄州期间，苏轼文风骤变，正如论者所言，"苏轼之文为之一变，主要是境界变了，变得高远而豪迈，变得旷达而隽永"①。

这里不说"一词二赋"，仅以《定风波》和《西江月》两首词为例，不敢语为欣赏，只是表达我们对苏轼词的喜爱。《定风波》寓有哲理性，看似是记述沙湖相田途中遇雨这件事，实则是他借沙湖相田途中遇雨这件事表达自己的人生认识与定位，反映出他敢于担当的人生态度，实则是苏东坡的人生宣言：

> 三月七日，沙湖道中遇雨。雨具先去，同行皆狼狈，余独不觉。已而遂晴，故作此词。
>
> 莫听穿林打叶声，何妨吟啸且徐行。竹杖芒鞋轻胜马，谁怕，一蓑烟雨任平生。　　料峭春风吹酒醒，微冷，山头斜照却相迎。回首向来萧瑟处，归去，也无风雨也无晴。

而《西江月》则表达了苏东坡旷达的情怀，抒发了他乐观、豁达，

① 王兆鹏：《苏轼贬谪黄州期间词多诗少探因》，《湖北大学学报》1996年第2期。

以顺处逆的人生态度：

顷在黄州，春夜行蕲水中。过酒家饮酒，醉。乘月至一溪桥上，解鞍曲肱，醉卧少休。及觉已晓。乱山攒拥，流水铿然，疑非人世也。书此语桥柱上。

照野弥弥浅浪，横空隐隐层霄。障泥未解玉骢骄，我欲醉眠芳草。　　可惜一溪风月，莫教踏碎琼瑶。解鞍欹枕绿杨桥，杜宇一声春晓。

苏东坡在黄州成就了他一生最高的文学成就，也是当时中国文坛最高的文学成就。《黄冈文化简史》的作者称苏东坡在黄州创造了“罕世奇迹”：

他最好的词是在黄州填的，最好的赋是在黄州作的，最好的行书是在黄州书的，最好的散文是在黄州写的，最好的文人画是在黄州画的，最高的文学丰碑是在黄州树立的，真个是“风流最是黄州著”。①

三、吉光凤羽的艺术

古人所谓“艺术”，主要指六艺以及术数、方技等各种技能或特指经术。《后汉书·伏湛传》：“永和元年，诏无忌与议郎黄景校定中书五经、诸子百家、艺术。”李贤注曰：“艺谓书、数、射、御，术谓医、方、卜、筮。”而今人眼中的“艺术”，则是指用形象来反映现实但比现实有典型性的社会意识形态，是借助一些手段或媒介，塑造形

① 黄冈市政协主编：《黄冈文化简史》，湖北人民出版社 2016 年版，第 124 页。

象、营造氛围，来反映现实、寄托情感的一种文化。

隋唐宋元时期，荆楚艺术主要在书画艺术和民歌戏曲两大方面，处于荆楚文化史上的黄金时代，表现出艺术家的独具匠心。凡此种种，构成了荆楚地区吉光凤羽的艺术遗产。

（一）别具一格的书画

各位艺术家在总结和继承前代文化遗产的基础上，又充分吸收国内各族的优秀成果，呈现出一种阶段性集大成的灿烂风采。一批具有全国性影响的本土或外地书法家在荆楚大地挥毫泼墨，留下了许多传世之作。

中国书法史上大名鼎鼎的《隋丁道护书启法寺碑》，又称《启法寺碑》。碑文字数 1500 余字，为当时宣扬佛教的著名碑刻；碑文用正楷书写，字迹刚健清秀，其风格平正和美，是隋代书法的杰作，此碑在书法史上影响甚大，堪称杰作。丁道护（生卒年不详），谯郡（今安徽亳州）人，隋时著名书法家，官至襄州（今襄阳）祭酒从事。他擅长楷书，溢妍华致，在当时名声颇大，对初唐楷书发展也颇有影响。

唐代书法家李邕有“书中仙手”之称。李邕（678—747 年），唐代书法家，江夏（今武汉市江夏区）人，李善之子。李邕为行书碑法大家，书法风格奇伟倜傥，传世碑刻有《麓山寺碑》《李思训碑》等。《麓山寺碑》是最能体现李邕成熟的行书风格的代表作。《麓山寺碑》又名《岳麓寺碑》，碑额有阳文篆书“麓山寺碑”四字，清晰无损，原石在长沙岳麓书院，是长沙市尚存最早、价值最高的碑刻。唐玄宗开元十八年（730），李邕撰文并书，江夏黄仙鹤（前人谓是李邕化名，真伪无考）勒石。碑为青石，高 272 厘米，宽 133 厘米，圆顶。碑文 28 行，每行 56 字，共 1400 余字。字体行书。因年久碑面风化，部分断裂，现存 1000 余字。碑文叙述自晋泰始年间建寺至唐立碑时，麓山寺的沿革以及历代传教的情况。词章华丽，笔力雄健，刻艺精湛。因文、书、刻工艺兼美，故有“三绝碑”之称。又因李邕曾官北海太守，故亦

称之为“北海三绝”碑。（图 4–4）

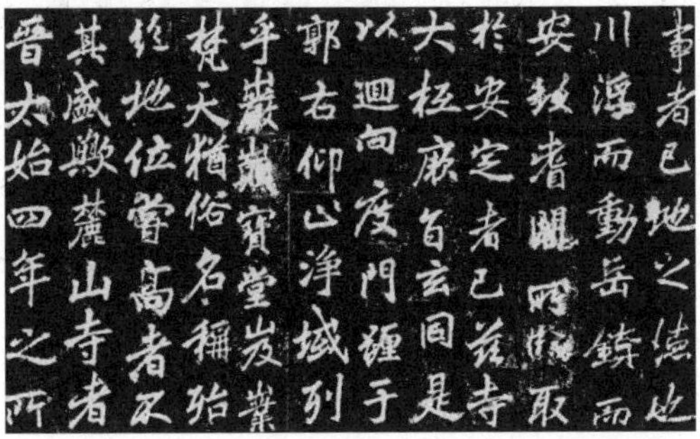

图 4–4　李邕《麓山寺碑》宋拓本局部

宋代书法有四大家：蔡襄之冲和，苏轼之超逸，黄庭坚之雄劲，米芾之豪爽。苏东坡《黄州寒食诗帖》，又名《寒食帖》或《黄州寒食帖》，是苏轼撰诗并书，墨迹素笺本，横 34.2 厘米，纵 18.9 厘米，行书 17 行，129 字，现藏台北故宫博物院。《黄州寒食诗帖》彰显动势，洋溢着起伏的情绪。诗写得苍凉惆怅，书法也正是在这种心情和境况下，有感而出的。通篇起伏跌宕，迅疾而稳健，痛快淋漓，一气呵成。苏轼将诗句心境情感的变化，寓于点画线条的变化中，或正锋，或侧锋，转换多变，顺手断联，浑然天成。用笔有轻重，字体有大小，几乎是所有名家书法的一大特点。但同一幅作品中，字体大小悬殊之大者，苏轼书法可谓独树一帜。《黄州寒食诗帖》中“哭涂穷”三字所占比例，比前一行中五个字所占的比例还大，这种字形大小悬殊给人视觉上极强的冲击力，实际上也表达了当时书写过程中的一种强烈的情绪。历代鉴赏家均对《黄州寒食诗帖》推崇备至，称道这是一篇旷世神品，世人遂将《黄州寒食诗帖》与东晋王羲之《兰亭序》、唐代颜真卿《祭侄稿》合称为“天下三大行书”，或单称《黄州寒食诗帖》为“天下第三行书”。（图 4–5）

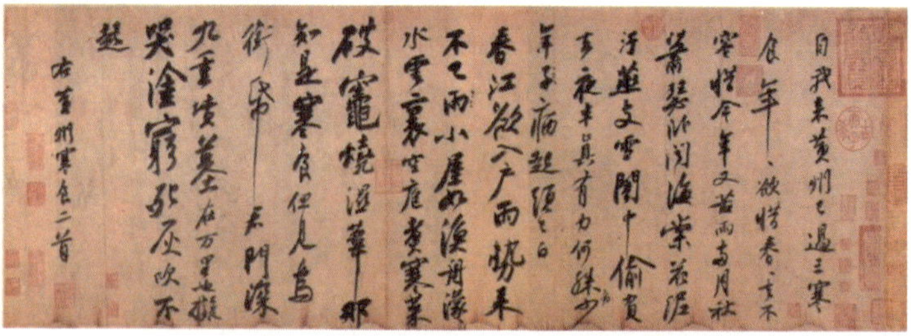

图 4–5　苏轼《黄州寒食诗帖》

《松风阁诗帖》（图 4–6）原件现藏于台北故宫博物院，是黄庭坚行书的代表作。该帖墨迹纸本，纵 32.8 厘米，横 219.2 厘米，全文计 29 行，153 字。该帖字迹匀称，笔势圆劲流丽，结构布局端庄秀美，风神洒荡，长波大撇，提顿起伏，一波三折，意蕴十足，堪称我国古代行书帖中的极品。清代学者和书画收藏家孙承泽在《庚子销夏记》中指出，《松风阁诗帖》师法柳公权，而又自出机杼。其点画爽利挺秀、骨力遒劲和结体严紧的特点，与柳体颇为契合。

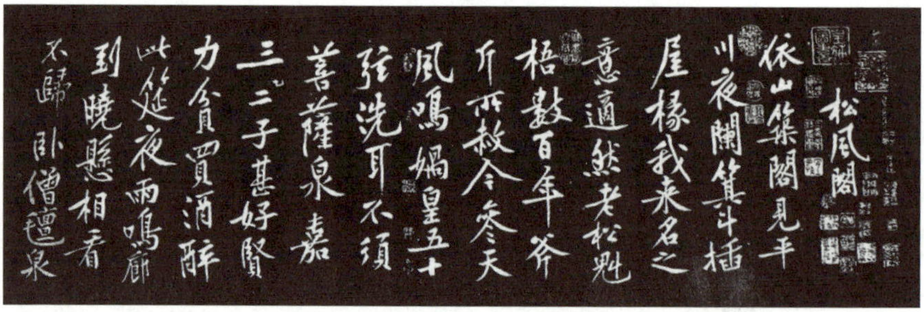

图 4–6　黄庭坚《松风阁诗帖》

米芾（1051—1107 年），初名黻，后改作芾，字元章，襄阳人，号鹿门居士、襄阳漫士、海岳外史，时人称其为“米南宫”“米襄阳”，北宋书法家、画家、书画理论家、词人。米芾习书，自称“集古字”，他受五位唐人的影响最深：颜真卿、欧阳询、褚遂良、沈传师、段季展。米芾书法的基本特点是用笔迅捷。其书早期开张潇洒、体势摇曳、节奏鲜明，后期则更显丰富细腻，耐人寻味。总体来看，米芾的书法风格经历了一个由险绝到平正再到险绝的过程。米芾书法用功最深、成就最大当为行书。南宋以来的著名汇帖中，多数刻其法书，流播之广泛，影响之深远，在“北宋四大书家”中，实可首屈一指。“米氏云山”则是作为画家的米芾及其长子米友仁开创的一种画派，以善于表现江南山水的烟雨明晦、幽壑空蒙而著称。根据米友仁现存的《潇湘奇观图》（图 4–7）和《远岫晴云图》等作品，可知此类图式的基本描绘方式是以浓淡干湿不同的墨法来塑造物象，如山石的画法多用大片的水墨渲染，略施苔点；草木则多逸笔草草，较少刻画；云的画法采用较为古朴的勾线形式，作品整体呈现的氛围是淡墨烟岚的平远之景。

图 4–7　米友仁《潇湘奇观图》局部

此外，值得一提的还有两处石刻。唐代李阳冰《怡亭铭》石刻，位于鄂州市小北门外长江边；南宋李曾伯摩崖石刻《襄樊铭》，又名《李曾伯纪功铭》，亦称《大宋碑》，位于襄阳古城西南 3 里处的真武山东麓。

（二）情韵悠长的民谣和表演

鲜活生动、异彩纷呈的竹枝歌、郢中田歌、采莲歌、襄阳白铜鞮在荆楚大地广为传唱，情韵悠长。在戏剧领域，元人滕斌的散曲创作，帘前秀等女演员表演的杂剧皆一时之秀，人们多敬爱之。

竹枝词，本是三峡地区情韵悠长的民歌，后经唐代诗人刘禹锡的仿作，将其由过去山间水边的野唱转移为艺苑清唱。唐朝大历年间进士刘商写有《秋夜听严绅巴童唱竹枝歌》：“巴人远从荆江客，回首荆山楚云隔。思归夜唱竹枝歌，庭槐落叶秋风多。曲曲历历叙乡思，乡思绵绵楚词古。”诗题中所说的巴童就是荆州人，他因为思念故乡而“夜唱竹枝歌”。唐朝诗人王周所作《再经秭归二首》云：“总角曾随上峡船，寻思如梦可凄然。夜来孤馆重来宿，枕底滩声似旧年。秭归城邑昔曾过，旧识无人奈老何。独有凄清难改处，月明闻唱竹枝歌。”可见，竹枝歌多在傍晚和晚上演唱，且多抒发悲苦、思乡等情感。在夜晚的峡江、河面，在旷野的山村、平原，人们演唱之后，余音袅袅，令人悲从中来，不可断绝。唐宋文人充分利用了三峡地区民间竹枝歌这一养料，开始使得自己的诗歌创作大放异彩，也使采录润色和拟作的《竹枝词》在唐宋诗歌中别具风韵，独树一帜。

郢中田歌别称“扬歌”，是荆楚农民在田间边劳动、边喊歌的一种唱腔牌名，可能是“秧歌”的谐音。郢中田歌在一领众和的演唱形式中，和声衬词以当地人们习惯性的语气助词为主，其旋律既有节奏舒展的散板式音调，也有节奏较紧凑的口语化韵腔。这种来自田间的表演形式，具有十分广泛的群众基础，其领和相间的表现形式，极大地增强了歌曲的感染力。流传于潜江的鸡鸣歌是楚歌遗风、郢中田歌的典型代表之一。鸡鸣歌，是潜江人民在劳作、生活及风俗习尚等活动中创造，是劳动的号令、抒情的载体、娱乐的工具。鸡鸣歌根植于潜江方言，除《楚辞》中的“兮”“些”之楚语仍是潜江一带常用的“口头禅”外，从语言声调色彩分析：潜江、天门、仙桃（原沔阳）为一个色彩区，这一带由于受外界的影响较少，有相对的独立性，并对江汉平原有一定的影响。而潜江则是这一色彩区的中心，语言声调呈放射状向周边县市蔓延形成变异。其语言声调特征是：高声为色彩音，归为语音声调中四声之阴平、去声；中音为核音，归为阳平；低音为支柱音，归为上声。

采莲是古代荆楚水乡常见的农事和民俗活动，采莲歌就产生于采莲过程中，具有十分鲜活的民间本色。南朝梁武帝在登基之前曾经担任郢州刺史，他模仿采莲歌，自制《采莲曲》，由此采莲从民歌走向文学，成为当时文学中常见的题材、意象。唐朝初年，以《采莲曲》为代表的南方清乐传入北方。唐太宗等人也从事采莲歌曲创作，但仍因袭南朝宫体诗风。此后，采莲歌从宫廷走向民间，经过贺知章、王昌龄、李白等诗人的努力，采莲歌恢复民间本色。采莲歌蕴含丰富，是一幅荆楚风情画卷，既是采莲女子的恋歌，也是游子思乡的离歌。采莲歌成为中国古代文学的一个母题，具有多重象征功能。唐宋时期，采莲曲仍然是荆楚达官贵人、文人墨客之歌舞酒宴中盛行不衰、经常演出的曲目。如唐代荆楚诗人戎昱曾创作《采莲曲二首》："虽听采莲曲，讵识采莲心。漾楫爱花远，回船愁浪深。烟生极浦色，日落半江阴。同侣怜波静，看妆堕玉簪。""涔阳女儿花满头，毵毵同泛木兰舟。秋风日暮南湖里，争唱菱歌不肯休。"涔阳在今公安县南一百里，当地盛产木兰树，木兰舟就是用木兰树造的船。秋风中，夕阳下，涔阳的年轻女子们乘坐木兰舟，在南湖里划船，"争唱菱歌不肯休"。据《全唐诗》统计，诗歌中有采莲一词的唐诗多达七十余首，而据《全宋词》统计的采莲词作则已达到一百一十余首。

到了唐朝，《大堤曲》《白铜鞮》《襄阳歌》《常林欢》等襄阳地方民歌广为传唱，名播全国。李白漫游襄阳时作《襄阳歌》云："落日欲没岘山西，倒着接䍦花下迷。襄阳小儿齐拍手，拦街争唱《白铜鞮》。"他创作的《襄阳曲》亦云："襄阳行乐处，歌舞白铜鞮。江城回绿水，花月使人迷。"李白在这两首诗歌中提到的《白铜鞮》，是南朝齐梁时期产生于襄阳的一首古乐府曲名，又称襄阳白铜蹄、铜鞮谣、铜鞮歌、白铜鞮歌、襄阳白铜歌等，是从《襄阳蹋铜蹄歌》演化而来，最初由梁武帝萧衍创作而成，后经民间艺人加工改编并形成一种独特的歌舞形式。唐朝诗人崔国辅《襄阳曲二首》描写了襄阳城中青年男女约会时同唱白铜鞮的情景："蕙草娇红萼，时光舞碧鸡。城中美年少，相见白铜鞮。""少年襄阳地，来往襄阳城。城中轻薄子，知妾解秦筝。"宋代，襄阳出现了以"铜鞮"为名的街坊，如南宋诗人刘过《襄阳歌》云："铜鞮坊里弓作市，八邑田熟麦当粮。"

元朝著名的散曲家滕斌，一作滕宾，字玉霄，黄州（今黄冈市）人。在中国文学史上，元曲向来与汉赋、唐诗、宋词并称。所谓元曲，包括散曲和杂剧。元人称散曲为"乐府"或"今乐府"，也有分别称为小令、套数的。元代散曲包括小令和套数两种形式。小令形式短小，语言精练，活泼自由，通俗生动。重头小令是由同一曲调、同一题目、首尾句法相同的数个、几十个甚或上百个单支曲子组成。各曲可以单独成立，而且用韵互异。这种体式大都用来合述一事或分咏各事，滕斌创作的《中吕·普天乐》就是重头小令，首尾句法相同，末句甚至用词也大同小异，韵脚却不一样，都可相对独立。滕斌创作的小令《中吕·普天乐》包括《酒》《色》《财》《气》及《归去来兮四时调》，是他的代表作，反映其高超的艺术水准和道德品质。

元曲，包括散曲和杂剧。杂剧又称北杂剧，是元代用北曲演唱的传统戏曲形式。夏庭芝《青楼集》中记录了一位活跃在荆楚大地的元代女艺人帘前秀。其文曰："帘前秀，末泥任国恩之妻也。杂剧甚妙。武昌湖南等处，多敬爱之。"根据这段史料，我们知道帘前秀是元代杂剧女演员，艺人任国恩之妻。末泥又称末尼、正末，是宋元杂剧中的男主角。夫妻俩共同出演杂剧，主要在武昌和湖南等湖广地区演出。由于帘前秀的杂剧演技十分精妙，获得了观众的喜爱，以至于"敬爱"。

四、开拓进取的教育

（一）继往开来的官学与私学

荆楚地区自古崇文重教，素有兴学育人之风。但在隋代之前，学校教育不成制度，官私办学因人成事，时兴时废。地方官学的发展和逐步完善是隋唐宋元时期荆楚地区文化教育事业成就的突出标志，降至南宋已经形成了较为完整、自立的州县官学体系。

唐朝制定了重视文教的基本国策，建立起以儒学教育为主体、比较完整的学校体系。国子监是中央教育机构，地方上设有州、县学校。唐高祖武德四年（621），蕲水县（今浠水县）建立兰溪学宫，为鄂东记载最早的官学。当时，荆楚地方官学多以孔庙为学址。唐代襄州孔庙的规模较大，在全国都有一定的影响。《全唐文》卷 797 收有晚唐诗人皮日休的一篇文章《襄州孔子庙学记》，极力称颂孔子之德以及唐朝尊孔重教的盛况。荆楚官学真正得到发展是在宋元时期。北宋皇帝大多崇尚文治，在文化教育方面，采取了一系列积极的措施。如在科举制度方面，不断扩大科举取士名额，鼓励寒俊之士读书仕进。宋真宗咸平年间（998—1003 年），王禹偁贬谪黄州时，积极修缮衰败的文宣庙，复兴礼殿，彩绘先圣贤哲像，竖立“国学赞文”碑，使得春秋释奠有所瞻仰，形成修礼兴学的局面。宋仁宗景祐年间（1034—1038 年），狄栗担任谷城县知县。他兴建了谷城历史上第一所学宫，欧阳修亲见学宫盛况，感慨而作《襄州谷城县夫子庙碑》记之。在北宋三次兴学浪潮的大力推动下，荆楚各地大多数州县建立了官学。如鄂州、安州、随州、蕲州、襄州、江陵府、兴国军等州学府学军学，江陵府的松滋、枝江、监利、公安等，鄂州的武昌、嘉鱼、咸宁、蒲圻、通山等，先后有了县学。西部的荆门军、房州和夷陵县、光化县、南漳县等也相继建立了地方学校。元朝在修复、扩建荆楚地区唐宋旧有州县学校的基础上，还新建了一些官学，见于元人程钜夫《武昌路记》《武昌路学修造记》《汉川县学记》等的记载。

私学，是指不由政府主持，不纳入国家学校制度之内，由私人或私人集团（包括社会集团）来主持、经营、管理的教育组织形式。私学作为一种极具特色的教育组织形式，随着社会经济的发展、朝代的更迭而不断发展。家塾教育是唐代私学教育的主要类型。某个家庭或家族专辟一个学习场所，请教师教授本家及近亲子弟。在教学内容上，家塾以儒家经典为主，经史与文学兼修，既有基础性教育，也有科举应试教育。隋唐时期，荆楚地区的世家大族均办有私家学校，供本族子弟求学肄业。如唐代襄阳张氏的家塾就很有名，培养了张柬之、张敬之、张轸等名臣。南宋乾道六年（1170），陆游坐船沿长江进入四川，经过沙市、松滋一带，《入蜀记》载所见“皆聚落，竹树郁然，民居相望。也有村夫子聚徒教授群童。见船过，皆挟书出观，也有诵书不辍者”。北方人宋本曾经跟随父亲宋祯做官江陵，江陵人王奎文以性命义理之学闻名，宋本经常前往请教，颇有长进。据《元史》记载，四川遂宁人谢端于南宋末避兵移居江陵，其人自幼聪颖过人，五六岁能吟诗，10 岁能作赋，稍长与宋本同师于王奎文，渐谙性理之学，又与宋本一同教授江陵中，均以文学齐名，时号“谢宋”。

（二）弦歌不辍的书院

湖北最早的书院创建于北宋时期，荆门东山书院、嘉鱼义学书院和咸宁相山书院，是湖北方志中记载最早的书院，兼具讲学、祭祀和藏书功能。到了南宋和元朝，荆楚各地已经建立二十余所书院，培养了大批杰出人才，不仅在中国古代书院史上占有一席之地，而且也为明清湖北书院教育的兴盛奠定了基础。

宋初创建于荆门的东山书院，是北宋状元孙何兄弟读书处，位于荆门军城外东山冈，由他们的父亲即时任荆门知军的孙镛创建。孙镛，字鼎臣，祖籍蔡州汝阳（今河南汝南），生卒年不详。太平兴国七年（982），知荆门军，创东山书院。孙镛有三子，孙何、孙仅、孙侑，孙氏兄弟三人入读东山书院，三兄弟均成为北宋的良臣和名士。孙何出生于宋太祖建隆元年（960），他 10 岁识音韵，15 岁能写文章。孙何与当时的著名学者丁谓志趣相投，来往密切，时人号称“孙丁”。孙仅少时在荆门东山书院攻读，勤奋好学，与其兄俱闻名一时。孙何平生喜欢结交学者名流，热心教育事业，看到有才华的晚辈总要赞赏、勉励。此外，先后出现的麻城万松书院、鄂州南湖书院与龙川书院、黄州河东书院与雪堂书院、公安竹林书院和江陵南阳书院、安陆江汉书院与长庚书院、潜江白鹤书院与石桥书院、龙仁夫与问津书院，为当地教育发展做出了一定贡献。例如，江汉书院在安陆县南文笔峰下，为赵复所创。《元史·赵复传》载：“（赵）复家江汉之上，以江汉自号，学者称之曰江汉先生。”赵复兴办的书院便以“江汉”二字为书院命名。自书院创立，赵复便多次在此布道讲学，传播程朱理学。

（三）俊彦辈出的科举考试

始于隋朝的科举考试，是封建王朝通过考试选拔官吏的制度，湖北地区成绩不俗。目前确知的历代湖北籍状元有10名，其中唐宋即占5人，唐代杜陟1人，宋代冯京、宋庠、郑獬、毕渐等4人。可见，从唐朝到宋朝，湖北籍状元人数有了显著的提高，而唐宋时考中状元的人数又占到了全部湖北籍状元人数的一半。荆楚地区唯一的唐朝状元是杜陟。杜陟，襄州襄阳人，生卒年不详。唐文宗大和五年（831），他在科举考试中一鸣惊人，高中状元。主考官是中书舍人贾竦，同榜还有李远等人。此后，杜陟历官水部员外郎、度支郎、杭州刺史。但由于史料缺乏，其生平经历已经不可详考。

从整个科举考试来看，隋唐宋元时期，荆楚地区经历了一段从“破天荒”到科甲辈出的历史。唐前期，荆州进士及第的人数较多，据清人徐松《登科记考》知，唐玄宗开元十七年（729），“荆州解童子萧同和并弟同□（此缺一字）俱及第”，还留下了兄弟同登第的佳话。但在唐德宗之后50多年间，荆楚地区没有人考中进士，直至唐宣宗大中四年（850），荆南应试的考生中终于有个叫刘蜕的考中了，总算破了“天荒”。《唐摭言》记载，当时，魏国公崔弦镇守荆南一带，得知刘蜕考中进士，便写信表示祝贺，并赠他70万“破天荒”钱。刘蜕不肯接受崔弦所赠之钱，在给崔弦的回信中，他写道：“五十年来，自是人废；一千里外，岂曰天荒。”宋代荆楚士子在科举考试中取得了重大突破，不仅涌现出冯京、宋庠、郑獬、毕渐等4位状元，占到了湖北古代全部科举状元人数的五分之二，进士数量也不少，可谓科甲辈出。

五、突飞猛进的科技

荆楚科技文化源远流长，成就辉煌，其对中华科学与技术的贡献，集中体现在农耕、青铜、活字印刷和医药几个方面。

（一）强基固本的农耕与水利

荆楚农业在整个中国农业版图中占据越来越重要的地位，农田水利科技取得了长足的进步。

隋唐两宋时期，荆楚地区的农业有了较大的发展，特别是安史之乱以后，北方人口大量涌入，带来了充足的劳动力和先进的耕作技术，农业发展出现了一个飞跃。江汉平原，土壤肥沃，农业产量提高很快。《太平广记》记载了这样一个故事：晚唐时期，大臣韦宙善于治理产业，在江陵府有别业良田，产量很高，号为“膏腴”，出产的稻穗堆在地上，就像一座座小山，连宣宗都不由感叹：“此所谓足谷翁也。”可见荆楚农业到唐代有了较快的发展。

这个时期的荆楚农业已是具有荆楚特色的复合农业。复合农业模式充分利用水陆空间及其生物资源，体现了“天人合一”的生态观念。粮食、秸秆和蔬菜用以喂食牲畜或鱼类，牲畜的废弃物和养鱼的塘泥又是极好的农田肥料，如此形成良性循环。这样的循环实际上也是互为补充、互相促进，体现了多成分的有机结合，这正是多元复合农业的本质特征。南宋时期，复合农业经营方式逐渐在荆楚大地发展起来，如宋孝宗淳熙年间时任鄂州知州罗愿发布的一篇劝农文反映了这一变化。

两宋时期，中国出现了一种新的农业工具——秧马。秧马这种拔秧和插秧工具，苏轼在湖北武昌（今鄂州市）见到后作《秧马歌并引》予以记录，后在江西、岭南、两浙等地宣传与推广。秧马的外形似小船，头尾翘起，背面像瓦，供一人骑坐，其腹以枣木或榆木制成，背部用楸木或桐木。操作者坐于船背。若插秧，则用右手将船头上放置的秧苗插入田中，然后以双脚使秧马向后逐渐挪动；若拔秧，则用双手将秧苗拔起，捆缚成匝，置于船后仓中，可提高效率及减轻劳动强度。苏轼诗作的“引”揭示了作诗之由，一是被秧马这种农具所吸引，一是借以表明重农的思想。

唐代的淡水捕捞很发达，已有专业渔民从事内陆水域捕鱼，诗人称之为“渔人”“渔父”“渔翁”。渔具则鱼叉、弓箭、钓具、网、簖、粱、笼都已具备。唐代渔法之多超过历代。如用木棒敲船发声以驱集鱼类，用毒药毒鱼或香饵诱鱼进行捕捞等。鸬鹚捕鱼也已出现。宋代襄州地区的捕鱼业很发达。北宋曾任襄州知州的刘邠描写了襄州渔户捕鱼的情景：“开门渔师百舟入，大罟密罾云雾集。小鱼一举以千数，赤鲤强梁犹百十。……暴殄天物古所矜，谁道于今为壮观。”这是一次由襄州官府组织的捕鱼竞赛，渔船竟有上百艘之多，渔网也多得如云雾样密集，场面的紧张与热烈溢于诗文的字里行间。官府举办这样大场面的捕鱼竞赛，一定是基于发达和普及的渔业。虽然是一次娱乐活动，但从中也可见官府对当地渔业的重视。

宋元时期是湖北水利发展史上重要的时期，无论是工程数量、质量，还是工程技术成就，都是秦汉、隋唐时期所无法比拟的。这一时期的水利工程以襄沔两平原长渠、木渠为中心的渠系配套工程成就最大。

（二）变革领先的冶金与火器

隋唐宋元时期，荆楚能工巧匠不断涌现，科技创造成果璀璨夺目，从而推动一些生产门类，如冶金、制漆、竹编等在全国处于领先水平。

隋唐两宋时期，荆楚地区的手工业的发展是在农业与冶铸业快速发展基础上取得的。隋、唐两代在鄂州（今黄石大冶铁山）设十炉冶铜铸钱，杨吴在永兴县（今阳新县）设立盐铁及矿冶专门机构青山场院，紧接着半个世纪后南唐以青山场院为基础建立大冶县，都说明湖北黄石地区的铜矿采炼在整个隋唐五代时期占有何等重要的地位。

宋代是铸币业比较发达的时期，宋朝货币以铜钱为主，南宋以铁钱为主。北宋以后的年号钱才真正开始盛行，几乎每改年号就铸新钱，钱文有多种书体。淳熙元宝背面“春”字为记蕲州蕲春监（图 4–8），“绍熙通宝”背面“汉”字系记湖北汉阳监等。亦有记监兼记年的，如“庆元通宝”背面“春三”，即为蕲春监、庆元三年（1197）铸。蕲州蕲春监铸铁钱，前后长达 60 多年，先后铸有乾道元宝、淳熙元宝、淳熙通宝、绍熙通宝、庆元通宝、嘉泰元宝、嘉泰通宝、开禧通宝、嘉定通宝、大宋元宝、绍定通宝、端平通宝等 10 多种铁钱。加上钱文书体、读法、币值、纪年的不同，蕲春监所铸铁钱的品种、版别更多。

图 4–8　隶书春八小平钱（蕲春监淳熙八年铸）

火药的发明是在唐代，但它最终得以发展和发挥威力则在宋朝。在唐朝时，火药武器只是利用它能燃烧的特点来使用的。到了宋朝，火药武器已充分利用其爆炸力了。宋仁宗时，曾公亮撰有《武经总要》一书，对火药武器的名称、用法和配方都作了详细的记载，包括火药箭、毒药烟球、蒺藜火球、霹雳火球等。不过，这些火球与火药箭等燃烧性火器，仍然存在使用不便和战斗作用有限的不足。它们大多需要借助射远的弓弩和重型的抛石机等冷兵器才能发挥战斗作用。到南宋时，时任安陆知县的陈规在荆楚大地创制出世界上最早的管形火器——长竹竿火枪。这是中国火器史的历史性转折点，它加速了火器时代的到来。长竹竿火枪的形制构造如何，史书并没有记载。从现有史料可知，长竹竿火枪的枪身较粗长，须三人使用一支，一人持枪，一人点放，一人辅助。

（三）传承创新的造纸与活字印刷

两宋时期，文人读书需求的增长，促进了荆楚地区造纸业和印刷业的发展，既造就了一批藏书家，也涌现出发明活字印刷术的大师英山毕昇。

公元 8 世纪中国造纸术传到中亚及阿拉伯一带，后传入欧洲。唐朝造纸匠已掌握在造纸过程中加矾、加胶、涂粉、洒金、染色等技术，为后来生产各种工艺用纸奠定了技术基础。这个时期，造纸匠多用竹制纸，是中国造纸历史上造纸技术取得重大突破的一个标志。唐宋时期，湖北是造纸的重要基地，荆楚工匠们制造的纸很有特色。宋代湖北有两种纸在全国都享有盛名，一是峡州夷陵纸，一是鄂州蒲圻纸。二者都具有耐久不易损的特点，在宋代公文和信函用纸中很有口碑。

发明活字印刷术的是北宋时的工匠毕昇（？—1051 年），湖北英山县人。毕昇发明的活字印刷术大致过程是：用胶泥做成一个一个四方长柱体，一面刻上单字，再用火烧硬，这就是一个一个的活字。印书的时候，先准备好一块铁板，铁板上面放上松香和蜡之类的东西，铁板四周围着一个铁框，在铁框内密密地排满活字，满一铁框为一版，再用火在铁板底下烤，使松香和蜡等熔化。另外用一块平板在排好的活字上面压一压，把字压平，一块活字版就排好了。它同雕版一样，只要在字上涂墨，就可以印刷了。为了提高效率，他准备了两块铁板，组织两个人同时工作，一块板印刷，另一块板排字；等第一块板印完，第二块板已经准备好了。两块铁板交替着用，印得很快。毕昇发明的印刷术，不但直接传播到亚洲各国，并且影响了整个世界，对人类文化有着极其重大的贡献。

（四）精美瑰丽的漆器与竹编

漆器是我国古代劳动人民在工艺美术方面的重要发明。它以优美的图案在器物表面构成一个绮丽的彩色世界。唐代，襄阳成为拥有漆器生产核心技术的地区。《唐国史补》卷中称："襄州人善为漆器，天下取法，谓之'襄样'。"具有天下"襄样"地位的襄式漆器实际上已经成为唐代整个漆器行业的行业标准。襄式漆器继承了楚式漆器造型奇异瑰丽的特点，图饰丰富多彩，色彩饱和雅重。整体物体由分别雕刻成形的部件榫卯组合而成，造型生动牢固。漆器使用精加工而成的生漆，其色彩选用天然矿植物色素，彩色漆料必须经过色彩研磨、日晒脱水、色料与透明漆料搅拌，密封存放等多道工序。制作一件器物要经过选料、雕刻、榫卯成型、磨光、刮灰、砂光、清灰、上漆、绘画、描金等二十多道工序。在《新唐书》及《宋史》中，均有襄阳岁贡漆器的记载，可见襄阳的漆器制作工艺高超。

隋唐宋元时期，湖北的竹编拥有很高的水平。在当时墓葬中经常可以见到筒、席等竹制品，除了实用价值外，还达到了很高的工艺水平。其中最著名的是蕲州编制的竹席——蕲簟。蕲簟是湖北蕲春的竹编特产，就是用大蕲竹劈篾编成的簟子。蕲簟之所以可贵，一在竹佳，二在工良。蕲簟用的蕲竹，是蕲春主要特产之一，竹竿形状小的如大拇指粗，大的如酒杯口粗，原产于蕲春的赤东湖沙境和赤东镇苏圩的百家冶山等处。工匠们将"含苞枝"劈成细篾，经江河浸泡，太阳曝晒，精工制作而成。用蕲竹制作的簟子，色泽晶莹，有如琉璃、美玉、质地坚韧，又柔软如锦，折叠如布。天热时，人睡在上面，既透凉又爽汗。唐代文豪韩愈曾在《郑群赠簟》一诗中盛赞蕲簟。

（五）不同凡响的建筑与造船

湖北巴东旧县坪遗址，是三峡地区首次发掘的唐宋时期山区县城遗址，为我国唐宋时期县级城市的规划和建筑研究提供了丰富的实物证据。旧县坪遗址位于今巴东县东壤口镇旧县坪村一组到焦家村五组之间，这里是北宋巴东县治所在地。遗址东西长 900 余米，平均宽 100 米，总面积在 10 万平方米以上。北宋巴东县城大体分东、西两大区片，东片为民居区，西片为官署区，中间被一条深沟隔开。官署区遗址为一座有围墙、带院落、排水设施完善、由若干座房屋组成的建筑群。整个官署区的建设采用的是整体规划、一次完工的施工方式。

唐代诗人崔颢因一首《黄鹤楼》而名载史册，黄鹤楼因之名扬天下，成为荆楚名胜、千古名楼。关于唐代黄鹤楼的景象，唐人阎伯理《黄鹤楼记》云："州城西南隅有黄鹤楼者，《图经》云：'费祎登仙，尝驾黄鹤返憩于此，遂以名楼。'事列神仙之传，迹存述异之志。观其耸构巍峨，高标笼炏，上倚河汉，下临江流，重檐翼馆，四闼霞敞，坐窥井邑，俯拍云烟，亦荆、吴形胜之最也。"可见，黄鹤楼建筑雄伟，令人赞叹。宋代的黄鹤楼位置沿袭前朝未变，仍在城西南隅。

唐代荆楚造船业在继承传统的基础上又有新的发展，这主要表现在造船规模和造船工艺技术达到新的水平。唐代本地区还能够建造巨型船舰，巨型船舰常常是"每舰载甲士千人，稻米倍之"。唐代末年，成油担任荆南节度使，鄂州杜洪为淮南杨行密所袭。成油派遣水师支援，其中有一艘历时三年才建成的巨舰，号曰"和载"。舰上设置了厅、所、司、局等办公建筑，就像陆地上的官署。此外还有命名为"齐山""截海"等的巨舰，从名称上就可以想见其轮廓和体积的宏伟壮观。宋代工匠还能根据船的性能和用途的不同，预先制造出船的模型，并进而能依据画出来的船图进行施工生产。宋代造船技术的突出成就是发明了水密隔舱。水密隔舱，就是用隔舱板把船舱分割成互不相通的一个个舱区。这是中国造船技术工艺上的一项重大发明。它最迟在唐代的船舶上已设置了，宋代已十分成熟。宋元在湖北地区争夺时，船是重要的战略物资，那些用于战争的大量战船与运舟，其中有相当部分为本地所造。

（六）朴素生动的陶俑与瓷器

唐代是生肖文化发展成熟的关键时期，在唐代墓葬中，生肖文物大量出现，以陪葬俑、墓志纹饰、铜镜、壁画为载体的生肖形象得以发展繁荣。考古工作者在荆楚地区发掘出隋唐时期和宋代的十二生肖俑，包括武汉市郊周家大湾 241 号隋墓、武汉市东湖岳家嘴隋墓、武汉市武昌何家垅 188 号唐墓、罗田县汪家桥宋墓。从隋到宋代，生肖俑逐渐由坐姿转变为站姿，由人带生肖转变为兽首人身生肖俑。

宋代，名瓷名窑已遍及大半个中国，是制瓷业最为繁荣的时期之一。长期以来，在宋瓷研究中，有一种观点为"湖北无瓷窑"，也就是说，宋代荆楚地区没有瓷窑，人们使用的瓷器都是从外地运输进来的。湖泗窑址群的发现，改变了这种成见。湖泗窑址群位于今武汉市江夏区梁子湖和斧头湖沿岸，因最早发现于湖泗乡而得名。在这一区间内，东为梁子湖水系，西为斧头湖水系，中部为南北向的低岗丘陵特征的陆地走廊，海拔多在 30 米至 80 米之间，其岗垅蜿蜒起伏，港汊曲折交错，蕴藏丰富的制瓷原料高岭土。窑址多位于水运便利的濒湖岗地之上，在南北长约 40 千米、东西宽约 30 千米的范围内，迄今已发现窑业堆积 145 处。该窑址群的年代从晚唐五代一直延续到元明时期，而以宋代为主。江夏湖泗窑以仰烧法烧制民间常用瓷器，产品有青白釉瓷器和青釉瓷器两种，瓷器的种类均为壶、罐、碗、盘、碟等日常生活用器，造型规整匀称，胎以灰白色为主，釉面匀净晶莹，有的器物的内外壁还刻画菊瓣、莲瓣、团花等花纹。江夏湖泗窑生产的产品不仅供应当地需求，而且销往周边各地，我们从迄今考古发掘的大量宋代墓葬出土资料中可以看到这一点。

（七）开榛辟莽的茶学与茶艺

在中国茶文化生成发展历程中，唐代天门人陆羽居功至伟。

陆羽喜爱大自然，对茶叶专业的兴趣更为浓厚，为钻研茶叶生产科学技术，跋山涉水，四处云游，深入江苏、浙江、江西等各主要茶区进行调查研究，将游历考察时的所见所闻，随时记录下来，不断丰富茶叶知识与技能，并成为撰写《茶经》的主要依据。陆羽不仅撰写《茶经》，阐释茶道精神，而且还身体力行，积极从事茶事活动，将茶道发扬光大，因此被后世称为茶神或茶圣，万古流芳。

《茶经》分 3 卷 10 节，约 7000 字，是唐代和唐以前有关茶叶的科学知识与实践经验的系统总结，是陆羽躬身实践，笃行不倦，取得茶叶生产和制作的第一手资料，又遍稽群书，广采博收茶家采制经验的结晶，是世界上第一本茶文化百科全书。在该书中，陆羽系统地阐述了茶道思想和他对茶事活动的主张，即：精行俭德、三教融合。陆羽《茶经》首次将儒、释、道的思想融入饮茶文化，开创了融合儒、释、道的中国茶道精神，不仅泽被后世，而且传播海外。陆羽采茶、饮茶及写作《茶经》都将自身融于山野自然之境界中。《茶经》所见茶道思想的另一重要内容就是强调天人和谐。

（八）引人注目的医学成就

王彦伯，荆州人，生卒年不详，是唐代荆楚道士中医术高明的代表性人物。王彦伯的事迹多见于杂传史籍。段成式《酉阳杂俎》、李肇《唐国史补》均记载了王彦伯高妙医术的案例。王彦伯无疑是唐代荆楚道医的佼佼者，殊不知唐代最有名的道医当数孙思邈，他曾隐于武当山五龙峰的灵虚岩修炼，并在荆楚行医，被后世尊称为“药王”。唐贞观六年（632）至贞观二十三年（649），他曾两次南下四川，先后到过江州（今江西九江）、渝州（今重庆）、夏口（今武汉）等地，考察医药、采集药材，炼制丹药，沿途施诊，故也是一位与湖北道教有关的人物。

宋代是中医学发展史上一个十分重要的阶段，医学分科日益精细，庞安时是荆楚名医的杰出代表。庞安时（1042—1099年），字安常，宋代蕲州蕲水（今浠水县）人，北宋时期著名伤寒学家。他出身于医学世家，年幼时其父授以脉诀。庞安时对伤寒的研究深得要领，独具创见，被公认为我国伤寒学派之大家，是温病学派形成和发展的奠基人之一。《伤寒总病论》六卷，是庞安时多年潜心研究《伤寒论》并总结自身行医经验的结晶。书中前三卷论述伤寒六经证，后三卷论述暑病等热病。作者提出寒温分治的观点，认为伤寒与温病是性质不同的两类外感热病，对后世温病学说的创立和发展具有十分重要的启示作用。《宋史·庞安时传》记载了庞安时许多神奇的治病案例。庞安时不仅自己治病救人，著书立说，他还培养了不少杰出的学生，位居鄂东地区“四大名医”之首。

六、关注众生的宗教

（一）盛甲天下的佛教

宗教作为一种特殊的历史文化现象，与人类社会的政治生活、经济生活、文化生活等方面，无不发生着广泛而深刻的联系。宗教思想上，从全国情况来看，隋唐宋元时期特别是唐代统治者实行的是儒、释、道“三教”并立的政策，从而形成了一种多元的文化格局。隋唐时期，荆楚地区宗教的繁荣，是宗教文化长足发展的逻辑结果；降至宋元，三教合流风气盛行，使荆楚宗教文化进一步朝着融合的方向发展。隋唐宋元时期的宗教，先从盛甲天下的佛教谈起。

荆楚地区名山古寺众多，高僧大德云集，佛教文化大事让人目不暇接。隋代“崇树宝刹”，寺庙林立，盛况空前，著名的有随州智门寺和安州方等寺；“智者大师”智顗创立天台宗，玉泉天台一脉成为“荆南正法”；罗云、法安、慧哲是荆楚地区“三论宗”的传人；玄奘大师曾在荆州开坛讲学；道信、弘忍“东山法门”禅宗创立；神秀迁隐荆州与“北宗禅”的创立；释僧伽与云梦泗洲寺信传的僧伽佛教；六祖惠能的杰出弟子神会是菏泽宗的创立者；道悟在荆州传播“南宗禅”；安陆寿山、白兆山信传禅音，随州洪山禅寺则是曹洞宗祖庭、楚天望刹。下面以智顗创立天台宗和道信、弘忍“东山法门”与禅宗创立为例。

天台宗是中国佛教史上的第一个宗派，也是系统地发挥中国佛教思想、具有高度理论水平、在中国思想史上产生巨大影响的宗派。创立天台宗的高僧是陈隋之际的智顗。智顗（538—597 年），荆州华容县人[①]，俗姓陈，名王道、光道，字德安，又号“光宅禅师”“天台大师”“智者大师”，天台宗因智顗长期住在天台山（今浙江省天台县内）而得名。

智顗一生弘法三十余年，成就巨大，计有著述二十九部，一百五十一卷。《法华文句》《法华玄义》《摩诃止观》，世称“天台三大部”。智顗专注于解经，尤用心于早期大乘的两部经典《法华经》和《维摩经》，开创“重经不重论”的风尚，在批判地总结前人各种判教学说的基础上，提出了其系统、严谨的“五时八教”[②]判教理论，作为天台立宗根据。在修道论方面，智顗主张定慧双修，止观兼重。他发展了龙树空、假、中“三谛”和慧思“一心三观”思想，提出“三谛圆融”之说。智顗创立天台宗的思想理论，可以说是融汇南北，打通中印，贯通古今，极具中国文化的实践意义和社会价值，而智顗思想的形成受荆楚文化影响的因素也是十分明显的。

智顗与荆楚丛林的关系特别是与当阳玉泉寺的关系更是非同一般。“天台三大部”中的《法华玄义》和《摩诃止观》，都是他在荆州当阳玉泉寺完成的，尤其是《摩诃止观》代表了智顗的成熟思想，也奠定了天台宗的思想理论基础。玉泉寺位于当阳市城西南 12 千米的玉泉山东麓。智顗圆寂后，大师于荆州当阳玉泉寺播下的智慧法种植根发芽，世代相传，玉泉寺天台宗一脉堪称人才辈出。有玉泉道素、志果、道慧、道臻、道悦、道势、行简、法盛、法论、法偃、法才、法璨、义邃、当阳德抱等高僧传播“荆南正法”。

何谓“禅”？洪修平在《中国禅学思想史·序言》中指出：“禅在

① 目前，关于智者大师故里之争有三种说法：一说在今潜江市西南；一说在今监利县西北；一说在今公安县毛家港镇茅穗村。

② 智顗所谓“五时”，就是把全部教法（即佛教发展中结集成的主要经典）安排在佛陀当年一生教化的五个时期（即“华严时”“阿含时”“方等时”“般若时”“法华时”）之中。在发挥《法华经》的要旨方面，智顗以“化仪四教”（顿教、渐教、秘密教、不定教）和“化法四教”（藏教、通教、别教、圆教，与“化仪四教”合称“八教”）判释释迦一代时教。

印度有外道禅与佛教禅之分，佛教禅又有大小乘之别。佛教禅就其本义来说，有两层含义：一是使心绪意念宁静下来，与‘止’或‘定’相近；二是正审思虑，如实了知所对之境，与‘观’或‘慧’相近。中国佛教一般将禅与定并称为‘禅定’，中国禅宗又以禅命宗，倡‘定慧等学’，使禅具有了更广泛的含义。”① 四祖道信开创、五祖弘忍于今黄梅完成的东山法门，是中国禅宗发展的一个标志性新阶段，标志着中国禅宗的正式形成。

图 4-9 黄梅县五祖寺山门（今）

道信（580—651 年），俗姓司马，祖籍河内（今河南沁阳县），其父司马申北周时曾任永宁（今武穴市）县令，其母徐氏随其父寓居任所，北周大象二年（580）生道信于蕲州齐昌郡永宁县（今武穴市梅川镇）。道信自幼笃信佛教，颖悟过人。他 7 岁到附近横冈山寺庙出家，14 岁问法于皖公山，拜见三祖僧璨，20 岁时具足戒，24 岁得承三祖衣钵，是为四祖。道信在黄梅开禅，继承了达摩以来的禅法会通空、有的思想特色，形成了以“一行三昧”为核心的独特禅风，影响日广。在传法方式上，道信决定一改前人头陀苦行的做法，建立道场，住寺弘法。道信来到蕲黄（今黄梅县）地界的双峰山（亦称破额山）后，即采取了定居传法的方式。他身体力行，率领僧众开荒种地，用自力更生、自给自足的方法解决了居住在双峰山上的众多僧人的衣食问题。这一切对于

① 洪修平：《中国禅学思想史·序言》，中国人民大学出版社 2007 年版，第 4 页。

推动达摩系禅法的发展都起了极为重要的作用，因为这既便于诸州学人前来学道，更有利于禅法的展开和影响的扩大。

道信弟子中最重要的是弘忍（601—674 年）。俗姓周，祖籍浔阳（今江西九江），后迁居蕲州黄梅县。弘忍 7 岁就随道信出家，三十年不离道信大师左右，白天劳作，夜晚坐禅，性情敦厚，与世无争。由于他独善其身，精进不懈，文化水平虽然不高，读经也不多，却能契悟佛法大义，从而深得道信的器重。道信圆寂之后，弘忍接过祖师的衣钵，定居于黄梅双峰山以东的冯茂山（又称东山）。弘忍门徒达七百人之多，四方前来学道者更是数以千计。弘忍继承了道信“一行三昧”的禅法并使之进一步发展，形成了所谓的“东山法门”，完成了中国禅宗的创建，成为中国禅宗第五代祖师。

弘忍秉承道信完成了“东山法门”的创建，东山法门则是禅宗形成的标志。从修行态度来看，弘忍继承了道信的随心自在，而又有了进一步的发展，从而提倡日常生活就是禅修之道场。从僧团建设来看，弘忍继承并发扬了道信山林佛教的禅风，依山傍林，聚徒定居，生产自给，进一步倡导“农禅并作”，把禅的修行与生产劳动相结合，从而在根本上改造了达摩禅独自山居林处、乞食苦行的方式，为修“一行三昧”者提供了生活和经济上的保障，为禅学形成宗派提供了组织基础，并使达摩以来随缘自在的修行观真正得以具体落实到实际的禅行生活中。从对待经典的态度来看，弘忍发展了达摩以来的“藉教悟宗”，开启了“教外别传”之门。

历史证明，从荆楚大地黄梅产生的禅宗及其禅宗思想，给中国历史文化产生的影响是巨大的，这种影响甚至是世界性的。唐人李华撰《扬州龙兴寺经律院和尚碑》高度评价了天台宗和禅宗，他说：“天台止观是一切经义，东山法门是一切佛乘。”

（二）盛衰嬗变中的道教

从司马承祯、孟安排、王士元、李筌到陈抟、张君房，从真武信仰在武当山的传播到张道清九宫山派的形成、武当山道书的集中编纂，这些道教理论建树，正应了《庄子·天道》“得之于手而应于心”之谓。而江陵——湖北道教中心的形成，汉东道人胡紫阳，传奇道士罗公远，白洑卢山人的仙道信仰在潜江的出现，以及全真道在湖北的传播、玄教在荆襄地区的兴起，九宫山道教、武当山道教不只是湖北道教的精彩华章，在整个中国道教中也占有重要地位。

《道教义枢》是一部阐述道教教义的重要著作，题“青溪道士孟安排集”。陈子昂《荆州大崇福观记》中所提到的道士孟安排系唐高宗、武后时荆州道士，为《道教义枢》的编者。大崇福观在荆州，孟安排自号“青溪道士”，此所谓“青溪”，即指荆州临沮县之青溪山，青溪山在今远安、南漳、当阳三县市交界地带，山的主体部分在南漳县境内。从孟安排“青溪道士”的称号，可知他出家隐修于荆州临沮县之青溪山。大崇福观，武后圣历二年（699）建，位于荆州江陵。孟安排上表朝廷，以荆州为武后父亲仕宦之地为由，请建道观于江陵。获准，并御赐观名。是观建成后，著名诗人陈子昂为之撰《荆州大崇福观记》。孟安排的《道教义枢》一书，主要根据成书于隋代的《玄门大义》一书删削而成，全书共十卷，凡 37 条，实存 32 条，今《道藏》第 24 册收有《道教义枢》。

每种宗教都有自己的教义和经典，后世教徒们为了便于保存、学习和研究，把这些典籍汇集起来编成一部大的丛书。道教的典籍汇编起来叫《道藏经》，也称《道藏》。张君房，字“允方”或“尹方”，北宋岳州安陆（今安陆）人，生卒年均不详，有学者考证，张君房生于宋太祖乾德三年（965 年）前的几年间，卒于庆历年间（1045 年左右），北宋著名的藏书家和道藏目录学家。真宗大中祥符六年（1013 年）冬，张君房被任命为著作佐郎，朝廷令他专门负责编纂新的《道藏》的工作。新的《道藏》要求新的分类法，新的分类法为三分法，三类分别为洞真、洞玄和洞神，合称“三洞”。洞，是通的意思。洞真，是指通向真仙之道，类似佛教的大乘经典。洞玄，是指通向玄妙之道，这是中乘。

洞神，是指通于神灵，能够召制鬼神，这是小乘。三洞分类法为汇辑更多派别的经典奠定了基础，影响深远。三洞之中，每洞又分为十二类。即本文（道经原文）、神符（符箓咒语）、玉诀（注解道经的文字）、灵图（神灵图像）、谱录（神仙谱系）、戒律（清规戒律和功过格）、威仪（礼仪仪式）、方法（修行之法）、众术（炼丹变化）、记传（道史及神仙传记）、赞颂（赞词和颂偈）、表奏（斋醮、祭祀所用章表和奏疏等程式）。张君房借编纂《道藏》的机会，又修成《云笈七签》122 卷。《云笈七签》在道教界的影响很大，素有“小道藏”和“道教小百科”之称。更为重要的是，张君房据以编修《云笈七签》的底本《大宋天宫宝藏》在流传中佚失，《云笈七签》这一《大宋天宫宝藏》的“简抄本”的史料价值就变得更加重要，《云笈七签》遂有“小道藏”之称。《道藏》编撰大功告成之后，张君房得到了朝廷奖赏，官职升迁，历任随州、郢州、信阳等地的知州，张君房 69 岁时告老还乡，80 多岁去世，死后葬于故乡安陆。

道教是一个尊奉主神的多神教，武当道教也不例外。武当道教的发展与形成与真武信仰息息相关。真武信仰的前身叫玄武信仰。玄武又叫真武大帝、真武帝君、北极真武佑圣真君、玄天上帝、玄帝、北帝、黑帝、荡魔天尊等，民间称他为报恩祖师、披发祖师、祖师爷、上帝公等，是武当道教信奉的主神。北宋大中祥符五年（1012 年），宋真宗为避宋室“圣祖赵玄朗”之讳，改玄武为真武。玄武由星宿神上升为玄武将军、真武真君直至玄天上帝，其神化的过程中蕴含着武当道教的思想意蕴。其一，玄武就是“道”的化身。其二，真武真君是通过内丹修炼上通而登天界的“真人”“真君”。其三，真武大帝能度人济物，扬善抑恶。在宋元皇室的支持下，武当山玄武信仰迅速发展，宫观遍建，经典迭出，灵应广传。在此背景下，宋代武当山开始出现以信奉真武神为主要标志的道团组织，武当道教逐渐形成。因之，“以武当山为本山，以信仰真武——玄帝，重视内丹修炼，擅长雷法及符箓禳禬，强调忠孝伦理、三教融合为主要特征的武当道教形成于宋代”①。

武当清微派高道张守清对南岩真庆宫建成做出了重大贡献，让南岩真庆宫成为武当山影响最大的玄武专祀宫观之一。据程钜夫《大元敕赐武当山大天一真庆万寿宫碑》知，鲁大宥于元世祖忽必烈至元十二年（1275），“与道士汪贞常等修复五龙、紫霄坛宇，独结茅南岩”，后武当清微派高道张守清自至元二十二年（1285）起，经过二十余年的努力，建成南岩真庆宫。

元代，武当山编纂了多部道书，是武当道教兴盛的一大表现。最具代表性的道书是《武当福地总真集》三卷，简称《武当总真集》，元代武当清微派道士刘道明编撰。刘道明，生卒年不详，荆门（今荆门市）人，号“洞阳子”，人称“道学进士”，他是“武当清微派”创立人之一。《武当总真集》卷上记述七十二峰，卷中记三十六岩、二十四涧及台、池、潭、洞，卷下记述天封玄帝圣号、宋封圣号、静乐国传记、仙胄、玄帝传记、大都昭应宫瑞应、宋代崇封诰词、录善降日、供献仪物、四天帝及诸神。

在湖北道教的发展历史上，九宫山道教在南宋时期盛况空前，并在元朝得到继续发展。这一方面在于高道张道清发挥其道教领袖引领作用，他抓住时机弘道阐教，开辟道场，九宫山由此成为南宋江南道教的中心；另一方面，则是由于南宋皇室对道教的优渥而使九宫山成为道教御制派的祖庭。所谓御制派，即由皇帝钦赐道派传承的派字，由于御制派以九宫山为本山，亦被称为“九宫山派”。九宫山派虽传承不绝，但没有著述传世，张道清及其九宫山派道教思想与传统的天师道不同：一是道契天师，但崇奉玉帝和真武；二是在崇尚符箓道术的同时，亦重性命双修。

张道清（1136—1207年），字得一，号三峰，郢之蒲骚里（今京山市）人。淳熙元年（1174），张道清出游龙虎山，朝礼天师府，受正

① 王光德、杨立志：《武当道教史略》，华文出版社1993年版，第104页。

一法箓。淳熙十五年（1188），张道清来到九宫山开创道业。宋元时期，张道清创立的九宫山道教御制派仙真辈出，传承有序，道脉昭彰。张道清为御制派祖师，根据宋宁宗所赐九宫山道派字辈行40字，其弟子为宗字辈。弟子中较为著名者有杨宗华、王宗成、陈宗明、杨宗权等人，此外，张道清的弟子还有熊宗超、李宗荣、上官宗立、王宗莲、蓝宗宝、彭宗显、李宗治、毛宗真、吴宗松、李宗一等十人。张道清羽化后，御制派继续受到朝廷重视，封赐不断。元字辈有郑元简、胡元亨、冯元素、谈元辰、罗元泽、郭元康、蒋元衡等人。太字辈比较著名者有余太玒、封太本。希字辈中的代表人物是罗希注。惟字辈中有余惟铃、李惟早。天字辈弟子有熊天与、明天琮，特别是明天琮，因仰慕南宗实际创始人白玉蟾，改名明素蟾。可字辈弟子中则有著名高道通山人车可诏。

需要指出的是，罗希注、明天琮（明素蟾）、车可诏三人跨越四代，都与元代著名内丹家陈致虚有着很深的交往，后二人还与陈致虚有师徒关系。陈致虚（1290—？年），号观吾，又号上阳子，江右庐陵（今江西吉安）人。陈致虚曾师事著名南宗道士李钰、赵友钦，深得内丹之诀，有《金丹大要》《悟真篇注》《周易参同契分章注》等著作传世，是元代最重要的道教内丹学家之一。陈致虚虽是金丹派南宗传人，但他又以全真嫡传自居，被学者称作是“元代中后期二宗合并的积极推动者”[1]，陈致虚在九宫山上对道教的作为，可以看作是他对南北二宗合二为一的具体实践，既说明了九宫山道教在元代受全真道的影响很大，也反映了在元代社会政治统一的大格局下道教道派大融合的特点。

---

① 卿希泰主编：《中国道教史》第三卷，四川人民出版社1996年版，第375页。

七、独具特色的风俗

（一）特色鲜明的节会风俗

中国自古就有重视风俗的传统，所谓“观风俗，知得失”，“为政必先究风俗”，是历代君主恪守的祖训。荆楚地处华中腹地，悠远、漫长的历史发展进程，使荆楚文化逐渐形成了具有鲜明地域特色的民俗景观。隋唐宋元时期，荆楚先民们既广泛地吸纳了中原、吴越、巴蜀等地文化精华，又传承了端午、七夕等节日风俗，饮茶、饮酒等饮食风俗。这些独具特色的节日民俗与饮食风俗，不仅凝聚着荆楚文化精神和民族感情，而且已经深深地内化为荆楚人民的道德意识和行为习惯。

在各种节日中，端午节无疑是最具有荆楚渊源和特色的节日之一。端午节为每年农历五月初五，又称端阳节、午日节、五月节、五日节、艾节、端五、重午、午日、夏节。到了唐代，端午“恶日”已经不恶，逢凶化吉，原本有特定意义的荆楚端午节日民俗活动，到此时期大多演变为一种节日娱乐活动。龙舟竞渡则是端午节最具标志性的活动。唐宪宗元和五年（810），著名诗人元稹被贬为江陵府士曹参军，从此开始了流放荆楚十年的贬谪生活。在此期间，元稹创作《竞舟》诗，生动地描述了唐代江陵民众端午竞渡的场景，立意却是批评竞渡耽误农时，他还认为，必须移风易俗，至少应缩减竞渡活动的规模。

“他乡逢七夕，旅馆益羁愁。不见穿针妇，空怀故国楼。绪风初减热，新月始登秋。谁忍窥河汉，迢迢问斗牛。”这首《他乡七夕》诗，是唐代襄阳籍诗人孟浩然所撰，在异地他乡适逢七夕佳节，更增加了诗人思乡思亲的情怀。可是远离家乡，看不见妻子在月下穿针乞巧，对月怀人，诗人不由地生起无限羁旅穷愁、去国怀乡之感。七夕节是汉族十分重要的节日之一，起源于中国古代的天体日月星辰崇拜，七夕节亦称“乞子节”“乞巧节”“乞爱节”等。唐宋时期荆楚地区七夕节民俗活动可分为曝衣晒书、制药养生、升仙访道、穿针乞巧、乞子、宴游、登高等七类。其中，穿针乞巧，拜祀牵牛织女二星是最重要的风俗。七月七日夜间举行的拜祀牵牛、织女二星神的活动已形成一定的仪式，需要洒扫、设筵、设祭品，仪式本身已经糅合进了一定的信仰因素，体现了人们“愿天下有情人终成眷属”的美好祝愿和对幸福生活的向往。

“望云门外，油壁如流水。空巷逐朱幡，步春风、香河七里。冶容炫服，摸石道宜男，穿翠霭，度飞桥，影在清漪里。秦头楚尾，千古风流地。试问汉江边，有解珮、行云旧事。主人是客，一笑强颁春，烧灯后，赏花前，遥忆年年醉。”宋代词人葛胜仲《蓦山溪·天穿节》一词，详细记录了襄阳“穿天节”的盛况。葛胜仲所称“天穿节”，后世称为“穿天节”，是古代襄阳地区特有的风俗。葛胜仲，《宋史》有传，字鲁卿，丹阳人，北宋绍圣四年（1097）进士。具体来说，这一民俗节日活动是正月二十一日这一天，襄阳全城的百姓都来到万山，乘船沿汉江而下，在江边聚会，妇女们则在沙滩上捡拾有孔的小石头，用丝线穿起来，戴在头上，以祈求吉祥幸福。有种看法认为，可能是在宋末元初襄阳战役时，襄阳被围困达六年之久，“穿天节”因此中断，但从元明清文人的诗文中依然可以看到，与“穿天节”相关联的汉水神女故事继续传唱不衰。

北宋时的襄阳除“穿天节”外，还兴起了一种新兴的习俗——吊柳会。“吊柳会”又称“吊柳七”，指的是对宋代词人柳永的凭吊活动，流行于襄阳、枣阳一带。柳永（约984—约1053年），原名三变，字景庄，后改名柳永，字耆卿，因排行第七，又称柳七，崇安（今福建武夷山）人，北宋著名词人，婉约派代表人物。柳永还是个年轻举子时，常与歌伎交游，为她们写词，宋人叶梦得《避暑录话》说：“教坊乐工每得新腔，必求永为辞，始行于世。于是声传一时。”宋代曾敏行在其《独醒杂志》中清楚记载柳永墓在襄阳枣阳县花山：“柳耆卿风流俊迈，闻于一时。既死，葬于枣阳县花山。远近之人，每遇清明日，多载酒肴饮于耆卿墓侧，谓之‘吊柳会’。”正因为柳永把歌伎视为知己，倾心相交，因而赢得了歌伎的尊敬和爱戴。在其死后，群伎一起凑钱将其安葬，并在清明时节到其墓前凭吊，逐渐形成一种民俗活动。

（二）特色浓郁的饮食风俗

唐宋时期，湖北成为当时我国的主要茶叶产区之一，所产名茶不少，饮茶成为风气。主要产茶区有荆州、峡州、襄州、蕲州、安州、黄州和鄂州等地。唐人记载当时名茶最称周备的要推李肇的《唐国史补》，其卷下列举了闻名全国的21种名茶，其中长江中游有9种，而出之荆楚大地的有6种，包括峡州碧涧、明月、芳蕊、茱萸簝，江陵南木和蕲门团黄茶。峡州，即今宜昌市，地处大巴山和长江西陵峡两岸，重峦叠嶂，群山起伏，四季分明，水热同季，十分适宜茶树生长，茶叶利用自得风气之先。陆羽《茶经》卷下“八之出”首列峡州，将该州远安、宜都、夷陵三县所出茶叶列为上等，只有淮南光州、湖州顾渚、越州余姚和剑南彭州所出能够与之媲美。唐代前期饮茶之风还未盛行时，峡州就是贡茶州。中唐以后，夷陵又出现了小江源茶，产量不高，质量更好，但它有个特点，就是只能用江水煎煮，如果用井水，茶汤就呈赤色而无味。宋代文学家欧阳修经过夷陵（今属宜昌）时创作七律《夷陵书事寄谢三舍人》，赞誉此地为“春秋楚国西偏境，陆羽茶经第一州”。这两句诗词不仅成为后世茶界评价峡州茶的名言，而且欧阳修“借对茶的评价，表达他虽贬谪夷陵，在‘陆羽茶经第一州’任职期间的乐趣与自豪，此可谓‘君子’坦荡荡也”[①]。茶本身不具感情色彩，但它的高洁又能成为感情的媒介，转化为高尚的忧民情结。宋代湖北既生产片茶即饼茶，又生产散茶。江陵府的片茶天下闻名，被选为贡品。荆湖路则是全国散茶的主产区。大冶的桃花茶、黄州的松罗茶、蕲门团黄茶也很有名。团黄茶鲜叶细嫩，栗香浓郁，条索紧秀，醇厚温和，耐

① 龚永新：《三峡茶诗散论——茶与文化名人的情结透视》，《三峡大学学报(人文社科版)》2005年第2期。

久冲泡，深受欢迎，被列入朝廷贡品，苏东坡在担任黄州团练使任上曾亲自护送团黄茶进京。

作为老乡，孟浩然爱喝并且常饮宜城美酒，宜城美酒在唐宋诗人中颇有名气。孟浩然《岘山送张去非游巴东》云："祖席宜城酒，征途云梦林。"《除夜有怀》云："渐看春逼芙蓉枕，顿觉寒销竹叶杯。"《途中九日怀襄阳》云："去国似如昨，倏然经杪秋。岘山不可见，风景令人愁。谁采篱下菊，应闲池上楼。宜城多美酒，归与葛强游。"温庭筠《常林欢》云："宜城酒熟花覆桥，沙晴绿鸭鸣咬咬。"苏轼有一首诗，取名《竹叶酒》。其诗曰："楚人汲汉水，酿酒古宜城。春风吹酒熟，犹似汉江清。耆旧何人在，五坟应已平。惟余竹叶在，留此千古情。"诗中所咏正是宜城美酒。"竹叶"乃酒名，又称"竹叶杯"。北宋著名史学家刘攽在《宜城酒》诗中写道："九酝宜城酒，人传岘首碑。古今情不别，更问习家池。"李肇撰写的《唐国史补》所载唐代名酒除宜城九酝酒外，还有"郢州春酒"，其生产地在今钟祥市。

从唐人的诗文看，荆州荆门有道冷盘名菜"饧丝结"，见于诗人司空曙的诗作《长林令卫象饧丝结歌》中。诗人笔下的饧（即"糖"）丝结，"主人雕盘盘素丝""手援玉箸不敢持，始状芙蓉新出水。仰坼重衣倾万蕊，又如合欢交乱枝，红茸向暮花参差""我爱此丝巧，妙绝世间无"，芙蓉出水，衣倾万蕊，合欢交枝，红花参差，简直就是一件艺术品，叫人想象无穷。宋代也有两道名菜见于文献记载。宋仁宗（应为宋真宗）问张景家乡胜景风物和所食何物。张景是江陵府公安县人，他回答说："新粟米炊鱼子饭，嫩冬瓜煮鳖裙羹。"鱼子饭、鳖裙羹都是典型的水乡美食，可见，宋代荆楚饮食已然形成了水产为本、鱼馔为主、口鲜味醇的特色，在烹调技法上，蒸、煨、炸、烧应用最广，也最为擅长。似乎这两道名菜——鱼子饭、鳖裙羹与苏东坡在黄州创造的"东坡肉""东坡饼"一起，沿传至今。

第五章　凝重与华美：明清时期的荆楚文化

明清两朝，作为传统社会的最后时期，往往会给世人一种复杂的感觉。一方面，许多为普通大众喜闻乐见的影视作品常以明清为背景，明清二代是如此的熟悉；另一方面，除了战争朝局与帝王贵族生活，一般读者又好像对明清文化没有什么整体印象。一方面，明清二代发生了许多让中华民族感到骄傲自豪的历史事件；另一方面，明清二代亦是中国逐渐落后于世界潮流，开始步入艰难近代的关键历史时刻。熟悉与陌生，荣耀与没落是交织于读者心目中明清二代的音符与旋律。

虽然最高统治者的背景极不相同，但明清二代在文化上具有很大的相似性。两个王朝都采用专制主义中央集权的文化政策，都以儒家学说作为官方正统哲学，都喜欢考证汇集传统学问知识，但对自然科学与海外文化都有一定程度的轻视偏见。在传统范围内，明清王朝各种文化活动却还是异彩纷呈，毫不逊色于同时代的全球其他文化。这种文化特征与时代背景密切相关。

中国传统统治秩序发展到明代已经相当完善，再加上清王朝的适当调整，国家的运转已经形成了一种固定模式。中央集权制发展到极致，社会结构不曾形成突破性的变化，传统的思想、学术、风俗、心态趋于烂熟，致思、内向、非竞争性的国民性格基本定型，阔大、精巧与空疏、呆滞逐渐衍化成为某种带有普遍性的氛围。于是，明清时期的文化便具有了不同于以往的特色，它没有创新的冲动，却显示了系统、缜密的风格。它也没有汉唐时代的稚气天真，没有两宋时期的纤秾得体，更没有近代文化的血脉偾张。明至清中叶中国社会与文化无疑具有阶段性的总汇性质，它更多的是积聚而非迸发，是回溯而非突进，是修饰而非更新。

作为中华文化的一部分，明清时期的荆楚文化也是一部充满熟悉与陌生，荣耀与没落的交响曲。许多为我们所熟知的历史名词，如“江西填湖广”“湖广填四川”“李时珍”“张居正”等等都产生在明清两代。与此同时，明清荆楚文化也有暂不为人熟知的文化贡献与独特魅力。明清时期，荆楚文化在吸收数千年传统文化精华的基础上展现了中华文明的荣耀之光，但也没有突破传统文化的窠臼，没有赶上世界发展的潮流，面临专制王朝没落的重大危机。概括说来明清荆楚文化有四大特点：

“凝”：因专制统治秩序的定型而凝固，没有突破时代的革命性进展。

“重”：因积累千年精华，融汇八方文化素养而厚重。

“华”：在传统文化范围内流光溢彩，华丽多姿。

“美”：在传统审美视角下充溢和平中正，清雅不俗的美感。

接下来请跟随本书的步伐，领略一番凝重与华美的明清荆楚文化。

一、社会变革中的人口流动与政区沿革

政局的变换与文化有着直接联系，政治是文化发展的推动者，亦是限制者。当文化发展顺应统治要求之时，便会得到统治者大力支持，反之则会遭到打压。有时候，政治格局变动本身也会成为一种文化，影响人们的生产与生活。人是文化的直接创造者与重要传播者，同时，人的行为又受到文化的直接制约。因此谈到明清荆楚文化，应该从政局与人口谈起。

（一）明初荆楚政局与人口流动

元朝末年，政治腐败，民不聊生。于是中国古代历史常演剧目——农民起义再次上演。湖北罗田人徐寿辉亦乘此风云际会，凭借个人魅力，号召起一支人马，四处征战，为推翻元朝统治贡献了自己的力量。元至正十一年（1351），羽翼渐丰的徐寿辉即位称帝，国号天完。固然由于战略不当、用人失误等种种原因，徐寿辉于1360年被部下杀害，但他作为湖北反元领袖的功绩却不会被人遗忘。徐寿辉未完成的历史任务，则交由另外两位湖北人——仙桃人陈友谅与随州人明玉珍来完成。

荆楚大地上的渔家子陈友谅，是元末农民战争时期极为重要的历史人物。他早年参加天完政权，多次抗击元军。1360年，陈友谅即位称帝，国号大汉。陈友谅领导的农民军打击了元朝在湖北、湖南、江西、江苏、浙江等地区的统治，加速了元朝的灭亡。但陈友谅一方面坚持与元军周旋，另一方面又与其他农民军争斗，再加上战略、战术不当，在元至正二十三年（1363）与朱元璋鄱阳湖水战中失败身亡。元至正二十四年（1364），朱元璋兵临武昌城下，陈友谅儿子陈理投降。

几乎与此同时，湖北随州人明玉珍也举起反元旗帜。与陈友谅进军路线不同，明玉珍从湖北向西，打到了重庆一带，并于元至正二十三年（1363）称帝，国号夏。当时许多湖北人也跟随他来到了巴蜀大地。由于朱元璋势力过于强大，明玉珍的儿子明升于明洪武四年（1371）投降，这一农民政权也告终结。

从最终结果看，陈友谅与明玉珍两个湖北人都失败了，但他们“不服周”的反抗精神却仍然值得称道。他们建立的政权，一个称汉，一个名夏，这是否说明汉族华夏的文化因子早已在荆楚大地上埋下了深深的种子？这值得我们深思。

朱元璋建立明朝，控制荆楚大地后，采取了很多巩固统治秩序的措施。朱元璋害怕陈友谅与明玉珍的后人在荆楚威胁其统治，于是将他们的后人陈理与明升安置到朝鲜，永远断绝他们与故土的联系。

据朝鲜史料记载，明升生四子，四子又继续繁衍，至今为朝鲜半岛一大族，其后裔仍有来湖北祭拜的例子。陈理的儿子陈明善绝后，没有在朝鲜留下香火。然而湖北家乡父老并没有忘记陈友谅，至少从清代开始，许多异姓家族都声称是陈友谅之后，因躲避战乱而改姓。这些姓氏传说是否属实，很难考证，但湖北人对陈友谅的怀恋与同情则是真实的。

朱元璋将政治对手的儿子送到了外国，却将自己的儿子分封到了荆楚。朱元璋先后将第六子朱桢封于武昌府，十二子朱柏封于荆州府，二十四子朱栋封于安陆州（今钟祥）。朱元璋后，明代诸帝亦有新封的范例①。于是，湖北又成了朱家众多王爷的故乡（其中一位还当上了皇帝，即嘉靖帝）。伴随众多王爷来到湖北的还有大量亲军护卫，这些护卫往往是整个家族移居荆楚。

元代的湖广行省面积十分辽阔，其辖区涉及今天湖南、湖北、广西、海南、贵州、四川、广东等地区。朱元璋调整了这一庞大的行政区划，将元代河南江北行省南部与湖广行省北部地区合并成新的湖广。从此"湖广"不再包含两广因素，不再有"广"，只有"湖"了。明代新湖广的地理范围大致与今天的湖北、湖南相重合。

明洪武二十九年（1396），朱元璋设置湖北道，管辖湖南常德、辰州二府以及靖、沅二州。虽然明代湖北道并不表示今天的湖北地区，但在湖广之内出现"湖北"政区名称亦可看作明清时期湖北地名文化的一种滥觞。随着明王朝政治统治的最终确立以及巩固，明太祖朱元璋的生命也走到了尽头。洪武三十一年（1398）闰五月初十，朱元璋驾崩。在他的治理下，现代的两湖地区逐渐成为一个有机整体，而"湖北"也成为一个政区名称 。

明初统治者为了巩固政权，还曾实施人口迁移政策，采用政府力量

---

① 明代湖北藩王分布情况，可参见张建民：《明代两湖地区的宗藩与地方社会》，《江汉论坛》2002 年第 10 期。

强制调配人口分布，影响了湖北人口结构与文化版图。由于明代湖北拥有比较优越的土地资源条件，吸引了大批外来移民在此定居。这些人群中，江西人占很大的比例，因而有所谓“江西填湖广”之说。

（二）明中后期政局中的荆楚因素

从明太祖洪武年间到明英宗正统年间，从四面八方迁移到湖北，特别是湖北西部山区的人越来越多，形成了明代中叶影响深远的荆襄流民运动。据都御史原杰统计，流民有 11 万余户、43 万余口，籍贯分别是山东、山西、陕西、江西、四川、河南、湖广、河北、江苏、安徽等。这些人口之所以选择山区，一是因为山区拥有独特的山地资源；二是因为山区是明王朝统治薄弱地区，容易逃避徭役赋税。到了成化年间，聚集在鄂西北的流民终于爆发了起义。

为了对付起义，明王朝刚开始强力镇压，驱赶流民。后来鉴于各方面考虑，改变政策，让一部分流民在湖北就地安家，成为新的“湖北人”。为了鄂西北山地的长治久安，明朝廷于成化十二年（1476）特设郧阳府，为后来湖北十堰地区的发展奠定了基础。

就在郧阳建府的年份，成化皇帝第四子朱祐杬出生。由于成化皇帝长子、次子先后夭折，第三子继皇帝位，按照明代制度，朱祐杬必须到地方当藩王。在众多的封藩之地中，朱祐杬似乎更钟情于湖北安陆州（今钟祥）。弘治七年（1494），朱祐杬正式来到湖北定居生活。正德二年（1507），朱祐杬的第二子朱厚熜出生。作为独子（朱祐杬长子出生五天即夭折），朱厚熜的童年备受父母关爱。在十多年的成长中，朱厚熜也产生了浓厚的家乡情感。

正德十六年（1521），年仅三十一岁的正德皇帝驾崩，不但无子继承皇位，并且也无在世的亲兄弟。大明皇位只能到成化皇帝的后裔中找寻。朱厚熜因为与正德皇帝血缘最近，继承帝位，是为嘉靖帝。我们不知道，嘉靖皇帝的湖北口音经过多久才变成京腔京韵。只知道嘉靖帝深受荆楚文化熏陶，在许多国家大事上都可以看到湖北人的性格。

嘉靖帝即位后，将湖北老家升格为与北京顺天府、南京应天府名称上并列的承天府。嘉靖帝对湖北老家是永远铭记的，直到他生命的终点，还在念叨湖北老家，想拖着病体回家。

（三）清代湖北省的形成与人口迁徙

东北满族统治者利用明末大乱的历史机遇，入主中原。与当初明太祖朱元璋迁移人口、更改政区巩固统治秩序一样，清王朝也采取了同样措施。当时四川人口因战乱而急剧减少，清廷有迁移湖北人去四川的举措。同时，湖北亦是战略要地，清王朝调遣大量八旗军队驻守荆州，这些军人连同家属达到上万人，从此定居于湖北，成为荆楚大家庭的一员。

清初，湖北政区也在悄然改变。康熙三年（1664）三月，清廷发布命令，整个湖广以洞庭湖为分界线，以北归湖广巡抚（后改名为湖北巡抚）管理，以南归偏沅巡抚（后改名为湖南巡抚）管理。同年闰六月，清廷命令，偏沅巡抚，移驻长沙。至此长沙成为湖广第二个政治中心。湖广实质上形成了湖广武昌、长沙二元管理模式。此模式的形成，表明在行政管理上，两湖已经分离。

从此，湖北与湖南作为两个正式政区名称出现在历史舞台上。湖北行政区划的形成，极大促成了湖北人概念的出现，促进了以湖北为核心的荆楚文化发展。

清代雍正年间，清王朝大力推行改土归流政策，废除了许多少数民族首领世袭政治权力，设立府州县予以管理。鄂西南少数民族聚居区也在此潮流中形成新政区，为今天宜昌、恩施两地的发展奠定了基础。

雍正帝去世后，乾隆帝即位，将清王朝专制统治推向了顶峰。可是政治上的顶峰，并不等于文化上的巅峰，荆楚文化并没有在乾隆朝大放异彩，而是略有停滞之感，仿佛和这个老大帝国一样遇到了发展的瓶颈。

当乾隆帝自诩为“十全老人”，退位颐养之时，鄂西北山区爆发了白莲教起义。与明成化年间不同，清嘉庆帝花了近十年时间，耗费上亿两白银才将其镇压。在镇压过程中，清王朝的腐败暴露无遗。嘉庆帝去世后，道光帝即位，鸦片战争爆发，中国历史进入了新阶段。荆楚西部的动乱，没有让整个湖北停滞不前，此时的汉口镇已经崛起，成为中国四大名镇之一，为荆楚文化迈入近代奠定了物质基础。

还值得说明的是，明清两代由于各种原因迁入移出湖北的家庭不知凡几，但江西迁湖北、湖北填四川是人口流动主脉之一。从族谱上看，湖北移往四川的居民大多称自己是麻城孝感乡人。对此四川人早有疑惑："今蜀南来自湖广之家族，溯其住始，多言麻城孝感乡。核其人数，即使尽乡以行，亦不应有若是之夥。且湘楚州县与蜀邻比者，尽人皆可移住，何以独迁孝感一乡？岂若大之川南，仅为一孝感乡人殖民之地乎？"① 只有湖北麻城孝感乡的人才迁往四川并不是历史事实。

对此现象，学界众说纷纭，一种说法认为孝感乡是移民重要中转站，一种说法认为最早迁居四川的湖北移民是孝感乡人，后来移民为了在外省有同乡依靠，或是获得生存资源，也纷纷说自己是孝感乡人。还有一种说法认为，这是湖北移民对元末明初明玉珍的怀念。凡此种种，不一而足。无论哪一种说法正确与否，有一点是肯定的：移民的迁移活动必然带来荆楚文化的传播，必然给荆楚文化增添新的文化元素。

以上背景介绍看似与文化无关，其实决定荆楚文化的若干因素早已在其中凸显。是明清王朝的相对稳定给荆楚文化一个稳定发展的空间，是统治者调整行政区划导致"湖北"的形成，是移民的广泛迁徙导致荆楚文化不断更新与传播，更是封建统治的衰落与僵化成为荆楚文化发展的障碍。与此同时，帝王将相导演的政局演变与政区更改，与平民百姓组成的人口流动也交织在一起，成为荆楚文化有机组成部分。

① 民国《南溪县志》卷四，《礼俗篇第八下·风俗·氏族》。

二、国家大一统与区域学术思想

明清时代，除了改朝换代引发的全国纷争，以及平时之局部战火外，全国大致处于和平安定状态。而明清王朝高度中央集权的政治体制亦导致全国大一统政治局面的长期延续。所谓的“大一统”不仅仅单指政治统一，正如《汉书》所说：“大一统者，六合同风，九州共贯也。”“大一统”体制下的中国，学术思想也要保持一致。荆楚学术思想就在这一历史背景下继续发展。

（一）在理学与心学之间的明代荆楚学术思想

经过漫长的历史演变，儒学成为明清王朝最重要的学术门类。而宋代以来，程颢、程颐、朱熹等人又发展出程朱理学。理学将儒家学说高度哲学化，主张“理”是宇宙万物的起源，它赋予人类善良的本性，给予社会安定的秩序。人类在世俗生活中，充满欲望，逐渐失去本性，失去“理”，因而造成恶果。因此要勤于学习儒家典籍，“存天理，灭人欲”，以求“理”的回归。

明朝建立后，统治者对程朱理学尊而奉之，将之标榜为维护封建统治、教养与育化人民的规矩准绳。民间立说、立言如不遵奉程朱之道，将被视为异端而无法为当时主流社会接纳和包容。程朱理学成为明初荆楚学术最重要的主导思想。

到了明代中期，儒学另一分支“心学”日益兴盛。所谓“心学”是指“理”不在身体之外，而在每个人的心中（古代中国人认为心脏是主导思维的器官）。每个人只需反省自身，即可达到学问大道，即“圣人之道，吾性自足，不假外求”。“心学”一般不为明清统治者认可，但其仍然属于儒家学说，为许多湖北人所遵奉。

明清荆楚儒学思想就在“理学”与“心学”的共同发展、交织影响中展开。明代湖北学者具有全国性影响者，自“嘉鱼二李”始。李承芳

（1449—1502年），字茂卿，号东峤。李承箕（1452—1506年）（一作承基），字世卿，号西峤。两兄弟出生于湖北嘉鱼，自幼勤学苦读。学有所成后，两人均厌倦仕途。李承芳当官不久即辞职归乡，李承箕考取乡试后拒绝继续考试，兄弟二人均隐居乡里专心学问，服膺于“心学”。

程朱理学原本要求学习者勤于学习儒家典籍，以求得“理”之回归。这一学术要求本无可厚非，但是许多读书人将这一要求生搬硬套，专门在古书中寻章摘句，沉溺于历代理学大家对儒家经典的注释。李承芳反对这种治学方法，主张恢复儒家原始经典，开拓视野，不以“理学”之是非为是非。弟弟李承箕对“心学”亦有过深刻阐发。

简而言之，“嘉鱼二李”的学术思想可以看成对当时学程朱理学、科举入仕、发财致富“读书人三部曲”的一种反对。以“嘉鱼二李”为代表的学者想要追求的或许是一种自然、自由的治学环境。

除了求于内心的学人，荆楚大地上也出现过求道理于“故纸堆”的著名学者。在这一方面表现最为突出的，如陈士元。陈士元（1516—1596年），字心叔，号养吾，小名孟卿，自署江汉潜夫，又称环中愚叟，湖北应城人。他于嘉靖二十三年（1544）中进士，出任滦州知州，但因得罪严嵩，罢官回家。此后，闭门著述数十年，完成了数百卷的作品，涉及儒家经典的注解、历史考证、占卜术数等方面，实在蔚为大观，让人叹服。

其实，无论是“理学”还是“心学”都有其可取之处，亦都有一定程度的缺陷。能将二者批判性地予以继承，保留独立学术人格的明代荆楚学者当推郝敬。郝敬（1558—1639年），字仲舆，号楚望、书痴，湖北京山人。他于万历十七年（1589）荣登进士榜。先后出任缙云县、永嘉县知县，礼科、户科给事中。后辞官闭门著书，专心于学问。

通观郝氏著述，最为完整呈现了作者的心路历程和精神旨趣者，当推《时习新知》。该书前后花费30年时间，凝聚了郝氏之心血。他在自序中称：“早岁出入佛老，中年依傍理学，垂老途穷，乃输心大道。”在书中，他既痛批宋代理学家空谈性理，又对阳明心学保持怀疑态度，充分说明郝敬具有独立之人格，显示了不为陈见所束缚、不盲从学术权威、执着追求真知的理论勇气。与此同时，郝敬力倡经世实学，强调知识和学问就在日常生活之中，学者治学必须与现实人生相契合。郝敬的见解，得到明末清初启蒙思想家黄宗羲的肯定：“明代穷经之士，先生实为巨擘。”①

随着明王朝的社会矛盾日益激化，荆楚读书人意识到单纯的学术研究救不了时弊。出生于湖北荆州、饱读儒家经典的张居正厉行变法，力挽狂澜。他提出的一系列改革措施，不仅使明王朝国力上升，而且其影响也极为深远。这足以说明，荆楚学术充满着弹性与张力，足以支撑在儒家思想范围之内的创新和变革。

到了晚明，荆楚学者耿氏三兄弟还接待了一位著名外来客——李贽，引发学术思想的激烈碰撞。耿氏三兄弟是指黄安耿定向、耿定理、耿定力，这三人互相切磋交流，共同丰富了荆楚学术，为“心学”发展做出了贡献。由于李贽（1527—1602年）与耿定理一见如故，在耿定理的盛情邀请下，李贽于万历八、九年间携家眷来到黄安，充当耿氏家族塾师，寓居湖北著书立说。

不过由于李贽的思想太过于激烈，他不仅抨击程朱理学，还要否定孔子的神圣地位。他不仅提倡功利主义，还要摧毁三纲五常。他不仅宣扬民本主义，还要质疑君主专制。李贽的学说终于为时人所不容，在耿定向的刺激下，李贽搬离湖北。后来，耿定向与李贽和解，二人又在湖北相见。耿氏兄弟对李贽的才华是欣赏的，彼此双方也没有根本的利益之争。他们的争执与矛盾其实是两种思想的激烈碰撞，一个主张在儒家学说之内取长补短，继续发展；一个要完全改造，甚至瓦解儒家思想。毫无疑问，李贽的思想并非异端邪说，他的著述具有很强烈的时代针对性与历史合理性。但此时的荆楚文化，还不能完全包容这种超越于传统

① （清）黄宗羲：《明儒学案》卷五十五，《诸儒下三·给事郝楚望先生敬》。

儒学之外的学术思想。

“心学”主张向自身寻求真理，原本并不是排斥学习和实践。但“心学”的某些特性被晚明某些读书人扭曲，成为束书不观、纵欲放荡的借口。他们高谈阔论，却又于事无补，丝毫不能挽救濒临灭亡的明王朝。

（二）清代荆楚儒学思想的发展

经过明末清初的战争洗礼，清初的湖北人开始重新热衷于程朱理学的学术构建。熊赐履是这一时期的代表人物。熊赐履（1635—1709年），字青岳，又字敬修，号素九，别号愚斋，湖广汉阳府孝感人。顺治十五年（1658）考中进士，入朝为官。他曾不顾权臣鳌拜的淫威，向康熙皇帝直上万言疏，评论时政。康熙八年（1669），康熙帝清除鳌拜集团后，他受到重用，一路青云直上。

熊赐履除了在朝中为官外，一心捍卫程朱理学的独尊地位。在他的影响下，康熙皇帝亦遵从程朱学说，史称：“圣祖之崇宋学（程朱之学），自孝感（熊赐履）发之也。”[①] 熊赐履花了十多年时间，经过三次修改写成的《学统》一书，成为其学术思想的集中体现。

在《学统》中，他将孔子、颜子、曾子、子思子、孟子、周敦颐、程颢、程颐、朱熹列为学术正统，意为宋代的程朱理学才是继承孔孟学说的正宗。而闵骞、冉雍、端木赐、有若、言偃、卜商、董仲舒、韩愈、张载等学者只能算成“翼统”，意为辅助正统的学者。历史上绝大多数儒家学者，被熊赐履称为“附统”，即可做参考的学者。至于陆九渊、陈献章、王守仁等“心学”家只能算作“杂统”，意为正统学术的芜杂。儒学之外的老子、庄子、墨子、道教、佛教等学者是为“异统”，是异端杂说。

熊赐履以自身的学术背景，梳理了传统中国的学术思想，认为只有

① （清）徐世昌等：《清儒学案》卷三十八，《孝感学案》。

儒学中的程朱理学是正统。他完全摒斥了除理学之外的一切学问，连儒学分支“心学”也不被包容。熊赐履这种学术思想与当时的政治背景密不可分。刚刚入关的清朝统治者，急需彰显自身的正统地位。古代天子之位，叫作治统；圣人之教，是谓道统。在清统治者看来，“万世道统之传，即万世治统之所系”[①]。也就是说，政权的合法性与学术的正统性是一致的，统治上的集权势必要求学术上的独尊，熊赐履维护程朱理学，实际是帮助清统治者树立专制权威，因而深受统治者的欢迎。

清代湖北，遵奉理学者，除了“居庙堂之高”的孝感熊赐履外，还有“处江湖之远”的天门胡承诺。胡承诺（1607—1681年）的政治地位远不如熊赐履，一生在乡以读书著述为业，是一位平民学者。而他也写了一部和高官熊赐履《学统》思想类似的书——《绎志》。

《绎志》是一部札记汇编，与《学统》内容完全不一样，但两者的思想却是一致的：独尊理学。《绎志》虽然旁征博引，内容繁杂，但全书贯通的是程朱理学思想。胡承诺对理学的认同与独尊，似乎说明当时无论是高高在上的御用大学士，还是躬耕陇亩、无缘政治的民间学者，都渴望学术思想的统一。这种思想是明末“心学”扭曲、天下大乱之后，荆楚学者渴望重建统治秩序的自然反应。

荆楚学者对程朱理学的独尊，并不表示学术创新的终止。清初黄州状元刘子壮绝不是只会埋头于书本的理学腐儒，面对时政，他曾侃侃而谈，学以致用。他大胆涉及满汉如何和谐共处的问题，认为：“满汉皆一家也”，“满人尚质，以文辅之；汉人尚文，以质辅之”，主张民族平等，互相学习。这一观点在清朝刚刚入关、满人趾高气扬的政治背景下，的确难能可贵。身为科举制度的既得利益者，他却认为在没有科举制之前，君王取士灵活多变，卓有成效；实行科举之后，取士日益变成程式化的僵化政策，效果大不如从前。科举之制必须改革。刘子壮的学问充满了变革气息。

---

① 《清圣祖实录》卷七十，康熙十六年十二月庚戌条。

麻城鲁之裕精研儒学，却实地考察黄河、淮河、运河之现状，对水利问题有独特见解。同样是麻城人，袁铣曾主持江汉书院，是儒家学说的布道者。与此同时他却勇于抨击时弊，指出清政府捐纳买官，得不偿失。应城程大中、汉川秦笃辉学问优长，著述颇丰，是宋明理学的遵奉者，但他们并不盲从学术权威，勇于指出朱熹的失误或错漏之处。江夏彭崧毓也是一位学术大家，他激烈批评当时流行的“存天理、灭人欲”观点，而创造性地提出“理欲相因”，真理与人欲并不矛盾，可以相辅相成。面对道光年间日益严重的鸦片问题，江夏学者陈銮更是亲临禁烟第一线。如此等等，不一而足。

无论是理学还是心学，都属于唯心主义的范畴，清代湖北也迸发过唯物主义的光辉。熊伯龙（1617—1669 年），字次侯，号塞斋，别号钟陵，汉阳人。清顺治六年（1649）考取榜眼，入朝为官。除了儒学，熊伯龙学问相当广博，在音韵学、西洋天文历算、艺术等领域，均有成就。其著作之一《无何集》，是一部辑录历代文献有关天地鬼神言论的资料集。虽是资料集，但也加入了他的学术观点。熊伯龙在书中讨论了天的本质、天人关系、形神关系以及宗教迷信等问题，批驳了天命论、鬼神论、佛道的宗教迷信和民间忌讳，实为汉代王充之后又一伟大的古代朴素唯物主义学者。

其实儒家思想并不等同于墨守成规，清末康有为维新变法也是以儒家理论为思想背景。而明清王朝独尊程朱理学，科举取士也并没有阻滞儒学的发展，以上荆楚学者的介绍表明儒学内部也充满着自由与活力。儒家学说更不反对身体力行，经世致用，荆楚学人的学术实践亦表明儒学“穷则独善其身，达则兼济天下”并非虚言。

（三）荆楚史学的发展

明清荆楚学术思想界最大遗憾在于完全以儒学为本，几乎所有学者从事学术研究必须从儒学开始，在儒学小有成就之后，如有余力才能从事其他领域的探索。普通青年学子如欲施展政治抱负，有所作为，也必须通过科举考试，而科举考试的唯一科目还是儒学。如果某位学者只对儒学之外的某一领域感兴趣，抛弃儒学，那么他则被世人指斥为杂流，根本不能与主流学术界交往，一生孤独寂寞，作品也大多不会为世人待见。

我们以明清荆楚历史学为例，看看儒学之外的其他学科的孤寂寥落。湖北蒲圻人廖道南自幼熟读儒家经典，并于正德十六年（1521）中进士。当时恰好湖北嘉靖帝入继大统，同是湖北老乡的廖道南萌发了写一部湖北通史的想法，希望为嘉靖帝改变皇统提供历史依据，由此受到朝廷的重视。

不料湖北历史文化实在博大精深，廖道南又从原始社会开始写起，于是这本名叫《楚纪》的湖北通史耗费了他十多年光阴。《楚纪》旁征博引，史料丰富，全书六十余卷，从神农氏，一直写到嘉靖帝，保留了许多历史信息，为荆楚历史学发展做出了很大贡献。但就是这么一部非常有意义的历史著作，写完后几乎无人问津。不仅没有获得湖北老乡嘉靖帝的赞美，就连荆楚地方读书人也对其没有太多的热情。廖道南写完此书后，无力刻印，在蒲圻县令的帮助下刻印出来后，也没有普及开来。

到了清代乾隆年间，浙江人章学诚因父亲在湖北应城为官，迁居湖北。与许多学者不同的是，章学诚不喜欢儒家经典，在父亲的督促和亲朋好友的帮助下，勉强学习考试，直到四十多岁才考取进士。考取进士着实不易，但以章学诚之才华，未免太晚了一些。章学诚自幼喜欢历史学，其毕生精力撰写的《文史通义》全面总结发展了中国古代史学理论，学术价值极高，备受近现代学者赞美。他还提出“六经皆史”的观点，意为儒家《易经》《尚书》《诗经》《周礼》《乐经》《春秋》等经典其实是上古的史书。

地方志是记载区域历史的重要载体，章学诚对此极其重视，将其作为学术实践的重要组成部分。乾隆年间湖北许多方志，都凝聚了他的心血。乾隆二十九年（1764），他又参与《天门县志》的编纂，并将地方志修撰经验概括为《修志十议》。《修志十议》是中国历史上少有的地方志修撰理论汇集，对今天的方志修撰有直接的指导意义。

章学诚还想为湖北省修一部大型方志，在湖广总督毕沅的支持下，《湖北通志》于乾隆五十九年（1794）完成。这本容纳章学诚毕生所学的史学著作本应当在中国文化史上大放异彩，结果只因毕沅政治上的调动，没有刊行就被他人篡改删削，留存于今的只有残篇断简。同年，漂泊湖北四十多年的章学诚孤寂地返回浙江老家。

廖道南与章学诚的学问流芳千古，但他们在世时是寂寞的，他们的学术成果不被同时代的荆楚文人理解与铭记，更得不到学界同仁的支持与继承。在当时许多人看来，他们脱离了儒学经典的正道，虽有成就，但对主流学术进步于事无补。以历史学为代表的人文学科是这样，那些自然科学探索者的遭遇更是不容乐观[①]。

纵观明清时代的荆楚学术，儒学的演变与发展是主流，其内部思想也是丰富而又相对自由的，既有埋首于故纸堆的学究，亦有勇于实践、学以致用的勇士。儒家学者为荆楚学术繁荣做出了贡献，但过度依赖儒学，亦挤压了其他学科的发展空间，成为近代文化逐渐落后的一大因素。

国家大一统的政治因素是影响明清荆楚学术特点的重要背景。明清政治统一，中央集权高度强化。与此相配，全中国拥有统一的教育考试制度与统一的考试内容，且数百年不变。而读书本身并不能直接创造物质财富，大多数读书人为了基本的生存，必须将自己的学术道路与儒学科举考试紧密结合起来，必须将一生大部分精力投身于儒学研究中。这样一来，有限的思想火花大都在儒学内部消耗，分给其他学科的也就少之又少。

---

① 科学环境与个人遭遇不容乐观，但明清荆楚科学家依然做出了巨大成就，详细介绍请看本章第五节。

三、推动时代潮流的文学与戏曲

明清荆楚人士也许继承了楚文化特立独行、一鸣惊人、自由奔放的文化特点，延续传承了《楚辞》柔美和谐的音符与旋律，因而在明清统治者稍微放松一点的文学戏曲领域创造了璀璨华丽的篇章，推动了时代潮流的发展。

对于涉及王朝政治稳固的思想学术领域，明清统治者希望牢牢控制在自己手中，施加强大的政治压力与利益诱惑，渴望以全国性思想的统一来维持专制大一统政治。而对于文学与戏曲，只要不是故意讥讽时政或是涉及统治者敏感脆弱区域，一般而言政策相对自由。这种文化的相对宽松与荆楚文化的某些特色相吻合，促使时人创造了更大的时代成就。

（一）引领风尚的明代荆楚文士

公元 1372 年，即朱元璋创立明朝的第五个年头，湖北石首人杨溥出生。他的一生恰好见证了明王朝如日中天的历史过程，他创立的文风成为时代的历史纪念碑。

建文二年（1400），杨溥（图 5-1）考中进士，目睹过后来失踪的建文帝真容。永乐帝夺得皇位后，他又成为太子的老师，尽心辅导。后来他历经仁宗、宣宗、英宗三朝，均备受重用，与当时名臣杨士奇、杨荣并称“三杨”，成为明王朝政治决策的关键性人物。后来宦官王振掌权，他的政治生涯才告终结。明王朝土木堡大败前三年，他在家乡去世。他的一生恰好见证了明王朝由建立到繁荣的历史进程，因而他的文风也带有太平气象。

图 5-1 明《三才图会》杨溥像

杨溥与杨士奇、杨荣等见证明王朝兴旺的高官一起创建了“台阁体”文风。“台阁体”主张在程朱理学思想的引导下，追求典雅庄重之美，歌颂太平盛世与帝王恩德。“台阁体”引领当时文风，是读书人幸逢王朝上升期的真实写照。今人仍能从传世的杨溥诗集中遥想当年太平光景。

杨溥去世后三年，明王朝土木堡大败，明英宗被俘。而明英宗之后的明宪宗、明武宗也多有荒唐行径，大明国运渐显衰落之兆，“台阁体”文风越来越与现实不符，受到大家的质疑与反对。在这种背景下，荆楚文人再次引领时代潮流。

公安袁氏三兄弟袁宗道、袁宏道、袁中道创立公安派文学。袁宗道（1560—1600 年），字伯修，号玉蟠、又号石浦，万历进士，后留京为官。身为东宫太子讲官，他非常辛劳，导致罹患重疾，年仅四十岁便撒手人寰。

袁宏道（1568—1610 年），字中郎，号石公，万历进士，历任吴县知县、礼部主事等。万历三十八年（1610），袁宏道回湖北老家，此时公安发生水灾，他只好暂居沙市。但不久一病不起，终年也是四十多岁。

袁中道（1570—1626 年），字小修，或曰少修，万历进士，后在徽州、南京为官，死于任上，终年五十六岁。

公安三兄弟在血缘上同源，在生平上相似，做起文章来也极大的通感。他们反对一味模仿抄袭古人，“不效颦于汉魏，不学步于盛唐”①，而是主张根据时代的变化而不断变通。他们倡导“性灵说”，渴望率真无邪，直抒胸臆，为人处世与著文写作的风格都是自由奔放、无拘无束。他们推重不为传统文人看重的民歌与小说，极力提倡通俗文学。“公安派”文学透露出一种试图摆脱程朱理学束缚的自由解放精神，对后世影响深远。袁氏三兄弟诗文集大量传世流布，亦或许证明时人对这一流派的认同与喜爱。

在公安派之后，荆楚天门人钟惺（1574—1642 年）与谭元春（1586—1637 年）在文学理论上对公安派有所传承与质疑，他们通过大量实践赞同文学要表达个人真实情感，但反对文章过于通俗化，且不完全反对学习古人。因钟谭二人的家乡天门古称竟陵，因而这一文学流派被称为“竟陵派”。

“竟陵派”主张作者处于空旷孤寂的精神和物质境地，通过苦思冥想，自我沉思，才能写出表达作者性灵的真文章。这种文学理论注定他们充满着幽深孤苦之感，史称钟惺为人严冷，而谭元春自幼丧父，年轻时科举考试屡屡不中，长期压抑，使得他心理上颇为消沉。因而“竟陵派”文字往往孤芳自赏，所用词语过于冷傲生僻，扼杀了文学的勃勃生机。现代著名学者钱锺书曾批评竟陵派：“竟陵派钟谭辈自作诗，多不能成语。”②明末竟陵派的流布与推广可以从一个侧面看出：明王朝日益落寞，文人情感上日益孤寂与消沉。从“台阁体”到“竟陵派”，实际是一部明王朝盛衰兴亡剧。

（二）璀璨夺目的通俗文艺

除了传统诗词文章，明清荆楚文化人还在通俗文学的领域取得了很

① （明）袁宏道：《袁中郎全集》卷一，《叙小修诗》。
② 钱锺书：《谈艺录·竟陵诗派》，中华书局 1984 年版，第 102 页。

大成就。俗文学并非下流庸俗的代名词，晚明麻城人梅之焕为我们解释了俗文化的真谛。一日，梅之焕来到李白墓前游览，只见周围题满了历代文人墨客的凭吊诗词，他也写就一首："采石江边一堆土，李白之名垂千古。来来往往一首诗，鲁班门前弄大斧。"这首带有打油诗味道的诗句通俗易懂，但表达的思想却并不平庸，其流传的空间广度与时间长度，也是李白墓前其他诗句所不能比拟的。俗文学是与文人士大夫高雅文章并列的优秀文化瑰宝，不必人人都成为饱读诗书的大儒，通俗文学一样能够名垂千古。

明清荆楚竹枝词是通俗文学的杰出代表。竹枝词实为民歌之一种，一说由巴蜀民歌演变而来，体裁基本上是七言诗。由于竹枝词描写的内容主要是社会底层众生相，所以它的语言朴实而直率，没有多少雕琢的成分，而且朗朗上口，易于传诵。明清时期的湖北，竹枝词的创作较为兴盛，这或许与湖北在地理上毗邻巴蜀大有干系。

明清湖北竹枝词内容异常丰富，既有对地方特产的赞美：蕲州竹簟凉于水，黄陂葛巾细于纱。也有对民间生活习俗的描写：斗罢龙舟扶醉散，泊船柳下趁新凉。还有对荆楚男女情爱的歌颂：鹦鹉洲前鹦鹉飞，黄鹤楼头黄鹤归。妾为鹦鹉郎为鹤，愿得千秋常不离。更有对吸毒上瘾的鞭挞：破房歪炕一灯燃，过瘾人来辣两肩。几口呵完押气爽，带头捋下押衣钱。

相关统计表明，湖北现存竹枝词近五千首，其中很多属于明清时期的文人创作。这些竹枝词以通俗的字句保留了当时最为真实、最为生动的荆楚生活史。

除了竹枝词，戏曲也是荆楚通俗文化的瑰宝。明清时期，无论是达官贵族，富商巨贾，还是平民百姓无不视戏曲为重要娱乐休闲方式。传说明代居住在武昌的楚王就极为喜爱戏曲，现今武汉市武昌区水陆街附近，就有楚王专门蓄养歌舞艺人之所。楚王府演戏唱曲需要芦笛乐器，于是在今武昌区沙湖广种芦苇，作为乐器原料，此湖因此被称为"歌笛湖"。

而商人为了联络顾客、招待同乡、谈论生意更是经常组织演戏唱曲，为了方便演出，商人会馆干脆建起了戏楼。曾几何时，汉口山陕会馆居然同时有七座戏台，分别位于正殿前、正殿两侧、财神殿前、天后殿前、七圣殿前、文昌殿前，财神殿还建有专门戏台房。最兴盛时，戏曲于每日中午开场，散戏于每日下午四五点开场，甚至数台戏同时演出。

平民百姓对戏曲也是乐此不疲，宗族在祠堂边修建戏台，不仅满足宗族成员的娱乐需求，更彰显了自身实力，加强了宗亲文化凝聚力。位于今阳新县胡桥中学的余家祠戏台始建于清同治年间，可容千余观众。而位于红安县八里湾铺的吴氏祠戏楼，建于清光绪年间，也可容五六百人听戏。

荆楚大地处于东西互通、南北汇聚之地，因而各种艺术流派纷至沓来，极大丰富了荆楚戏曲文化。

荆楚许多戏曲流派直接源于外地，如梁山调，这一流派源自重庆东北之梁山县（今重庆梁平区）灯戏。梁山调大概在清乾隆年间，沿着汉水落户湖北荆门、钟祥一带。在演出过程中，又逐步得到改造，成为湖北风格别致的地方戏曲之一。

梁山调进入湖北后，与荆襄地区的花鼓戏等民间戏曲相杂糅，顺汉水上溯，在郧阳山区形成颇有艺术魅力的郧阳花鼓戏。因为汉口是汉水流域的商业中心，梁山调自然传入此地，成为汉口民众相当熟悉的戏曲品种。

湖北越调是明代秦腔传入襄河一带与当地民间音乐结合而形成的剧种，在鄂西北汉水流域相当流行，人们乐于将湖北越调称为襄河越调、谷城越调。老河口锣鼓架子也于清代由晋商带入，经古代艺人不断加工润色，结合本地音乐中一些优秀元素，形成了荆楚全新表演艺术。

大约在清道光末年，北方大鼓艺人来到今武汉地区。为了迎合湖北民众的口味，他们学习、运用黄陂口音说唱，逐渐在荆楚大地流行开来，形成了湖北大鼓。

湖北戏曲亦有流传外地，大放光彩的，黄梅戏是这方面的典型。黄梅戏原本起源于湖北黄梅，原名黄梅调、采茶戏等。清代，这一唱腔传入邻近的安徽省怀宁县等地区，与其他戏曲方言，以及当地民间艺术结合起来，经过百年发展，成为一个享誉全国的戏曲剧种。

除了流入与外传，荆楚内部各种戏曲元素也互相交流，孕育出宝贵文化遗产。清代道光年间，鄂东流行的哦呵腔与黄孝花鼓戏等音乐元素融合，形成一个独立的地方声腔剧种——楚剧，在武汉、孝感、黄冈、荆州、咸宁、宜昌、黄石等地的舞台上演绎出湖北人自己的声音。

起源于鄂西容美土司时代的恩施南戏，掺杂土家方言土语，喊出了荆楚文化“深山峡谷”之音。来源于明清江汉平原的沔阳渔鼓，用渔鼓与简板，奏出了荆楚文化“平原河湖”之响。

尤为值得一提的是，荆楚普通劳动人民也是某些著名戏曲艺术的直接创造者。薅草锣鼓又称薅草号子，是鄂西居民在农忙季节，为了活跃集体劳动气氛、提高团体劳动效率、祈求农业丰收而创造的杰出艺术形式。黄梅、阳新采茶戏追根溯源也是由茶叶劳动者创作，用以提高劳动情趣、招揽客商的民间艺术。

（三）荆楚文化与京剧发展

明清时代，荆楚大地戏曲文化交流性十分强烈，众多唱腔交融并存。多元文化的碰撞交融，再结合荆楚自身的楚音汉调，终于形成了戏曲史上里程碑式成就——西皮二黄。

“西皮”起源于秦腔。明末清初，秦腔经鄂西北传到今天武汉一带，同当地曲调结合演变而成新调。明清时期，湖北人把戏曲的唱腔叫作“皮”，一段唱就是一段皮，西皮的含义就是来自西部的唱腔。

“二黄”是一种带有安徽、湖北、陕西文化色彩的腔调。据某些清人著述，二黄发源于湖北的黄冈、黄陂，又称湖广调。嘉庆张祥珂《偶忆编》记述：“戏曲之二黄，自湖北始，谓为黄冈、黄陂二县。”道光杨静亭《都门纪略》亦称：“近日又尚黄腔。（黄腔始于湖北黄陂县，一始于黄冈县，故曰二黄腔。）”将“二黄”说成是湖北人的独创有失偏颇，但“二黄”的发明流传的确与湖北紧密相关。

“西皮”与“二黄”本是两种不同的腔调，但湖北人将二者汇为一体：“（湖北）襄阳腔影响扩及湖南、广东、云南、贵州、四川后，被称作‘湖广腔’，则湖广腔影响的地区唱腔也都应该分作两路。以后吹腔演变为二黄腔，西皮也被湖北人慢慢叫出了名，于是二黄、西皮统一出现在襄阳腔的传承调——楚调里。”[①]

“湖广腔”之“湖广”二字反切为“黄”[②]，楚调又称为“黄腔”。应该说，将“西皮”与“二黄”合在一起演唱，是中华戏曲文化的一大发明。“西皮”“二黄”合称“皮黄”，是国粹京剧的基本唱腔。乾隆末年，四大徽班进京，与来自湖北的艺人合作，同时广泛接受其他地方戏曲的精华与长处，通过不断实践，最终形成大红大紫的京剧。

据谢鲁先生《湖北人与京剧》一书介绍，荆楚文化对京剧之贡献表现在很多方面：湖北人创造了“皮黄”，湖北人首创“皮黄合奏”，汉调北上是京剧之源头，湖北人造成“徽班汉调”格局，京剧名家中有许多湖北人，湖北人统一了京剧舞台语言，湖北人推动京剧走向全国。京剧之发展壮大，荆楚文化功不可没。

总之，无论是文学流派还是通俗唱腔，明清荆楚文化均是异彩纷呈，引领了当时潮流，贡献于中华文化。

---

① 廖奔、刘彦君：《中国戏曲发展史》第4卷，山西教育出版社2000年版，第78页。

② 反切是古人注音方法，用两个汉字相拼给一个字注音，第一个取声母，第二个取韵母。如“湖广”，第一个字“hu”取“h”音，第二个字“guang”取“uang”音，两者相连就是“huang”音。

四、科举制度影响下的教育事业

教育是荆楚文化传承的重要方式，各行各业，各种学问都需要技艺与知识的世代传递。但在明清国家大一统背景下，统治者认为儒学才是最重要的学问，因而延续并完善前代科举制度，将接受儒学教育与科举当官直接挂钩。在这一背景影响下，明清荆楚教育文化主要围绕儒学展开。

（一）兴学重教蔚然成风

明太祖朱元璋年轻之时虽然没有接受系统的教育，但取得天下，统一中国后，极端重视儒学教育事业。早在洪武二年（1369），朱元璋下令天下郡县都要建立学校。第二年，湖广武昌、荆州、德安三府率先响应，倡荆楚文教之先。随后，荆楚大地上各州县或是继承延续宋元学校旧址，或是新设创立。没用多长时间，荆楚各府州县纷纷有了自己的学校。

这些学校均为官办，大多数情况下是每府、每州、每县各有一所，学校教授的内容以儒学为主。湖北有些官学修得宏阔精美，校内还带有祭祀儒家名人的庙宇祠堂，连偏处鄂西北的均州也不例外。均州的官学，包括大成殿、两庑、大成门、泮池、戟门、棂星门、名宦祠、乡贤祠、忠义祠、节孝祠、更衣所、省牲所、明伦堂、射圃、腾蛟起凤坊、甬壁、正殿等。值得一提的是，荆楚学校内的“射圃”指的是射箭场地，具有现代学校体育场的功能。荆楚学校的精美寄托了荆楚读书人的文化抱负：“（学校）一郡一邑之中，各有所创建者。殿宇崇高，宫门宏敞，俾闾阎知所仰止，而日趋名教中也。”[①] 在许多读书人看来，就是要把学校建得高大壮丽，让周边老百姓产生羡慕崇拜之感，让居民都

① 同治《郧西县志》卷七，《学校志·学宫》。

趋向渴望读书，以服膺于儒家学说。

学校所需费用与劳动力，大都由所在地区供给。只要编入户籍的荆楚读书人均可以申请考试入学，但录取率较低，录取程序也颇为复杂。一般而言，读书人通过县试、府试、院试等多次考试，才能取得生员身份，成为秀才，获得进入官学的资格。而官学生员又有“公费”与“非公费”之别，优秀的生员通过选拔，成为贡生，可以进入北京国子监读书深造。留在家乡继续读书的生员还要经过考试，才能获得乡试资格。

获得乡试资格的荆楚读书人可以参加每三年一次，在武昌城举行的大型考试。考中后成为举人，正式获得入官资格，并获得一定程度的赋役优免待遇与政治礼遇。而举人有资格参与在北京举行的会试与殿试，考中后成为进士，正式步入仕途。

看到这里，我们其实可以看出明清荆楚官学只是科举制度的一部分，并不是为启蒙教育和普及文化而设，因为进入官学者起码已经经历多次重要考试，早就具备一定文化修养。真正对读书人起到启蒙教育的是民间私塾和社学。私塾的形式是多种多样的，以襄阳地区为例，分为四种：

其一，由具有一定经验的儒士自创教学机构，有偿招收本地孩童就学。

其二，由地方人士主导，聘请老师，招揽学子有偿入学，将学生的部分学费作为老师收入。

其三，聘请老师做“家教”，住在家中直接教育亲朋子弟。

其四，在地方官或地方士绅的捐助下，以某祠堂或庙宇为基础，开办“义学”，行慈善之举，免费教育。

这四种启蒙教育形式在当时荆楚大地具有一定普遍意义，也是绝大多数有幸接受教育的湖北人最初的文化家园。

而社学是一种带有官方性质，设置于乡镇一级的教学组织，《清朝文献通考》记载：各州县于大乡、巨镇设立社学。凡近乡子弟，年十二以上、二十以下，有读书志向的都可以入学读书。但是从湖北情况来看，各地社学的办学规模非常悬殊，很多地方更是兴废不常，远不如设置在府州县的官学。

在明清社会中，许多官员、宗族、地方士绅都尽力支持教育事业，甚至捐助金钱，划拨田产作为学校经费开支。荆楚地方官不用说，兴学校，育人才是其本职责任之一。在现存湖北地方志中，每一地的学校都倾注了多位地方官的心血。许多湖北宗族也会尽量帮助族人接受儒学教育，鼓励族人科举考试。这一点在鄂东地区十分突出。许多鄂东宗族一般会有专门的学田，供族人作为教育经费。还有些宗族设置义学，免费或低价培育族中子弟。鄂东黄冈陶店张氏家族曾经规定：族人参加府县院试，补助白银一两；到省城武昌参加乡试，补助白银二两五钱，到北京参加会试，补助白银十两。族人如果考试成功，陶店张氏奖励则更高，考中秀才奖白银十六两，考中举人奖三十二两，考中进士奖五十两。

有些地方富有贤达也热衷捐助学校，如建始县有两所社学，一所在东乡大水田，由童生黄中理捐建，并为社学买下义田，每年租谷、杂粮四十余石充作学校日常用度。另一所在南乡金莺子店，由生员黄光慁捐建，也置买义田，维持学校运转。在明代，甚至太监宦官也乐于捐助学校，如承天府守备刘太监一次就为当地儒学建筑之修理工程捐助“百金”①。捐资兴学成为明清荆楚之时尚。

（二）明清荆楚学子

明清时代，许多荆楚家庭为读书考试倾注终生精力。介绍一个当时习以为常的故事以见其概。黄安有一位名叫张之孚的读书人，家贫，为求生活，为当地儿童授课，进行儒学启蒙教学。其妻杨氏则在家纺织。夫妻二人共同赚钱，为读书深造而努力。不料因长期苦读，张之孚生了重病，势将不起，杨氏告诉他：自己已有身孕，必能使其继承遗志，勉

① 周嘉谟：《重修儒学建尊经阁魁星楼记》，《钟祥金石考》卷三。

力读书。张之孚听完，瞑目而逝。后来妻子果生一男，待其长大，早晚督促其勤学苦读。不料因长期辛劳过度，杨氏也病重了，临终对其子说道："读书无负我，使我不负汝父也。"读书本是一件好事，但这一家两代三人把读书视为一种人生终极使命，不惜身体为之奋斗终生，不由得让人感慨。

这种教育热情与科举制度密不可分，科举考试是做官的主要渠道，而为了科举考试成功，读书人必须接受儒学教育，读书作文。在这一背景下，接受教育直接与权力挂钩，对当时读书人的诱惑实在太大了。

在当时的客观环境下，科举成功与否是衡量教育水平的重要标准，而考取进士与否又是科举成功与否的重要指标。据相关资料统计，明代湖北考中进士的人数为一千余人，位列浙江、江西、江苏、福建、山东、河南、河北、四川、山西、安徽之后。而清代湖北进士人数则为一千两百余人，位列江苏、浙江、河北、江西、山东、河南、山西、福建之后。因此客观公正地说，明清荆楚教育水平在全国并不突出，处于中等地位。而从明到清，从大趋势来看，湖北教育还是不断发展、不断提高的。

明清荆楚地区中，以黄州府为代表的鄂东是进士人数最多的地区，也是教育最发达的地区之一。紧接鄂东的是包括今天武汉市的鄂中南地区和鄂北地区，最落后则是鄂西南地区。这一不平衡的地理分布在一定程度上亦反映了荆楚教育发展状况。

在荆楚教育考试中，最能反映湖北文化水平的其实是乡试考题。因为乡试之上的考试都是中央政府出题，而乡试之下的考试无论从规模还是文化水平都略逊一筹。我们以嘉靖十九年（1540）湖广乡试为例，略窥当时教育考试盛会。

当年乡试之时，湖广上至巡按御史，下至驿站初级职员，全省各级文武官员纷纷出动，再邀请其他省份官员协助。就参加官员的规模而言，已经蔚为大观。考官、考生、服务人员齐聚武昌，实为文化盛会。当年考试分三场，第一场考对儒家经典字句的理解。当时从四书五经中选六段话，请考生根据自己所学，适当选择解释说明。考生考完后回家或回旅馆休息。第一场题目主要考学生的古文理解能力与对儒家经典的熟练程度。

休息几天后，开始第二场考试。第二场为应用文写作。当年题目为：命题论文《圣人在天子之位》、以汉代官员身份草拟关于推举人才的诏书一道、以唐代官员身份草拟任命宣武节度使的诰命一则、以当今承天府官员身份向嘉靖皇帝写感谢表文一篇、以地方官身份写五条判语。这一场主要测试考生的公文写作能力以及一定的历史、当代政治认识。

考试结束后，考生暂休几天，进行第三场考试。这一场主要测试考生的行政能力。当年题目为：对构建良好君臣关系的建议；对教育太子的建议；对选取军事将才的建议；对治理水患合理利用水资源的建议；对目前财用匮乏、民生困苦、边疆不安的局面提出解决方法。第三场考试结束后，整场考试结束。

据历史记载，嘉靖十九年湖广乡试共 2700 多人参加，考取 90 人，录取率仅为 3%。从以上荆楚文化盛会可以看出，当时的湖北教育以儒学经典与行政实用为主，并不完全是死记硬背，并不脱离实际，在当时的客观环境下依然充满着活力，具有实用价值。与此同时，这种教育考试方式以入仕做官为诱饵，让传统文化价值观千年相传，让荆楚文化在传统范围内不断积累发展。

以这种教育培养出来的荆楚读书人，道德品质高尚，为国家做出巨大贡献的并不在少数。如同是明万历年间中进士的荆楚学子，公安袁氏三兄弟倡“性灵”之说，反对一味拟古，领文坛风骚。江夏人郭正域勇于任事，很有才干，被誉为当时“三大贤”之一。麻城人李长庚为明末“西陵三老”（麻城古称西陵县）之首，曾为辽东边防出谋划策，对湖北问津书院的教育事业也极度热心。江夏人熊廷弼能文能武，为捍卫明王朝辽东边防做出了贡献，留名青史。蕲州人袁世振著《两淮盐法纲册》，刷新盐务，为著名经济家。麻城人梅之焕武功卓著，为甘肃边防做出贡献。应山人杨涟刚正不阿，曾为全国廉吏第一，“东林六君子”之一，为挽救当时混乱的明王朝，得罪魏忠贤，献出了自己的生命。

当然完全将教育与科举做官等同起来，也引起荆楚居民的反感与反思。楚剧《打豆腐》以通俗诙谐的方式反映了另一种科举态度。戏文讲道：黄德才沉迷于科举，考试完毕后认为自己可以高中，备好香纸蜡烛准备庆贺一番。其妻闲氏虽然目不识丁，但贤惠能干。闲氏见丈夫考完，便要夫妻二人共同劳动打豆腐。黄德才勉强为之，在劳动过程中却眼高手低，闹出许多笑话。后来妻子闲氏又要其一起去卖豆腐，他感到有辱斯文，死活不干。正在这时，衙役鸣锣开道，宣布黄大老爷考取了。黄德才一听更加得意忘形，抛却豆腐生意，将衙役迎入家门。后来才发现，考取者是同姓不同名，狼狈不堪，只得跟随贤妻出门卖豆腐。这折通俗的楚剧故事讽刺了科举教育对人心的侵蚀，透露出荆楚居民重生活的人生哲学。

（三）明清荆楚书院

明代，荆楚学者也在反思教育与科举的关系。一些儒学者或官员怀着不同目的，在官学系统之外，纷纷建立书院。而湖北书院较早者如问津书院，其历史可追溯至西汉时期，到了明清时期，更是成为孕育鄂东文人的摇篮。这些书院往往以传播讲授某一派儒家学说为主，兼顾科举考试与儒家先贤祭祀。书院的创办其实是想创立一种学术研究与科举考试并重的教育模式。这些书院在不长的时间内风靡荆楚大地，达到每县一到两所的规模，远远超过了官学数量。明代湖北有些县居然有五所书院，如麻城县有白杲书院、辅仁书院、道峰书院、东溪书院、经正书院，蕲水县也有南门书院、孙公书院、宋公书院、云路书院、大成书院。

面对书院日益增长的局面，嘉靖皇帝非常不满。嘉靖十六年（1537），嘉靖帝以书院倡导异端邪说，下令尽毁天下私创书院。明年，又以浪费钱财，影响官学，再次禁毁书院。万历年间，湖北出生的

“宰相”张居正对书院也坚决反对，他曾经下令“不许别创书院，群聚徒党，及号招他方游食无行之徒，空谭废业”[①]。到了天启年间，大太监魏忠贤又下令拆毁天下书院。明朝统治者之所以对书院深恶痛绝，并不是反对教育，而是害怕讨厌超脱于政府控制之外的教育方式。在这一背景下，荆楚书院遭到一定打击。但一旦当权者政策松动，荆楚书院又很快恢复。这亦说明荆楚读书人也渴望一种科举考试之外的学术教育。

清代统治者入主中原后，刚开始也反对书院自由讲学。但自雍正帝开始，清政府改变对书院的政策，一方面鼓励创建书院，甚至用官方资金支持书院；另一方面明令地方官亲自参与书院管理。在这种情况下，荆楚书院数量剧增。乾隆年间，湖北新增四十多所书院。但书院的自由学术教育色彩日益淡薄，逐渐成为官方科举教育的组成部分。

然而书院这种教育方式仍然孕育着活力与新机，成为荆楚教育步入近代的重要承载者。清末，许多湖北书院演变成了教授西方近现代科学的新式学堂。许多新式学堂后又演变成今天现代化学校。荆楚教育就这样代代相传，延续至今。

五、精博奥衍的传统科技成就

诚如前文所介绍，明清时期的荆楚大地以儒学为最重要的学问和最主要的教育内容，科学技术完全不被重视，科学人才的创新成果也几乎带不来名与利。但就在这样的时代背景下，荆楚学者依然创造了精博奥衍的传统科技成就。

① （明）张居正：《张太岳先生文集》卷三十九，《请申旧章饬学政以振兴人才疏》。

（一）贡献世界的荆楚医药学

一提到明清时期最著名的荆楚科学家，非李时珍莫属。李时珍于明正德年间生于蕲春一个医学世家。其父不愿意让李时珍继承父业，因为父亲深知研究医学带不来家族的荣耀与个人的富贵，儿子应该走儒学科举之路。李时珍十四岁中秀才，后三次到省城武昌考乡试均失败。为了生存，李时珍仍旧以行医为业。

嘉靖三十年（1551），李时珍三十多岁的时候，因医术高超被楚王聘请为王府医官。嘉靖三十五年（1556），李时珍被推荐到北京太医院工作。嘉靖三十七年（1558）后，可能是因为不满嘉靖帝追求长生不老的“非科学”精神，李时珍辞官回乡，行医济世，造福乡里。万历二十一年（1593），李时珍去世。

李时珍主要的科技成就是其“搜罗百氏，访采四方，始于嘉靖壬子（1552），终于万历戊寅（1578），稿凡三易”[①]写就的《本草纲目》。《本草纲目》是一部以科学分类方法排列的药物大全。

《本草纲目》将数以千计的药物为十六部，包括水、火、土、金石、草、谷、菜、果、木、服器、虫、鳞、介、禽、兽、人。各部之下，另有分类。如木部，分为香木、乔木、灌木、寓木、苞木、杂木。草部，分为山草、芳草、湿草、毒草、蔓草、水草、石草、苔草、杂草。这种药物分类方法，不仅便于人们检索查找，而且极具科学思想：“（李时珍）将属于无机物的水、火、土、金石排在最前面，然后将生物中的草、谷、菜、果、木居中，最后才是动物类：虫、鳞、介、禽、兽、人各部，这就是从微、贱到巨、贵的具体体现，大体上表现了自然界从无机到有机，再进化到生物的客观过程。更有意义的是，在动物类药中，虫、鳞、介、禽、兽、人各部的分类，又大体符合现代关于动物

① （明）李时珍：《本草纲目》卷一上，《序例上》。

由单细胞至多细胞，由无脊椎动物至脊椎动物的进化观点。”[①] 这种科学分类方法带有极强的进化论思想，比欧洲达尔文的“进化论”早两百多年。

《本草纲目》除了科学的药物分类之外，对每一种药物都有详尽的研究与介绍。有些药物性质与药方价值，是李时珍实地考察，亲自向人民群众请教，甚至是亲身实验而得出的结果。传说，李时珍为了弄清曼陀罗植物的药性，亲自服用，差点失去了宝贵的生命。在其亲自实践和努力采访下，李时珍在《本草纲目》中激烈反对了某些“仙药”的长生不老功效，极具唯物主义价值。在李时珍的努力下，《本草纲目》共收集到包括用牛痘防止天花在内的一万多个药方，实为中医方药的集大成者。

为了详细记载许多植物药品的特征，李时珍成为当之无愧的植物学家；为了研究动物某些部位的药用价值，李时珍成了明代动物学研究的先驱；为了弄清某些药物的种植方法，李时珍研究了农学技术；为了明白某些药物的性能，李时珍涉及了化学研究；为了优化药物加工技术，李时珍探索了近代物理学领域；为了探索一切可以治病的材料，李时珍对石油的产生和用途做出了论述……

李时珍《本草纲目》是一部涉及多个领域的科学著作，实为“明代最伟大的科学成就”[②]。然而就是这样一部旷世奇书，刊印出版时，竟在当时处处碰壁。李时珍写完后，先后到黄州、武昌寻求书商资助出版，但商人都以无法获利而拒绝与其合作。最终经过李时珍多年争取，南京的书商才答应合作刊印。1596 年《本草纲目》初版正式印刷完毕，此时李时珍已经去世三年。与西方近代科学家封官拜爵的遭遇迥异，李时珍的科学人生，不由得让后人反思明清荆楚文化已经出现某些问题。

---

① 卢嘉锡总主编，金秋鹏主编：《中国科学技术史 · 人物卷》，科学出版社 1998 年版，第 542 页。

② （英）李约瑟著，王铃协助，袁翰青、王冰、于佳译：《中国科学技术史》第 1 卷《导论》，科学出版社 1990 年版，第 151 页。

也许是家族传统，抑或是社会环境使然，明清鄂东地区名医辈出。除了李时珍外，还有罗田人万全。万全（1499—1582年），字密斋，是当时妇科、儿科、痘疹方面的著名专家。清康熙皇帝曾追封其为“医圣”。他留有《万密斋医学全书》，洋洋一百余万字，是其医学成就的集大成者。

在医学养生方面，万全也很有见地，曾提出了“寡欲、慎动、法时、却疾”养生四大要素。无独有偶，1992年世界卫生组织发布《维多利亚宣言》，提出了健康四大基石：合理膳食、适量运动、戒烟限酒、心理平衡。原来现代健康养生方法，明代荆楚医生就已经归纳总结了。寡欲就是节制欲望，比戒烟限酒内涵更广泛；慎动就是谨慎运动，与适量运动有异曲同工之妙；法时就是要顺应自然规律，与心理平衡有契合之处；却疾就是祛除疾病，合理膳食仅是方法之一。由此看来，万全养生四法至今仍有科学意义。

值得一提的是万全早年科举失败，才踏上学医之路。后来行医成名后，他居然开了儒学学馆，招收生徒，从事儒学教育。除了医学著述，他还花大量时间研究儒学。万全的例子再次表明当时儒学正统的时代背景。

武穴人杨际泰（1780—1850年）也是鄂东名医的杰出代表。他出身医学世家，早年依然走科举道路，考中生员。但之后科举不顺，他从事于医药事业，对内科、外科、妇科、儿科等中医领域有深入研究，写有《医学述要》一书。他晚年目睹清朝鸦片泛滥，中国人民深受毒品之害，毅然从事戒毒医学的研究工作。传说，他为了研究克制鸦片的方法，曾亲自来到汉口，高价买到了鸦片制造方法。经过长期研究，他组合出六种药方，惠及世人。由于效果良好，不仅荆楚人民实收其利，连外省人也纷纷赶到湖北购买戒烟药品。杨际泰帮民众戒烟有功，在民间留下了“南有林则徐断绝毒源，北有杨济泰解除病根”的高度评价。

这些明清荆楚医学家不仅为荆楚文化发展提供了健康保障，其本身的事迹也成为荆楚文化永远值得铭记的一部分。

（二）荆楚水利成就

除了前揭众多科学家的贡献之外，荆楚科技成就还表现在对水资源的认识和利用方面。众所周知，荆楚大地位于长江中游，境内河湖众多，充足的水资源为荆楚农业发展，为荆楚文化奠定了坚实的物质基础。为了向河湖获取更多的宜农土地，不让江湖之水淹没农作物，明清荆楚劳动人民大量修建垸田，从而形成了“湖广熟、天下足”的局面。

垸田不同于单纯的防洪堤坝，它是一种包括进水、出水系统极其复杂的水利工程：“各围垸内出水积水之区，或则有港，或则有塘，或则请建有闸，或则疏通有沟，向系民力岁修。港则设之涵口，塘则立有剅沟，闸则因时启闭，以资蓄泄，以藉灌溉，似可无烦疏浚者也。”[①]这种复杂的水利工程本身就代表了一种科技水平。

垸田占地面积十分庞大，少者有数百亩，多者达到万余亩。在江汉平原河湖密布之地，垸田数量繁多，如乾隆时期的天门县，垸田数量过百。然而垸田的过度开发又带来新问题：天然河湖布局被大量破坏，区域洪水蓄泄能力极大降低，最终导致区域防洪能力受到挑战。

对于洪水之防御，明清荆楚人士也有较为科学的应对方法，绝不是单纯盲目建立大坝予以简单拦截。从当时留下的文献可以看出，明清荆楚民众已经掌握了多种防水工程技术，且能够互相配合，注意发挥综合效能。如治理湖北境内某区域洪水，就同时用到了拦水入口的引坝、冬启夏闭的滚坝、撑水外出的挑坝。使用这些不同种类的堤坝时，还注意到了与实际地理状况、其他水利工程互相配合。

面对日益严重的洪水，除了修筑防洪工程之外，荆楚官员也在不断反思人类盲目开发与生态平衡的关系。乾隆年间，曾任湖北巡抚的彭树葵得出了充满辩证法的科学论断“人与水争地为利，水必与人争地为殃”。也就是说，人类如果为了农业利益而破坏河湖自然流向，盲目围

① 雍正《湖广通志》卷二十一，《水利志》。

湖造田，那么看似柔弱的水必然会与人类农业利益相冲突，变利为害。

在这种情况下，为官荆楚者开始用科学手段治理垸田，一方面肯定垸田给民众带来的利益，站在官方全局角度，统筹规划，拆除不合理垸田，加高培厚与民众利益攸关且对自然破坏不大的垸田；另一方面，严禁继续破坏自然河湖，私筑小垸。对这一治水思想，湖广总督鄂弥达予以总结："治水之法，有不可与水争地者，所以祛民患也；有不能弃地就水者，所以从民便也。"①

将保护自然与民众利益结合在一起，是明清荆楚人"绿水青山就是金山银山"的朴素表达。而治水技术与生态思想共同诠释了明清荆楚科技水平。

（三）其他科学门类掠影

除了医学，明清荆楚学者还在其他自然学科领域取得了成就。

清代乾隆年间，湖北钟祥诞生了一位痴迷于数学的奇人——李潢。他早年历经磨难，曾被诬入狱。乾隆三十六年（1771）他考中进士，入朝为官。就此而言，他的人生与当时众多儒学官员没有什么区别。但是李潢却利用空余时间，钻研起了数学问题，史载："（李潢）由翰林官至工部左侍郎。博综群书，尤精算学，推步律吕，俱臻微妙。著《九章算术细草图说》九卷（图 5-2），附《海岛算经》一卷，共十卷。"②其实，除了《九章算术细草图说》《海岛算经细草图说》，李潢还留有一部未成书稿《缉古算经考注》。

① 《清高宗实录》卷二二八，乾隆九年十一月乙亥条。

② 《清史稿》卷五一二，《畴人二》。

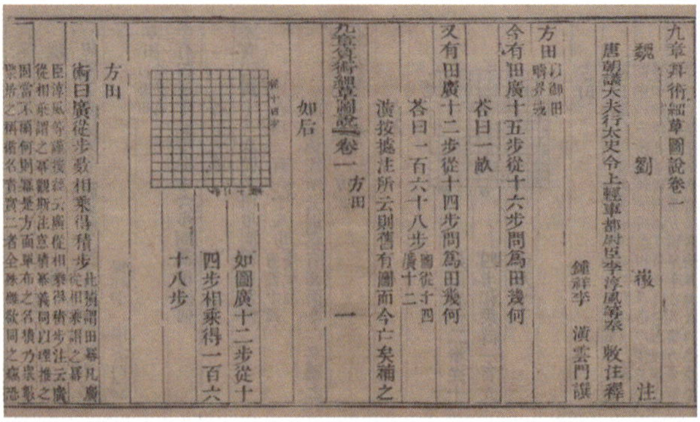
九章算術細草圖說卷一
魏 劉 徽 注
唐朝議大夫行太史令上輕車都尉臣李淳風等奉 敕注釋
鍾祥李 潢雲門譔
方田 以御田疇界域
今有田廣十五步從十六步問爲田幾何
荅曰一畝
又有田廣十二步從十四步問爲田幾何
荅曰一百六十八步 圖從十四 廣十二
潢按據注所云則舊有圖而今亡矣補之
九章算術細草圖說 卷一 方田 一
如后
如圖廣十二步從十四步相乘得一百六十八步
方田
術曰廣從步數相乘得積步 此積謂田冪凡廣從相乘謂之冪

图 5–2 李潢《九章算术细草图说》书影

《九章算术》写成于东汉，《海岛算经》是魏晋时期刘徽所著，《缉古算经》则是唐代王孝通著作。这三者均为我国数学杰作，李潢的工作其实是通过解释订正前人的数学成就，阐发自己的学术见解。李潢的数学天才为当时人所推重，人称“南齐（齐召南）北纪（纪晓岚），不逮钟祥一李”。和珅曾重金聘请其为家庭教师。

除了李潢，明清荆楚还有许多执着于科学的学者，江夏人刘湘煃是这方面的代表。与数学家李潢科举做官，利用空余时间研究学问不同，刘湘煃根本不屑科举考试，但又喜欢学习。一听说某个地方出现了著名学者，他就背负行李，走数千里前往听讲。一次，他听说安徽宣城梅文鼎对天文历法有独到见解，就变卖家产，前往拜师。

从此梅文鼎与刘湘煃教学相长，演绎出中国科技史上一段佳话。在天文学领域，刘湘煃的某些见解超过了老师，以至于梅氏感叹“启予者，刘生也”；“教学相长，不虚也”。刘湘煃对太阳与月球的特点以及运动规律，金、木、水、火、土五星的位置关系，金星、水星围绕太阳公转，历法编订等天文学问题都有论述与研究。

除天文学之外，刘湘煃还涉猎其他科学领域，如地理学，他写有《秦边纪略异同考》《地理要说》《论历代都会各有所取之故》《论地理之学起于三代以前》《论地理之学不当泥于术数》等著述。再如水利学，他也著有《凤庐水利》《上元水利》《楚北水患源流》《灵虹水患说》《论淮黄治法之误》《楚水一得》等篇章。还如矿物学，他还留有《楚地矿山可资鼓铸之议》。刘湘煃是一位名副其实的博学科学研究者。

但非常遗憾的是，他的作品大都没有流传下来。对于这一悲剧，时人评论值得我们注意："湘煃死，其遗书无一存者……湘煃书无传，且不闻楚有为是学者。岂非知之者难，故其书不复宝贵耶？呜呼！是可悲已。"[①] 刘湘煃去世后，其书无传。是不是他的学术太过高深，曲高和寡，故而得不到他人的认同与珍惜呢？刘湘煃作品的遭遇，再次昭示明清荆楚社会没有多大空间留给自然科学发展。自然科学的进步，总是科学家单打独斗，独自前行。

在生物学方面，明清荆楚学者也没有留下空白。黄冈陈大章不仅是清代儒家学者、诗文作者，还是一位生物学探索者，他著有《诗传名物集览》，将先秦《诗经》中提到的动植物做了详细考证说明。与此相似，京山人李园利用为官之余写有《蠕范》一书，介绍鱼、虫、鸟、兽四百余种，是一部带有传统儒家思想的生物学百科全书。

在明清荆楚社会，医学与水利可以直接带来实际利益，然而大医学家李时珍的一生表明：荆楚民众尊重医生祛病救灾的本领，却并不大愿意耗费毕生经历研究传承医学本身。而对于好的水利技术，大多数人也往往只是享受其利益，而很少研究水利技术本身所蕴含的物理学、地理学知识。

造成这一现象的根本原因实际和李约瑟难题一样无法轻易解决，但儒学对文化的垄断应该是原因之一。儒学几乎包揽了荆楚儿童启蒙和社会主流学术活动，绝大多数荆楚科学家其实也都以儒学为学术起点，甚至直接在儒学范围之内科研创造。儒学的独尊地位深刻影响了社会文化，学术与教育文化自不必论，任何一位荆楚学子的启蒙之学几乎都是孔孟之道。就连文学戏曲也以儒家忠孝礼义廉，甚至以"三从四德"为

① （清）钱林：《文献征存录》卷三，《梅文鼎（附刘湘煃）》。

歌颂对象。民间习俗更与儒家伦理直接等同。儒学挤占了太多的文化空间，让其他学科难以茁壮成长。

而高度集权的明清王朝统治，积累了太多的传统文化经验，许多社会问题都可以在传统文化之内解决。明清王朝不需要发展普及先进后膛枪炮，传统刀矛剑戟足以压服不安定因素，先进火器的民间研究反而对专制王朝构成威胁。明清王朝也不需要发展航海技术，因为“天朝物产丰富，无所不有”，无须与海外通商。明清王朝也不希望人人掌握天文学，因为在统治者看来，天道的奥妙直接关系王朝兴衰，怎可让普通百姓知晓。明清王朝更不需要蒸汽、电力与石油，因为中国人满为患，足以保证传统生产所需的一切劳动力供应。

建立在深厚传统文化基础上的明清王朝，其实不需要刻意创造些什么，只需在传统儒家文化之内小修小补，就足以让包括荆楚大地在内的中国保持相对稳定的统治状态。但“停滞”亦是稳定的同义词，将稳定与停滞注入荆楚文化的基因，足以让李时珍的《本草纲目》无人问津，足以让刘湘煃片纸难存，足以让荆楚文化错过近代科技大发展的历史机遇。

六、简奢相间的饮食文化风尚

从荆楚民间流传着的一副饮食对联可以窥见荆楚食物的特点，上联是：春鲢夏鲤秋鲫冬鳊武昌鱼名驰全国，下联是：东苔西菱南蔬北藕鄂郡菜御用皇宫。荆楚河湖密布，水产鱼类成为楚菜的重要原材料。与此同时，湖北地处中部，沟通东西南北，汇聚众多饮食风味，演绎丰富历史文化。

（一）荆楚食材的历史演变

明清时期，靠山吃山靠水吃水，荆楚大地各有美味食材。如康熙时期武昌府有鲟鱼、樊口缩项鳊（武昌鱼）、蒲圻莼菜、咸宁春子鱼，汉阳府有橘橙，黄州府有香晚粳米、鱼籽糯米、罗汉菜、邵荷鱼、江豚，安陆府有白蜜，德安府有应城银鱼，荆州府有桃花鱼，襄阳府有驼牛、羚羊，郧阳府有软枣等等[①]。许多当时的特产，今天湖北人看来似乎有些陌生，有些勉强认识的如鲟鱼、江豚、羚羊，现在已成保护动物，与餐桌无缘。由此看来，明清与当代荆楚居民的肠胃可能存在很不相同的饮食菜肴。

荆楚食材变迁之巨大，的确不容小觑。以清代光绪武昌县饮食风俗来看，当时武昌县可供人类利用的动物就达到上百种之多，不谈数以百计的飞禽走兽、虾蟹龟鳖，仅鱼类就有：鲤鱼、青鱼、鲢鱼、鳙鱼、鲩鱼、武昌鱼、鳑鲏、白鱼、毛花鱼、黄颡鱼、乌鲤、鳜鱼、鲫鱼、鲶鱼、银鱼、鱵鱼、河豚、江豚、斑鱼、鲥鱼、鲖鱼、鱤鱼、黄鱼、鳗鱼、黄鳝、泥鳅等多种[②]。光绪年间与今天并不遥远，但当时武昌县可食用动物之繁多，恐为今人所不及。

明清时期，清蒸武昌鱼也并非荆楚居民最豪华的鱼类菜肴。荆楚鲟鳇鱼菜肴才称得上是明清“硬菜”。鲟鳇鱼体型巨大，肉质鲜美，曾几何时被誉为淡水鱼王。荆楚鲟鳇鱼十分优质，其香味远飘北京紫禁城。据万历《湖广总志》记载：湖广每年向皇帝进贡鲟鳇鱼鲊三千多斤。鱼鲊是用盐酱腌制的鱼肉，深居北京的皇帝很难吃到新鲜湖北鱼菜，那么就以腌制方式运送享用。腌鱼也就成了荆楚著名贡品，不知今日的湖北人过年腌鱼与此有没有一定关联。

以今天的饮食视角看古代食材，明显古奢今简，这不仅是饮食文化的变迁，更是生态观念发生改变的必然结果。一方面自然环境恶化，可食用动植物种类不断减少；另一方面现代人对野生动物与疾病的关系认识加深，也固定了食材的取用范围。

随着新航路开辟，明清时期三大高产作物：红薯、玉米、土豆纷纷

① 康熙《湖广通志》卷十四，康熙二十三年刻本。
② 光绪《武昌县志》卷三，光绪十一年刻本。

传入荆楚，与本地饮食文化，特别是山地饮食环境巧妙结合产生了巨大影响。一方面，苞谷酒、恩施土豆这类地方风味纷纷涌现；另一方面，高产作物比传统农作物需要的肥力更少，出产更多，因而极大充实了荆楚粮仓，让湖北人口快速增长。红薯、玉米、土豆是再简单、再朴素不过的食物，但它们为今天荆楚菜肴的繁盛奠定了人口基础，实现了简与奢的饮食转换。

（二）荆楚饮食传说

明清荆楚居民常将文化情感寄托于食物菜肴之中。以沔阳三蒸的故事为例。食材以粉蒸肉、粉蒸鱼、粉蒸青菜见长的沔阳三蒸以其风味悠长，又保留食物原始清香，并且荤素合理搭配，符合现代健康饮食标准而传遍全国，驰名中外，甚至获得新中国国家领导人多次赞誉。就是这样的名菜，沔阳人将其发明者归功于陈友谅夫妇。

沔阳渔家子陈友谅是元末重要农民军领袖。相传，陈友谅起兵后在沔阳湖区发展，宁可自己饿肚子，不抢百姓一粒米。为了保证军粮供应，渔户出身的陈友谅夫妇早就知道利用沔阳丰富的河湖资源。他们将河湖中丰富的鱼虾、螺蚌、莲藕等可食用动植物配以米粉蒸熟，因地制宜、就地取材、方便快捷地解决了农民起义军的粮食问题。

后来尽管陈友谅被朱元璋打败，但是在家乡人心目中，他依然是一位抗击元朝统治的英雄人物，在当地，至今还流传着不少陈友谅的生平事迹，同时民众也用美食传承记忆，可以说，沔阳三蒸的传说是沔阳地区民众记住自己地方历史的一种方式。依托于陈友谅夫妇发明的沔阳三蒸菜简朴实用，当代沔阳三蒸华丽丰富，简奢相间的是荆楚后裔的历史情感。

明清荆楚菜肴不仅与农民起义领袖有关，还有与传统社会的最高统治者——皇帝联系在一起的。请看钟祥蟠龙菜的例子。蟠龙菜（图5-3），又名盘龙菜，又叫卷切或者剁菜，是湖北钟祥的代表性名菜。当地酒席有“一龙二凤三炒四熬五煮六汤七碎八蒸九鱼十圆”之说，其中龙就是指蟠龙菜。

图 5–3　蟠龙菜

提到蟠龙菜，人们势必联想到其委婉曲折的传说，蟠龙菜的传说至少有三种：

第一，明武宗死后无子嗣继承皇位，按照兄终弟及之说，北京张太后要三位藩王（湖北安陆州的兴王，湖北德安的寿王，河南卫辉的汝王）入京，先到为君，后到为臣。大臣向兴王朱厚熜献计，要朱厚熜扮成囚犯，坐囚车赶到北京。一来可以轻车简从火速赶到，二来可以乔装打扮防人暗害。但是兴王朱厚熜受不了囚犯的饮食，因此要王府厨师制作出一种“吃肉不见肉”的食品。而王府厨师受到红薯的启发，将猪肉、鱼肉和以调料再包裹以红薯皮蒸熟，创作出一种新式食品。于是，兴王朱厚熜拿着“红薯”，最先赶到北京继承皇位。后回忆自己“真龙天子”盘坐囚车入继大统的经历，因将此菜赐名为“蟠龙菜”。

第二，明武宗正德皇帝属猪，曾经禁止全国老百姓食用猪肉。而安陆州兴王喜爱吃猪肉，为了不违背皇帝的旨意，而又不断肉食，于是发明了“吃肉不见肉”的食品——“蟠龙菜”，从而流传后世。

第三，嘉靖皇帝以藩王入继大统，在赴京即位前（也有说是即位后南巡），朱厚熜来到老师家拜访，老师为了庆贺学生“龙飞九五”，因此用肉加以各种辅料制成肉馅，外用鸡蛋皮包裹，蒸熟后摆成龙形，放到朱厚熜面前。朱厚熜随着热气腾腾的蒸汽仿佛真的看到真龙腾云驾雾，飞向九天。老师的这一创意让朱厚熜非常高兴，赐名“蟠龙菜”，并带入宫中。

当然，在钟祥听到的蟠龙菜传说还有更加具有曲折性故事性的，但均是在以上三种传说，特别是第一种传说的基础上扩展的。而钟祥人民记住的其实并不是发明蟠龙菜的厨师，而是钟祥出生的嘉靖皇帝。

关于蟠龙菜的传说究竟始于何时，由于资料的局限，实在无从查考。但民国文献说道：“蟠龙菜系钟祥特品，其质取猪肉之精者，和板油与鱼剁成肉泥，和以绿豆粉、鸡蛋青（清），后用鸡蛋皮裹之。皮间附以银朱。蒸熟后，切成薄片，蟠于碗中。红黄相间，宛成龙形，相传明兴邸所创。俗名卷切，又曰粘剁。又有四盘两碗，及蒸笼格之，名称则随便待客也。”[①] 因此蟠龙菜及其与明兴王的传说至少在民国就已经流传开来。

而钟祥的清代竹枝词也透露出关于蟠龙菜的一些历史信息：“山珍海错味无穷，富水春香酒味浓。满座宾客呼上菜，装成卷切号蟠龙。”[②] 这首简单的竹枝词中的“卷切”正是钟祥方言蟠龙菜的称呼，竹枝词中说将“卷切”这种菜肴称呼为蟠龙菜，虽没有透露出蟠龙菜与嘉靖皇帝的关系，但说明至少在清代，蟠龙菜就已经存在了。

因此，钟祥蟠龙菜及其传说不是商业炒作和现代人随意附会的结果，钟祥蟠龙菜传说至少在民国时期就已经存在了，而蟠龙菜这一菜肴从文字记载来看，也可以上溯到清代。钟祥蟠龙菜的传说可能不是事实，但钟祥民众对嘉靖帝记忆的不断传承则是真实的。

在嘉靖帝以藩王的身份入承大统之前，并没有钟祥这个地名，只有安陆州（该州只辖有一个京山县）这个地名，到了嘉靖十年（1531）嘉靖帝将家乡行政区划进行了一番变革“定府名曰：承天，附郭县：曰钟

---

① 民国《钟祥县志》卷十三，《方言下 · 钟祥语 · 言饮食》。

② 民国《钟祥诗征》卷二，1937 年铅印本，第 47 页。

祥”[①]。经过这番行政区划的改变，安陆州城变成了钟祥，以钟祥为行政中心的承天府，不仅面积广大（辖钟祥、京山、潜江、沔阳、天门、荆门、当阳），并且与北京的顺天府、南京的应天府并称为“都”——“兴都”。

嘉靖帝对家乡钟祥的感情的确是真挚的，不仅多次减免钟祥赋税，还关注钟祥教育发展。即使到了生命的尽头，嘉靖帝还想到钟祥，迷信钟祥会让他康复。今天钟祥地区仍可见到多处与嘉靖皇帝有关的名胜古迹。钟祥普通居民其实是通过对自己喜爱的菜肴——蟠龙菜的文化附加，一代又一代传承着对钟祥的命名者嘉靖帝的历史记忆。

其实今天除了高档酒店，钟祥普通人家的蟠龙菜早已没有龙形，脱离了奢华贵族菜模样，而是归于平淡与简单，但简奢之间的是荆楚居民关于历史文化的内心情感。

（三）孕育近代商业因素的茶叶

除了食品，一种特殊的饮料在明清荆楚文化中扮演了重要角色。茶叶似乎与湖北人有不解之缘，自从唐代天门人陆羽撰写《茶经》后，茶叶遍布荆楚大地。明清时期，荆楚几乎无地不产茶，无人不喝茶。茶叶名目繁多，大致有红茶、绿茶、黑茶、白茶、青茶、色茶、老茶、春茶、山茶、家园、雨前、毛尖、女儿红、山梨、武当太和茶等多种。

荆楚百姓也陶醉在茶叶带来的芬芳中，“无数茶坊列市廛，早晨开店夜深关”[②]成为茶馆兴旺的真实写照。而在茶香袅袅之中，荆楚商贸在此洽谈，荆楚戏曲在此上演，荆楚文章在此切磋。茶馆俨然成为荆楚文化的汇聚地。茶叶饮料，雅俗共赏，既能够为文人骚客创造“晚烟敛尽银蟾出，独照幽人瀹茗时”的文学意境，也能够绘就“一碗粗茶嗑瓜子，布棚厂下看风筝”的世俗画卷。

---

① 《明世宗肃皇帝实录》卷一二九，嘉靖十年八月辛丑条。

② 徐明庭辑校《武汉竹枝词》，湖北人民出版社 1999 年版，第 39 页。

巨大的规模，使得茶叶税收成为明清政府的重要收入；优良的品质，使得茶叶成为国内外贸易的重要商品；茶叶与经济的结合，给湖北东南角这块地方孕育了无穷的生机。

羊楼洞古镇位于今天的赤壁市，早在明清之前这里就是一个茶叶生产加工中心，但其独特的地理位置和特殊的茶产品让其越发兴旺。羊楼洞位于武汉市南部的湖北、湖南、江西交界之处。随着明清汉口商业巨镇的崛起，羊楼洞得天独厚的地理优势日益显现。

羊楼洞砖茶使得长途远距离贸易成为可能，所谓砖茶是一种经过特殊工艺，将茶叶压缩成块状的茶产品。经羊楼洞艺人加工后，砖茶比绿茶等新鲜茶叶保存时间更久，比红茶等发酵茶叶体积更小，且独具风味，因而成为客商的抢手货。

明朝政府与蒙古等少数民族进行的贸易需要大量茶叶，而羊楼洞地区茶产品正应其求，因而得到发展机会。清代康熙《尼布楚条约》签订后，准许与俄国通商。俄商需要大量茶叶，山西等地的中间商人抓住时机，找到了羊楼洞作为生产加工基地。

羊楼洞与汉口镇彼此呼应联络，吸引八方客商云集荆楚，让制茶技术与时代需求、交通、资本集合在一起，促使羊楼洞茶叶贸易独步荆楚，成为万里茶道的重要组成部分。近代之后，外国商人也纷至沓来，让羊楼洞茶业再创新高。

羊楼洞的故事显示着这样一个事实：在荆楚饮食文化的土壤里存在近代商业化的种子，一旦遇到恰当的历史机遇，它必将绽放出绚烂多姿的花朵。

七、礼乐政治下的信仰与习俗

礼仪与音乐一直是中华文明的重要组成部分，礼仪强调合乎一定理念的规则，音乐泛指借助文化的力量起到教化的作用。礼仪并不是法律，但却拥有比法律更加深入人心的普世意义。音乐等文化载体也并非强力，但却以坚如磐石般的附着力植根于荆楚居民的心间。

礼乐经常成为帝王维护政治统治的工具，比如帝王希望百姓忠君，除了用严刑峻法惩罚不忠君的行为外，还要设置种种礼仪，维护君王尊严；奖励忠君行为，更要利用音乐、舞蹈、小说、戏曲弘扬忠君人物。礼乐政治通俗来说，就是用政治强权之外的礼仪文化达到政治目的。明清时期，儒家宣扬的思想观念深合帝王心理，而荆楚信仰与习俗就在儒家礼乐政治下展开。

（一）荆楚宗教文化与王朝统治秩序

宗教是荆楚居民信仰的重要载体。自湖北黄梅四祖寺、五祖寺开基立业之后，佛教重要流派禅宗便深入荆楚大地，获得广泛信徒，成为明清荆楚文化的一部分。明代藩王就是佛教禅宗的忠实信徒。朱瞻堈本是明仁宗第六子，自然无缘皇位，赐号荆王，分封于湖北蕲州，与大名鼎鼎的禅宗四祖寺、五祖寺为邻。朱瞻堈的孙子朱见潚即位后，无恶不作，将母亲饿死，锤杀亲弟，霸占弟媳。对亲人都这般残忍，对周围百姓可想而知。由于朱见潚作恶多端，被明王朝惩治，但荆王府的恶名成为周围居民心中的烙印。朱见潚之后的荆王为了洗刷恶名，多行善事。正德十四年（1519），四祖寺发生火灾，四祖真身被焚毁。荆王听说后，对外宣布禅宗四祖托梦于他，授他大任。于是，荆王重修寺庙，为四祖再塑金身。后来万历年间，荆王又重修五祖寺。经过重修当地著名寺庙，荆王府与当地民众关系有所改善，声誉逐渐恢复。

值得一提的是，隆庆二年（1568），吴承恩来到荆王府当讲授官。两年后，吴承恩辞官回乡，开始《西游记》的写作。我们不知道吴承恩两年的荆王府生涯有过怎样的经历，荆王又对他如何，荆王崇佛对《西游记》的写作有何影响，我们只知道《西游记》中有这样一个故事：玉华州国王刚开始昏庸，迫害僧人。唐僧师徒采用种种方式，让国王受到教训，认识了错误。国王三个王子拜悟空、八戒、沙僧为师。而当时在位荆王是朱翊钜，也有嫡子三人，吴承恩教授的正是这三位王子。《西游记》对改恶从善的玉华州国王称赞备至，曾经说道玉华县“县中城主，就是天竺皇帝之宗室，封为玉华王。此王甚贤，专敬僧道，重爱黎民”[①]。

位于今天武汉市的宝通禅寺与明代藩王亦有不解之缘。朱桢是明太祖之子，分封于武昌，为楚王。他笃信佛教，修复毁于元末兵燹的洪山寺。朱桢子孙对洪山寺钟爱备至，并多次上疏为该寺宣传。在楚王推动下，明成化皇帝赐洪山寺名为宝通禅寺。

襄阳广德寺还有更加离奇的传说：成化年间，分封于襄阳的襄王看中了云居寺的风水，将寺院拆毁，作为墓地。云居寺和尚很不满意，纷纷上书皇帝，告发襄王。于是成化皇帝让襄王赔了一座新寺院，并赐名“广德”。

藩王作为天潢贵胄与当地百姓本格格不入，但大家都可以信仰宗教，借用佛教寺庙达到了缓和封建等级矛盾，大家和谐共存的现实目的。佛教本身的慈善功能，在明清时期也得以发挥。明末清初，荆楚大地一片战争残骸，许多因战争死亡的民众暴尸荒野。顺治十六年（1659），白光、主峰两位法师来到汉阳，集资买下了王氏葵园建造归元禅寺，安抚了饱受战争摧残的民众。佛教寺院的修建还能体现当时荆楚建筑文化，归元寺罗汉堂内五百多塑像就是黄陂艺人的艺术结晶。

除了佛教，道教也是明清荆楚重要信仰。武当山，又名太岳山、太和山，位于湖北省西北部，属于大巴山脉的东段分支。明代帝王崇奉道教，在此大兴土木，正所谓北修故宫，南建武当。其实中国境内道教名胜颇多，明朝如此热衷于武当山，与明代帝王的个人遭遇息息相关。

传说，朱元璋与陈友谅恶战后，败逃武当山，情急之下躲入真武庙内。当追兵赶到时，被朱元璋扯破的蜘蛛网竟然自行合上，其藏身之处未被发现，得以逃过一劫。朱元璋大难不死，极为感动。在他登基称帝后，厚报武当道教。

---

① 吴承恩：《西游记》第八十八回《禅到玉华施法会，心猿木母授门人》。

而明成祖相信武当山供奉的真武大帝是其保护神，帮助其夺得帝位。更有说法认为，明成祖视自身为真武大帝转世。无论哪一种说法正确，明成祖继位后隆重修饰武当山道观则是历史事实。明代史料记载：“（明成祖）遣使于武当山，营玄武宫殿，楣柱甃甓悉用黄金，一时天下金几尽。”[①]当时，武当山道观之豪华可见一斑。

其实，朱元璋与蜘蛛网的故事实在虚无缥缈，真武大帝帮助明成祖夺得皇位更是神道设教。但朱元璋毫无贵族背景，以平民草莽夺得帝位则是历史事实。明成祖以叔夺侄，得位不正，更是人尽皆知。朱元璋父子无非借助武当真武信仰，营造君权神授的帝王尊严罢了。

在明皇室推动下，武当山道教十分兴盛：“当永乐中，建真武庙于太和，几尽天子之府库，设大珰及藩司守之。而二庙岁入香银，亦以万计。每至春时，中国焚香者倾动郡邑。”[②]“中国焚香者倾动郡邑”表明帝王营造的神仙文化已经得到老百姓的认同。帝王统治在老百姓的香火供奉中得以巩固。

以上谈了明清荆楚佛教、道教一些文化片段，但这些片段说得再多，其实还是一回事：明清荆楚信仰总在儒家伦理的指导下为实现帝王的礼乐政治而存在。荆楚居民尽可以信仰佛道二教与其他民间神灵，但这些信仰必须与儒家核心思想与皇权专制统治相配合。在这种背景下，“沙门不敬王者”应当消失得干干净净。如果某种信仰违背明清帝王的礼乐政治，就会遭到强力打击，如荆楚白莲教。

嘉庆元年（1796），湖北枝江、宜都、长阳、襄阳等地的白莲教徒纷纷起义，吹响了清王朝衰落的号角。清王朝不仅对起义民众血腥镇压，对脱离于王朝礼乐政治之外的白莲教更是穷追猛打，务绝根株。至于不明确反对王朝统治，但与儒家伦理、礼乐政治相违背的民间信仰，则被荆楚士宦称为“巫鬼”，指为“淫祀”，予以严格监管，甚至完全

---

① （清）姚之骃：《元明事类钞》卷十九，《释道门·寺观·元武金殿》。
② （明）吴楚材：《疆识略》卷三十八，《神仙部·真武》。

打压。明清荆楚社会，不会存在真正意义上的宗教与宗教的冲突，只会存在信仰与王朝礼乐的碰撞。

（二）嘉靖皇帝的信仰世界

明成化皇帝儿子朱祐杬分封到了湖北安陆州，这位亲王深受当时荆楚道教之风的影响，也崇拜道教。朱祐杬王府附近恰好又有一个道观，因此这位朱家王爷经常与道士交流，成为忠实信徒。朱祐杬的爱子朱厚熜深受其父言传身教。

天道无常，世事难料，后来正德皇帝无子无弟，堂弟朱厚熜得以继承皇位。皇位对于其他人永远是可望而不可求，许多人甚至耗尽终身，身败名裂而不可得，但就这样轻而易举落到朱厚熜头上。这种历史巧合，极容易引发神灵保佑的心灵感受。再加上其父朱祐杬本身就虔信道教，朱厚熜（嘉靖帝）终生迷恋道教也就不足为奇了。上之所好，下必甚焉。嘉靖一朝，不仅荆楚道风甚炽，全国也受其影响。

朱厚熜为了纪念其父，按照道教风水学说在家乡钟祥建造了一座规模巨大的皇陵——明显陵（图 5-4）。嘉靖六年（1527），嘉靖皇帝命令以皇帝陵寝的规格重修父亲朱祐杬陵墓。从此，明朝政府开始对显陵建筑进行大规模扩建。嘉靖十七年（1538），嘉靖帝母亲蒋太后去世。嘉靖帝反复比较考察后，决定将母亲遗体迁往钟祥显陵，于是又对显陵进行扩建，是为嘉靖修陵第二个高潮。按理说父母都已安葬，显陵工程应该停止了，但嘉靖帝仍不满足。嘉靖二十一年（1542），嘉靖帝命修显陵祐恩殿。此次修造之后，几乎每隔一段时间明朝廷就要对显陵进行改建修筑，一直到嘉靖帝在世的最后一年——嘉靖四十五年（1566）还在修显陵。

图 5-4　明显陵

嘉靖帝终其一生都在为父母修陵，其原因从他临终时的一句话可以看出端倪。嘉靖帝弥留之时对内阁首辅说道："朕修理龙飞等殿，一视之心乃安。"[①] 嘉靖帝临死之前，想看一看自己为父母修建的纪念建筑，"心乃安"。其实每一次修陵，都是一次隆重的祭祀，都是一次"心乃安"的过程。生命不止，内心深处的孝思一刻不止，修陵也不停止。

明王朝烦琐的祭祀和显陵大部分宏伟建筑现如今已经难觅踪迹，然而就在它们曾经存在过的地方——钟祥，形成了以明显陵为中心的庙会活动。每年三月三、九月九，钟祥人民会从四面八方聚集到显陵烧香祈福，形成颇具规模的民俗活动。

众人都说嘉靖帝迷信道教，可是嘉靖帝对世俗亲情、忠孝伦理也依然执着。嘉靖帝的现代父老乡亲都知道显陵没有神佛塑像，但依旧会来祭拜，追想当年的孝道，祈求现世的幸福。明代显陵因皇家而隆祀，现代显陵因钟祥民众而热闹。毕竟忠孝伦理的内心认同不会因为时间的流逝而改变，无论庄严豪华，还是简单热闹，隆祀背后反映的信仰本质没有改变，各种各样的祭祀活动依然在显陵上演。曾几何时，嘉靖帝用略

① （明）谈迁：《国榷》卷六十四。

带湖北口音的明代官话说道："各要为子的尽孝道，为父的教训子孙，长者抚那幼的，幼的敬那长的，勤生理，做好人。"[①]

（三）纲常伦理影响下的民间习俗

除了信仰生活，明清荆楚民间习俗也深受礼乐政治影响。习俗，顾名思义就是长时间形成的生活习惯、意识行为。荆楚有些习俗的来源十分久远，如清代乾隆年间，在七夕这天晚上，湖北宜昌地区居民取荷叶，插蒲烛，灌以油，立高竿，竖门前，这种独特的灯叫作荷灯。这种荷灯并不是方便青年男女吸引异性，谈情说爱，而是源于当地居民的几千年传统：当年秦国名将白起准备火烧宜昌城，但望见宜昌城已经有火光，便终止放火计划。因而七夕点荷叶灯就一直传承下来。

类似这样的例子尚可举出许多，再如清代蕲春地区一年之中分别要过立春、元旦、二月十五花朝节、三月清明、四月八浴佛节、五月五端午节、六月伏日、七月七乞巧节、七月十五中元节、八月十五中秋节、九月九重阳节、十月朔日秦岁首、十一月仲冬、腊八、除夕等节日。这些节日没有一个是明清时期才有的，均是前代遗留而来。

传承先代遗风遗俗，是明清荆楚习俗的重要特点。由于明清之前，荆楚大地已经经历很多朝代，因而明清荆楚习俗是极度丰富多彩的。十里不同风，百里不同俗，就民间习俗而言，明清荆楚大地也绝不可能保持全体一致。同是婚礼，先秦古礼强调纳采、问名、纳吉、纳币、请期、亲迎六礼，明清湖北各地则遵循不一，多有简化，甚至只保留纳采、纳币这两个最"现实"的礼节。一般而言，结婚应该是欢声笑语，狂欢达旦，而鄂西某些地区则略带伤感，有"坐十姊妹"的仪式：新娘与九位未婚女子相对而坐，咏唱哀伤、感谢、思念等词语。而同是丧礼，鄂东存在"庐墓"习俗，父母去世后在其坟墓旁边搭庐居住，过三年辛苦生活。而鄂西土家族居住地区则存在"撒叶儿嗬"风俗，在死者之家唱

① 李权：《钟祥金石考》卷二。

歌跳舞，安慰亲属。

甚至同属一个家族，不同的人处理相同事务也不会完全沿袭旁人做法或祖先旧制。对于明清荆楚民俗，我们想要指出的是官方的干预问题。

当民间习俗违背儒家礼乐时，官方就会营造出一种社会舆论予以反对，反之亦然。如明代《湖广总志》的编者对嘉鱼县耕读传家，老死不入官府打官司表示肯定，而对蒲圻县富有家庭的仆人穿华丽衣服颇有微词。

再如清代，具有官方背景的文人在同治《安陆县志》中将当地居民弟娶孀嫂、兄娶弟妻的习俗，直接称呼为“禽兽”，而湖北老年人丧子，有遗媳招他姓入赘则被同治《巴东县志》作者指斥为“风之最陋者也”。凡此种种不一而足，明清官方实质是想将儒家的传统与礼法强加于传统习惯与实际需求之上，达到稳定社会的目的。

这种背景下，有些违背伦理的不良风俗，如溺女婴、奢靡浪费等确实得到一定程度的控制，而对妇女压迫、礼教尊严等方面的风俗则得到强化。随着专制主义中央集权日益强烈，礼乐制度影响越来越牢固，儒家伦理已经代替“重巫鬼，尚淫祀”成为荆楚习俗的核心。直到近代风雨到来，荆楚民俗变革才迎来新的转机。

第六章　激荡与峥嵘：近代荆楚文化

从1840年鸦片战争爆发到1949年中华人民共和国成立的历史，是中国近代史。进入近代，中国社会面临生死存亡的危机，旧文化受到冲击，日渐走向衰微。

为了挽救民族危机，各阶层都做出了自己的反应，推动社会变革，并带来了文化的变迁。太平天国运动、洋务运动、戊戌变法与义和团运动、辛亥革命都未能使中国走上富强道路，适应宗法——专制制度的旧文化赖以生存的社会基础并未清除。随着马克思主义传播和工人阶级成长、壮大，并以独立的姿态登上政治舞台，中国共产党应运而生，中国民主革命进入到新民主主义革命阶段，荆楚大地也创造了丰厚的革命文化。

荆楚文化在近代不断演变、调适、创新，固然是中国内部历次社会变革运动所推动，但也不能忽视外部影响，“数千年来一大变局”在很大程度上也是由西力东侵所造成。鸦片战争后，西学东渐。面对在总体上和具体领域都冲击着中国传统文化的西方文化，荆楚文化采取了几种应对态度，一是对西方文化的排斥与抵制，二是借西学改造中国传统，三是将西方文化改造得适合本土国情与民情。

在风云激荡中，荆楚文化头角峥嵘：湖北是思想激荡之地，湖北文学艺术精彩纷呈，湖北教育革旧立新，湖北新闻出版及图书馆事业大放异彩，湖北建筑兼收并蓄，湖北学术与科技日益精进，湖北社会风俗飚转豹变。

在近代，荆楚文化具有时空上的过渡性：从时间上看，从明清以至近代，湖北一直处于农业社会向工商社会、传统社会向现代社会的转型时期。近代是一个从古代走向现代的过渡时代。此时文化的嬗变有一个重要特点，就是一方面古老的传统在竭力坚守固有的地盘，另一方面是新兴文化在艰难地夺取阵地。守旧势力与革新势力激烈斗争的结果，导致了传统文化与现代文化的并存与杂糅。从空间上说，湖北是位于东南沿海与内陆腹地之间的过渡地带，又是位于外部世界与内地中小城镇及广大农村之间的中间地带，这就使它在文化的变迁过程中起着一种桥梁作用。在过渡之中，传统与现代、本土与异域、中学与西学，无不相互激荡。在转型中洋为中用，在嬗变中推陈出新，荆楚文化显示出巨大的文化能量，扮演着重要的文化角色。

一、纷纭繁杂的思想与思潮

在近代中国，湖北是思想激荡之地。从晚清到五四时期，无不彰显湖北在思想史上的地位：思想变革的舞台、思想家辈出的渊薮。随着湖北先进分子接受马克思主义，马克思主义成为湖北近代的最强音。

（一）王柏心的经世思想

王柏心（1799—1873年），字子寿、坚木，号螺洲。湖北监利螺山（今属洪湖）人。进士出身，曾任刑部主事，后辞官，执教荆南书院。著有《百柱堂全集》五十二卷，《黄冈县志》《东湖县志》等各地地方志上百卷。

王柏心经世之学的造诣远近闻名，其代表作是《枢言》《续枢言》。《枢言》围绕修齐治平，有针对性地论述了审时度势、创制变法、循名责实、进贤黜否、固本抑末、端风正教等问题。《续枢言》继续阐发，更多的则是针对鸦片战争后形势的变化的阐述。如主张“君道莫大于去疑，臣道莫大于去私”，主张“三代之制皆可变”，主张“有形之备”与“无形之备”兼备[①]。与前者相比，后者更加具有现实性和针对性。诚如学者所说：“把《续枢言》与《枢言》对比，可以看出作者思想的变化和进步。虽然王氏的眼光不是像同时的魏源那样，投注到外部世界，提出‘师夷长技以制夷’的救时方案，而是一如既往地从中国传统文化中发掘积极因素，从历史经验中寻求借鉴，但其所论述并不乏真知灼见。他对西方入侵的危害和清政府的束手无策看得很清楚，分析和揭露都很深刻。作为上个世纪四十年代生活在内地的士人，能有这样的见解，还是不多见的。尤其可说是填补了鸦片战争前后湖北思想界的空白。”[②]

（二）张之洞的“中体西用”思想

张之洞（1837—1909年），字孝达，号香涛、香岩，又号壶公、无竞居士，晚年自号抱冰，直隶南皮（今河北南皮）人。中进士第三名探花，授翰林院编修，历任教习、侍读、侍讲、内阁学士、湖北学政、四川学政、山西巡抚、两广总督、湖广总督、两江总督、军机大臣等职，官至体仁阁大学士，晚清“四大名臣”之一。

光绪二十四年（1898），湖广总督张之洞出版《劝学篇》。虽然它只有四万多字，却在思想界反响极大。各种书刊也竞相选录，还被译成法文、英文，多次再版，甚至英文本以《中国的唯一希望》书名出版。《劝学篇》传播之广、影响之巨可见一斑。

作为一种中西文化观，“中体西用”滥觞于第二次鸦片战争时期，19世纪60至90年代，倡导“中体西用”者虽不乏其人，但都没有张之洞阐述得全面而系统，《劝学篇》是“中体西用”思想的集大成者。

《劝学篇》的内容主要是阐述中西文化观，分内、外两篇。《内篇》分9篇，《外篇》分15篇，“内篇务本，以正人心；外篇务通，

---

① 王柏心：《枢言·续枢言》，中华书局1985年版，第17—23页。

② 罗福惠：《湖北近三百年学术文化》，武汉出版社1994年版，第202—203页。

以开风气”[①]。这是全书的中心思想。所谓“务本”，就是固守关乎世道人心的纲常名教；所谓“务通”，就是以西学补中学之不足。张之洞主张发展近代农工商业、修筑铁路、兴办新式教育，建立新式军队，等等。

张之洞“中体西用”的着力点在西学，它不仅在思想上进一步突破了“夷夏”观念的藩篱，起到开风气之作用，而且付诸实践，推动了中国近代化的进程。但是，张之洞“中体西用”的文化观是一种悖论，它折中于中学与西学之间，企图立足中学，以西学补救中学，这是行不通的。

（三）维新与立宪思潮

最早宣传维新思想、从事维新活动的湖北籍官绅是姚晋圻、周锡恩等人。他们主张学习西学，倡导维新变法。

光绪二十一年（1895）至光绪三十一年（1905），维新思潮和新学的传播主要通过报刊发行和书籍出版。清末湖北出版的报刊不多，但在湖北发售的报刊不少。清末阅报已经渐渐成为人们接受维新思想和新学的主要方式。20 世纪初年，武昌开办了总派报处，经销各地出版的报刊。荆州图书仪器馆开辟了阅报所，天门开设了阅报所、图书室，沔阳开办了阅报社。在湖北本地，鼓吹维新思潮的报刊最早是《汉报》。

维新运动期间，湖北本地出版的书籍影响最大的，当属武昌质学会出版的《质学丛书》和武昌舆地学会出版的地图。而维新团体则有中国公会、武昌质学会、武昌舆地学会。

在湖北，预备立宪期间，积极鼓吹君主立宪的人士主要由以下几部分构成：一是新士绅，以汤化龙、张国溶、张国淦、夏寿康、周树模、张伯烈等人为代表；二是工商资本家，以刘歆生、蔡辅卿、李紫云、吕

① 张之洞：《劝学篇》，赵德馨：《张之洞全集》第 12 册，武汉出版社 2008 年版，第 157 页。

逵先等人为代表；三是湖北留日学生。这个群体规模较大，著名的有范熙壬、刘赓藻、蒋羲明等人。

湖北立宪人士还建立了团体，如湖北宪政筹备会、汉口宪政同志会、湖北地方自治研究会、湖北铁路协会等。宣统三年（1911）6月，汤化龙积极推动全国性的立宪政党宪友会成立，7月，汤化龙、张国溶等以湖北咨议局为中心，建立宪友会湖北支部。

湖北立宪派人士还创办了报刊，当时，影响较大的有《新译界》《教育新报》《湖北地方自治研究会杂志》《趣报》《宪政白话报》《湖北地方自治白话报》等。

湖北立宪派人士主张发展教育，开启民智；主张实行地方自治，奠定宪政基础；主张开设议院，建立君主立宪制度；主张铁路商办，反对“铁路国有”；主张严禁鸦片。在振兴实业、整顿官风、改革兵制等方面，湖北立宪派人士也做了大量宣传。

湖北立宪人士积极宣传鼓动，不仅传播了立宪思潮，而且推动了立宪运动的发展。在清末立宪运动中，湖北立宪派人士头角峥嵘。

（四）民主革命思潮

湖北是内地最早传播革命思想的地区之一。湖北革命的播火者就是孙中山的追随者——湖北兴中会会员吴禄贞、傅慈祥、刘成禺，同盟会会员居正、田桐、李书城等留日、留欧学生。

清末湖北革命党人的宣传途径主要有四种：第一是口传，即通过演讲、谈话等口头讲述形式宣讲革命。第二是办学校。通过办学，启发学生觉悟，培养革命人才。如梁耀汉创办群学社和明新公学，余诚、李长龄等人设立东游预备科和江汉公学，张难先在仙桃设立集成学校，吴之铨在黄冈县城开设私塾等。第三是发行革命书籍。如《警世钟》《猛回头》《黄帝魂》《烧饼歌》《革命军》《扬州十日记》《太平天国战史》《训兵谈》《黑龙江》《德占辽东》等。第四是办报刊。在清末，宣传革命思想的报刊很多，较早的有《译书汇编》等。

除了通过接受散发、购买方式阅读到革命书报外，受众还可以通过阅报室来接受革命思想。革命党人曾在武昌水陆街设有“武库”，类似于阅览室，日知会就辟有阅报室。清末，天门、沔阳、武昌等县都开辟了阅报室等场所，荆州图书仪器馆阅报所就陈列有革命书报。

革命宣传的思想内容主要是：第一，揭露帝国主义侵华罪行，警醒省民自强；第二，批判清王朝的腐朽，抨击清政府的反动统治；第三，介绍革命理论和革命党人事迹，鼓吹以革命的手段实现民主宪政。

革命思想广泛而深入地传播是辛亥革命能在湖北首先取得成功的重要原因。学者张玉法指出：在两湖，“无论学界、军界，醉心于革命者较他省为多。武昌革命所以能够成功，不是偶然的”[①]。

（五）联省自治思潮、无政府主义思潮与马克思主义的传播

五四时期，湖北社会思潮汹涌澎湃，主要有：

1. 联省自治思潮

湖北是联省自治思潮最早兴起的省份之一，“联省自治”一词也是湖北人士首创。与其他省份不同的是，湖北联省自治运动为在野人士所主导，矛头指向本省军阀——湖北督军王占元，并非为地方当局所操纵，这是湖北显著的特点。

湖北自治人士在成分上比较复杂，有湖北籍国民党在野人士，省议会中的平社派，还有省外旅沪、旅京、旅津人士，这些人多是政界、学界、报界、商界的湖北籍人士，以政、学两界为主。一些早期马克思主义者也参加到运动中，如董必武、施洋等。他们态度、立场各异，有的比较激进，有的相对保守。

湖北自治人士建立了自治团体，主办报刊，从事组织、宣传工作。其倡导“联省自治”的理由是：第一，从现实条件看，大一统已经破产，民治主义方兴未艾。第二，从历史条件看，中国具有自治的传统，

① 张玉法：《清季的革命团体》，北京大学出版社 2011 年版，第 520 页。

为实行“联省自治”打下了基础。第三，从理论上看，实行“联省自治”与实行国家统一并无二致。第四，从制度建构上看，“联省自治”是实行全民政治的理想政制。具体方案是：在自治的形式上，主张联邦制；在自治的内涵与性质上，主张平民政治；在自治的途径上，主张自决。其主张具有鲜明的民主色彩和进步取向，局限性也是不言而喻的。

2. 无政府主义思潮

五四时期，湖北的无政府主义社团明社、人道学社、汉口安社、致忠学舍虽然在1923年才建立起来，但无政府主义思潮清末就在湖北传播，其中克鲁泡特金的互助论有着巨大影响。

无政府主义抨击资本主义罪恶，主张建立各尽所能、各取所需的理想社会，因此，对五四时期的进步人士具有相当大的吸引力。1919年恽代英就自称信仰了七年，施洋也曾笃信无政府主义。湖北进步社团互助社以及后来的利群书社的无政府主义色彩相当鲜明。他们主张提倡团体的共同生活，实行互助；强调道德修养，以戒约约束自身；实行财产共有，实现“各尽所能，各取所需”的共产主义新生活。通过实验，恽代英等人感到，通过利群书社为实验共产主义提供物质条件的愿望难以实现，于是逐渐抛弃了无政府主义，转化为马克思主义者。

3. 马克思主义的传播

湖北也是由报道、介绍十月革命而介绍、传播马克思主义的。1917年11月12日，《汉口新闻报》就发了一条专电，透露了十月革命的讯息。次日，《大汉报》以《俄国之大政变》为题进行了报道。此后，媒体不断报道和文华大学组织的演说会，使得湖北一些进步知识分子开始更多地了解十月革命，并逐步接受、宣传马克思主义。这些进步的知识分子有恽代英、林育南、董必武、陈潭秋、黄负生、施洋、李伯刚、张国恩、包惠僧、胡鄂公等人。

湖北进步知识分子接受马克思主义的方式，一是从当时流行的书刊中获取。如董必武在建立湖北党团组织的过程中，通过恽代英创建的利群书社，引进《共产党宣言》《共产主义 ABC》《社会发展史》等书籍和《新青年》《湘江评论》等报刊。二是从湖北本地创办的报刊中获取。《武汉星期评论》虽很少正面介绍马克思主义，但不少文章运用马克思主义理论分析社会问题，如用辩证唯物主义原理分析宗教，用无产阶级妇女解放的理论阐述妇女运动等。三是从湖北翻译、出版的一些马克思主义著作中获取。著名的有《阶级争斗》《马格斯资本论入门》（图 6–1）《劳农政府与中国》。四是从陈独秀演讲中获取。1920 年 2 月，陈独秀来汉，在文华大学、汉口青年会等处发表多场演说，他在演说中就谈到了社会主义。

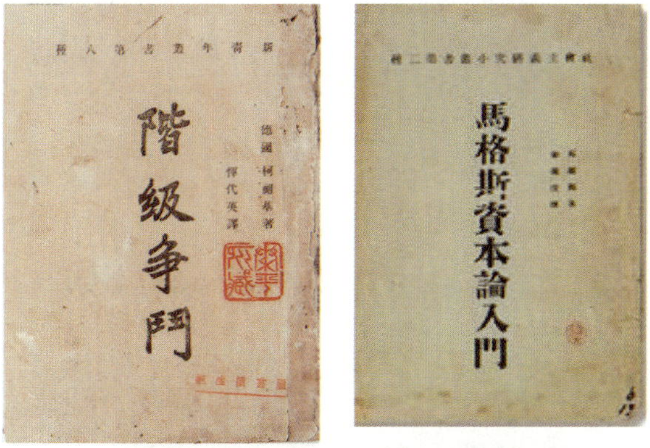

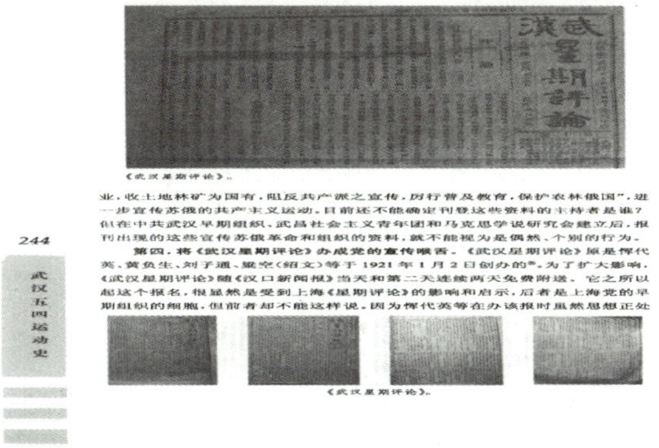
《武汉星期评论》。

业，收土地林矿为国有，阻反共产派之宣传，厉行普及教育，保护农林俄国"，进一步宣传苏俄的共产主义运动。目前还不能确定刊登这些资料的主持者是谁？但在中共武汉早期组织、武昌社会主义青年团和马克思学说研究会建立后，报刊出现的这些宣传苏俄革命和组织的资料，就不能视为是偶然、个别的行为。

第四，将《武汉星期评论》办成党的宣传喉舌。《武汉星期评论》原是恽代英、黄负生、刘子通、黛空（绍文）等于 1921 年 1 月 2 日创办的。为了扩大影响，《武汉星期评论》随《汉口新闻报》当天和第二天连续两天免费附送。它之所以起这个报名，很显然是受到上海《星期评论》的影响和启示，后者是上海党的早期组织的细胞，但前者却不能这样说。因为恽代英等在办该报时虽然思想正处

《武汉星期评论》。

244

武汉五四运动史

图 6–1　宣传马克思主义的报刊和书籍

在内容上，湖北对马克思主义宣传主要是：第一，宣传唯物史观和

阶级斗争学说。第二，宣传剩余价值学说和马克思主义经济学说。第三，介绍十月革命和苏俄政治、经济、外交等情况。第四，宣传劳工神圣和无产阶级历史使命。此外，还宣传了马克思主义教育理论、妇女解放理论等。

马克思主义的广泛传播，培养了大批马克思主义者，为湖北党团组织的建立奠定了深厚的基础。1921 年 7 月中国共产党一大召开时，十三位代表中湖北的最多，共有五位。

二、推陈出新的文学艺术

近代，湖北社会处于急剧转型之中，文学、艺术在嬗变中发展，呈现中西融会的特点。

（一）文学

在散文领域里，张裕钊和丽尼的作品，很有典型性，正好代表着两个不同的方向。

张裕钊（1823—1894 年），字廉卿，号濂亭，湖北武昌（今鄂州）人。咸丰元年（1851）中举，授内阁中书。后入曾国藩幕府数十年，在湖北、直隶、江苏等地讲学，著有《濂亭文集》《濂亭遗集》《濂亭遗诗》及《论学手札》等。

明清之际，散文出现桐城派，继承唐宋八大家的传统。晚清，曾国藩接过桐城衣钵，实现桐城派中兴。张裕钊是曾门四弟子之一，承继桐城余绪，加以发展。讲求文章的意、辞、气、法。意是中心，以辞（文字）达意，气运转于词句之间，以章法组织字句成篇。讲求语言的劲健和气势的雄壮，提出文章之道莫要于雅健。他的散文有恢诡廉劲之特色，继承发展了桐城派文学。张裕钊也是教育家和书法家，在书法领域有很高的造诣。

丽尼（1909—1968 年），原名郭安仁，湖北孝感人。曾入汉口博学书院，因参加爱国运动被开除，后从事邮局职员、中学和大学教师等工作。1928 年开始从事散文写作和外国文学翻译。散文集有《白夜》《鹰之歌》《黄昏之献》等，译著长篇小说有《田园交响乐》《贵族之家》《前夜》《天蓝的生活》等。

丽尼的散文题材集中于个人情感、生活喟叹和家国关怀三个层面，体现了个人的生活经历和人生感悟，语言浅显直白，富有诗意，倾注真情，直抒胸臆，呈现出典型的新文学面貌。

在诗歌领域里，亦俗亦雅的竹枝词呈方兴未艾之势，樊增祥《彩云曲》叙事诗名噪一时，闻一多树起新诗中卓异的一帜，《七月》刊物下的湖北年轻诗人自由奔放的诗篇，无不彰显湖北在诗坛的地位。

竹枝词有别于词，又不是格律诗，亦俗亦雅。其格式以七言四句为主，也有五言四句。湖北竹枝词源远流长，楚地一直是文人墨客用竹枝词题咏的主题。及至明清，湖北竹枝词作者队伍庞大、数量激增。一是本地人写本地竹枝词，如蕲州顾景星撰写的《雨湖口号》、汉阳胡大经的《汉阳竹枝词》等。一是外地人写湖北，这类比较普遍，也很能见竹枝词的特点。

代表性的竹枝词作者有撰写《汉口竹枝词》的叶调元。他撰写《汉口竹枝词》292 首，分《市廛》《时令》《后湖》《闺阁》《杂记》《灾异》六卷，对汉口观察得细致入微，内容涉及当时汉口社会生活的方方面面，文史价值极高。在汉口经营仁寿堂药房的广东人罗汉，创作了《汉口竹枝词》173 首，再现了西风东渐下的汉口新状。由于报纸的宣传，竹枝词在近代影响更大。

湖北竹枝词反映的内容极为广泛，涉及风俗习尚、风景名胜、诸官百业、历史旧事、方言俚语等，可谓湖北社会历史文化的万花筒。它以“泛咏风土”为鲜明特色，被称为“有韵之方志”。湖北竹枝词浅显易懂，带有鲜明的地方特色，不少方言、俚语写入词中，显得亲切活泼。

樊增祥、易顺鼎等兴起中晚唐诗派，成为清末颇有影响的一支诗歌流派。

樊增祥（1846—1931年），又名云门，字嘉父，号樊山，湖北恩施人。出身武官世家。曾中进士，历任知府、臬司、布政使、护理两江总督等职。著有《樊山全集》《樊山公牍》《苏门日记》和小说《琴楼梦》等。

樊增祥倡导的中晚唐诗，诗风绮丽，对男女风情之事多有着墨。他的诗在绮丽的内容中，有杜甫的诗歌特色，绮丽且平易流畅。他的前后《彩云曲》，充分展现了该诗派风格绮丽、工于隶事、巧于裁对的特点。中晚唐诗派的发展演变，多少也说明"文学革命"实际在旧体诗等旧文学内部已进行了诸般尝试，且在潜移默化中演进，新文化运动的发生并非凭空霹雳一声。

新文化运动勃然而兴之后，新诗沛然成为诗歌发展的大趋势。走出湖北的闻一多在近代新诗坛，以其对新诗理论的探索和新诗创作的实践，卓然树起新诗诸派中特异的一帜。

闻一多（1899—1946年），谱名家骅，又名多，字友三，湖北浠水人。1912年入清华学校，参加文学社，偶作白话诗，五四运动后，写作新诗。后赴美留学。回国后在北京艺术专科学校、武汉大学、青岛大学、清华大学等任教。

闻一多提出诗歌"三美"理论，倡导节制新诗过分自由地表达，让诗有着音乐的美（音节）、绘画的美（辞藻）、建筑的美（节的匀称和句的均齐），诗人应该遵守格律。《死水》是其代表性诗集。他的诗歌有浓郁的爱国主义情怀，如《七子之歌》。其诗集还有《红烛》《〈冬夜〉〈草儿〉评论》等。

七月诗派产生于伟大的民族抗战中。1937年7月，胡风创办文学旬刊《七月》，刊载新诗。1945年，又创刊《希望》，1946年10月停刊。《七月》《希望》先后停刊后，若干小刊物在各地继之而起。以《七月》为基础，逐渐形成一个松散的群体——七月诗派，诗人有艾青、田间、阿垅、鲁藜、孙钿、牛汉、天蓝、艾漠（贺敬之）、胡征等。该诗派主张对于时代真实的立场和态度的真实，以现实主义为创作原则，在诗的表现形式上，采用了自由体诗，倾向于诗歌的散文化，偏爱使用口语，崇尚力之美，展现阳刚之气。他们认为格律、辞藻、诗行的排列不是诗的生命，相反是诗的枷锁。

七月诗派的诗人绝大部分为20岁左右的年轻人，以满腔热情、高昂斗志投入到伟大的民族解放事业中。以自己的生活体验，把诗从书斋、讲坛上请下来，深入到生活，深入到抗敌的前线。胡风是《七月》的主编，是灵魂人物，引导了七月诗派的诗歌创作，湖北年轻诗人冀汸、曾卓、绿原、邹荻帆等也十分活跃，著有《跃动的夜》《门》《又是一个起点》《意志的赌徒》等。

在小说与文学思想领域，湖北独领风骚。

废名在作品中摹画湖北乡土风情，他的田园小说在中国近代文学史上占有不应被忽视的一席。

废名（1901—1967年），原名冯文炳，字蕴仲，湖北黄梅人。1922年，考入北京大学预科英文班，受周作人影响很大。毕业后执教于北京大学。抗战期间，曾执教于黄梅县中小学。

废名的小说创作，起于1922年，止于1948年，代表作有《竹林的故事》《桥》《莫须有先生传》《莫须有先生坐飞机以后》等，具有鲜明的特点：内容反映远离政治的田园社会，表现方式则诗化、散文化。没有清晰的故事线，不靠情节推动，晦涩难懂。他的诗化小说，散文化小说，呈现出的“文章之美”，是一种“创格”，具有独特的魅力。废名与沈从文、朱光潜等学者型的作家，隐然形成一个文学流派——京派。他们身居校园，瞻顾传统，接引西风，远离政治，追求文学的独立，坚持作家写自己，为五四以后中国文坛小说艺术的多样性，涂上了属于京派的绚丽色彩。废名小说对后世的影响深远。

（二）艺术

艺术成就表现在：

1. 汉剧与京剧

汉剧，最初称楚调、汉调、皮黄调、楚腔、楚曲。楚调依傍水路而兴，汉口、襄阳、荆州等地是各路楚曲汇集之所。1920 年，汉剧的艺人组织——汉剧公会正式成立。1926 年 10 月，湖北剧学总会成立，并在教育部备案。总会包括汉剧公会、汉剧学会（业余）、楚剧进化社、京剧公会、新剧公会、影剧宣传社、杂剧（曲艺）公会、剧场业公会等八个团体，傅心一为主席。除专业演出的汉剧班社外，汉剧还有票友组织，如汉口基督教青年会由扬铎主持的青年剧社，原唱京剧，后改唱汉剧。

湖北籍汉剧名角荟萃，董瑶阶博采众长，善于把握人物个性，他对剧目进行的创造性改造非常成功，如《打花鼓》《老背少》。吴天保在三生表演艺术上唱、做并重，唱腔上吸取京剧之长，并融会汉剧生、末、净、旦的优点，独创吴派唱腔，蜚声汉上，有“汉剧大王”之称。陈伯华是承继吴天保弘传汉剧的创派代表人，是汉剧青衣“陈派”创始人。此外傅心一、李彩云等对汉剧大发展都做出了贡献。

湖北籍的演员在京剧名角中占有极为重要的席位。余三胜以汉调的皮黄为基础融合昆曲、秦腔，创制出抑扬婉转的京剧唱腔，破了声调的平直、简白，曲折往复，增其独特韵味，被称为“花腔”， 在京剧的念白上，也带有汉调特色。谭鑫培对京剧的重大贡献体现在其文武兼擅，集皮黄老生之大成，唱念做打融合无间，与孙菊仙、汪桂芬合称老生“新三杰”，享誉 30 年不衰。京剧名角还有汪桂芬等湖北籍人。

湖北本地京剧最初有徽班在汉口演出，京剧在京城唱响之后，在 20 世纪初返回湖北，带动湖北京剧的发展。汉口的茶园、戏园是湖北京剧成长的摇篮。民初以后来汉的名角不少，如孙菊仙、陈德霖、杨小楼、梅兰芳、程砚秋、盖叫天、余振庭、龚云甫、余叔岩、王凤卿、马连良、芙蓉草等。自上海来武汉的则有刘永春、王洪寿、汪笑侬、吕月樵、麒麟童、七盏灯等。

2. 地方戏

清末，楚剧在租界获得合法地位。光绪二十八年（1902），魏报应、黄子云聘请沙口戏班，组成同庆班，向德国租界当局申领清正茶园兼唱花鼓戏的营业执照。1926年，黄孝花鼓戏艺人申请成立工会，取名“湖北进化社”。10月，湖北戏曲界成立“湖北剧学总会”，“湖北进化社”更名为“楚剧进化社”。1927年，在人民俱乐部主任李之龙大力支持下，楚剧走出租界，打破长久以来官府对楚剧的禁锢，取得在汉口本地街公演的合法地位。1937年12月，在武汉成立中华全国戏剧界抗敌协会，楚剧界王若愚、李百川当选为理事，王若愚担任该会楚剧组组长。会后又增补沈云陔、袁璧玉、徐俗文为理事。楚剧界参加了政治部第三厅领导下的抗敌文艺宣传活动。

在改编整理楚剧剧目方面，李之龙做出了巨大贡献。他将旧有的风情戏或予以淘汰，或予以删节、改编，以适应时代需要。在楚剧发展史上，艺人江秋屏、章炳炎、李百川、陶古鹏、沈云陔、高月楼等，都有着出色的表现。

黄梅戏是发源于鄂东南的地方戏种，最初叫黄梅采茶戏、采子、采茶、黄梅调、黄梅腔、花鼓戏、二高腔，形成于黄梅、广济一带。采茶调往往即兴发挥，奔放自由，或一抒胸臆，或借曲传情。创作者和观众都是普通民众，视野所限，关注的是农村生活中日常所见。黄梅采茶戏根在湖北黄梅，进入安徽后，与当地民间艺术结合，形成戏曲形式——黄梅戏。黄梅采茶戏演唱是以锣鼓伴奏，人声帮腔，正腔有七板、二行、火工、花腔、高腔、还魂腔等，而小调很多，至今仍存60多种。

早期见于记载的黄梅采茶戏艺人是邢绣娘（1793—1858年），湖北黄梅人，被视为黄梅戏的鼻祖。湖北黄梅人罗运保（1825—1904年）、帅登明（1878—1946年）、余海先（1905—1966年）等，对黄梅戏的发展也有很大的贡献。

3. 荆州花鼓戏

荆州花鼓戏，俗称“花鼓子”，流行于江汉平原天门、沔阳一带，也称沔阳花鼓。艺人都是农民，农忙时下地劳动，农闲时方开锣唱戏，故也称为“犁尾戏”“麦黄戏”。花鼓子艺人起初以演唱曲艺、百戏为主，以后发展成三五人的班子，此后规模继续扩大，可搭起“六根杆”的戏台，隔出前后台演出，戏班艺人人数增加，有“七慌八忙九停当”的说法，七人班子，艺人兼任数事，到九人班子，则各任一事。辛亥革命时期，花鼓子民间班社有 10 多个，范围也扩大到武汉近郊，远及湘北、豫南。

花鼓子戏有“高腔”“蕲水腔”“四平调”“打锣腔”四大主腔和 100 多种小调，各腔都有相应的剧目。荆州花鼓戏所演剧目有“十八个水半本”的说法，移植其他剧目，选取数则，至多半本演出，其全本戏极少。花鼓子戏传承有“四大门头”，分别是汪春保、史望、黄二生、贺侠年，他们传徒授艺，推动了花鼓子戏的传播和发展。

（三）现代戏剧

现代戏剧成就表现为以下几个方面：

1. 刘艺舟与文明戏

20 世纪初年，西方文化潮流随着留学生的回国传播和租界的窗口展演，为内地国人所知。借西方戏剧理论和表演形态出现的文明新戏，又叫时事新戏，也称时装新戏。这种戏剧以现代故事为剧情，而登场人物悉穿现代服装，所用对白，抛弃中州韵，以京白与苏白为主，有时亦用各地方言。当时文明新戏在武汉的演出活动十分活跃。郑正秋的新民社，王无恐的醒民社，顾无为、朱双云的导社，刘艺舟的木铎剧社，是文明新戏的倡导者和实践者。他们的表演在艺术上不免粗糙，但开了风气之先。

刘艺舟对武汉文明新戏的推动，作用尤大。刘艺舟（1877—1937 年），原名必成，号木铎。湖北鄂城人。早年东渡日本留学，加入同盟会，课余喜看话剧团体春柳社演出。归国后，即与王钟声等通过合演新剧，在东北、天津等地宣传爱国思想。他最擅长即景生情，借题发挥，暗刺当道，时常为当局捕拿。刘艺舟的表演，重在表达人物的感情，自编自唱，不墨守成规。

2. 余上沅与“国剧运动”

在20世纪20年代出现了一种不同凡响的戏剧改革主张——国剧运动，余上沅是推动国剧运动的关键人物。

余上沅（1897—1970年），湖北沙市人，曾入文华大学、北京大学求学，毕业后在清华教务处当职员。五四以后，现代话剧在北京十分流行。余上沅爱文学，尤其爱戏剧。1923年，他赴美留学，修习西洋戏剧文学、剧场艺术、舞台技术，参与话剧排演。1925年回国，与一批留美学生回国倡导改造中国戏剧的活动。余上沅对戏剧的改造，体现在两方面。一是发扬并增强旧剧的写意性，二是批判当时流行的新剧写实风格，主张个性上的中国特色。国剧运动作为一种缺乏充分实验支撑的戏剧改革理论，在中国传统的旧剧和西方的话剧之间挣扎，未能找到合适定位，在“五四”之后昙花一现。但是，他是最早把西方戏剧介绍到中国的重要人物之一，对中国现代话剧的建立和壮大有不容磨灭的功绩，产生了很大影响。

3. 曹禺与话剧

话剧来自国外，不以唱，而以对话为主要表现手段，在中国，刘艺舟等人表演过的“文明新戏”“新剧”“爱美剧”是话剧的源头，在1928年，经洪深更名为“话剧”，得到认同，沿用至今。话剧经过二三十年的传承和演练，由曹禺最终定型。

曹禺（1910—1996年），原籍湖北潜江，原名万家宝，从小酷爱戏曲，在南开中学求学时，开始从事话剧工作。1934年7月，在大型文学刊物《文学季刊》上发表《雷雨》，轰动一时。《日出》（1935年）、《原野》（1936年）、《北京人》（1940年）相继问世，奠定了曹禺作为中国现实主义悲剧大师的地位。

《雷雨》是发生在周公馆里两代人的爱情悲剧故事。（图6–2）日本剧作家秋田雨雀在观看曹禺作品后，认为曹禺是中国唯一的古希腊悲剧的研究者。《雷雨》不仅在国内公演，轰动一时，而且在日本、韩国、新加坡公演，场场爆满，产生了广泛而深远的影响。

图 6–2 《雷雨》剧照

（四）书法、绘画、音乐

书法、绘画、音乐的成就表现在以下几个方面：

1. 心画东传

近代文化传输的路径，多以西学东渐为主，独于书法一道，湖北成为面向东邻日本的输出之源。张裕钊和杨守敬是重要的推动者，推动了日本书坛变革，这是近代较为少见的文化交流现象，足令湖北为之自豪。

碑学大家张裕钊开创了一种新书体“南宫体”，其特点是，文字外方内圆，结体紧严，布局疏密有致，点画不苟，线条流畅，磨圆了魏碑的锋芒，吸纳了帖学的流丽神韵。他领会了宋以后废绝一千年之久的中锋，使古法重新复活。张裕钊一生主讲于多地书院，门生满天下，其书艺也经此流传，他的书法还在日本流播，影响很大。日人宫岛咏士得张氏之子推荐，拜在张裕钊门下，追随张学习中国文化。其弟子上条信山于同治元年（1862）创办了“书象会”，这是专门研习张体书法的学校，学员多达万人。

杨守敬与张裕钊有较深交谊，他重视书法理论总结，晚年撰述《学书迩言》，在绪论中劈头提出“学书五要”，即在梁同书提出的天分、多见、多写基础上，增加品高、学富。他收藏碑帖，不为藏富获利，而是整理、研究，撰成《激素飞清阁评碑记》《激素飞清阁评帖记》《楷法溯源》等。他对碑帖书法加以揣摩，领会古人笔法。

他购买收藏的碑版在日本面世，震撼了日本书法界。他还与日本书道界交流运笔之法。杨守敬使用羊毫，习碑派书法，在日本书法界形成六朝风，被视为“新派”书法。他收藏的拓本和书论给日本书道以深刻影响。日本书道界由此形成了北碑书风兴盛的局面。

2. 武昌艺专

近代，美术被纳入学校教育体系之中。赓续洋务运动中的美术教育，武昌艺专应运而生。1920 年 4 月，武昌美术学校在武昌芝麻岭成立，初创之际，设函授和中等两部，是一所美术培训性质的中等学校。1923 年 11 月，开办专门部，改称“武昌美术专门学校”。1930 年，更名为“私立武昌艺术专科学校”。

武昌艺专的办校采用大美术、实用型相结合的方针。学生学习的科目是混合兼修，延续了自晚清工业学堂教授工艺美术的传统，致力于培养学生的就业本领。武昌艺专不仅培养美术人才，还设有音乐专业。缪天瑞、贺绿汀、陈田鹤、冼星海、吕骥等曾在此任教。武昌艺专的艺术影响，主要通过艺术社团、美术展览、艺术刊物等方面彰显。武昌艺专是中国近现代高等美术教育的发源地之一，其 30 年的校史，汇聚了湖北地区的艺术学子，培养了湖北地区艺术教育、艺术创作人才，为湖北近现代美术、音乐教育和发展奠定了基础，做出了开拓性的贡献。

3. 红色歌谣

20 世纪二三十年代，为了反抗国民党的统治，中国共产党领导的工农武装在湖北及相邻省份建立起革命根据地，包括鄂豫皖、湘鄂西、湘鄂赣、湘鄂川黔、鄂豫陕等苏区。根据地传唱着内容丰富、曲调多样、数量众多的革命歌谣。其中《八月桂花遍地开》《马桑树儿搭灯台》等脍炙人口，传唱至今。

红色歌谣是中国共产党政治宣传和动员民众的重要方式，内容极为丰富，涉及党的革命主张、工农群众和红军士兵的现实关切等多方面，多为新词旧曲。红色歌谣好听易唱，流传广泛久远，政治宣传效果明显。红色歌谣有很强的艺术生命力，传唱范围超出根据地，甚至传唱到全国。

4. 第三厅与抗战文艺

全面抗战时期，武汉一度为战时临时首都。国民政府军事委员会政治部第三厅成立于1938年4月1日，郭沫若任厅长，无党派人士武汉大学教授范寿康为副厅长。其职责是抗日宣传，包括一般宣传工作、艺术宣传工作、对敌宣传工作。下设五处、六处、七处，分别执掌三项宣传工作。每处设三科。三厅附设抗敌演剧队10个、抗敌宣传队4个、电影放映队3个、漫画宣传队1个，另有新安旅行团、孩子剧团、战地文化服务处。

第三厅由政治部副部长周恩来直接领导，曾荟萃了文化界精英300多人，如阳翰笙、胡愈之、田汉、洪深、徐悲鸿、冼星海等一大批国内文化艺术界的名流。第三厅为动员人民群众抗日救亡，发动和领导了一系列大规模的抗日宣传活动，而以抗战周年发动的“七七”献金运动最为著名，见证了国共合作、团结抗战的历史。

三、革旧立新的教育

中国近代是新旧杂糅的时代，新的因素在增长，传统的因素也依然存在，但变革是近代湖北教育事业的主旋律。

（一）清末教育改革

在清末洋务新政中，张之洞大刀阔斧地推进教育兴革，推动了湖北教育近代化，使得湖北后来居上，成为走在全国前列的先进省份。

书院改制。清末，湖北规模较大的书院有187所。张之洞改革的指导思想是：“严立学规，改定课程，一洗帖括词章之习，惟以造真才济时用为要归。”[①] 如江汉书院不再仅习经史词章，而是中学与西学兼习。除传统的经学、史学等课程外，增加天文、地理、算学、兵法等课程。省城武昌的经心书院、两湖书院（图 6–3），黄州的经古书院也进行了改革。改制后的书院与中学没有差别，后来书院改名为学校。

新式学堂创建。建立了从幼儿园到大学的普通教育体系，到宣统元年（1909），湖北有小学堂 150 所，学生 15700 余人，官立中学堂 26 所，学生 3000 余人[②]。湖北幼稚园是中国第一所官办幼儿园。湖北实业教育比较发达，影响较大的有湖北农务学堂与湖北工艺学堂。清末，中、初等实业学堂有近百所。湖北师范教育领先全国，师范学校有近 40 所。其中，湖北师范学堂是中国近代第一所师范学校，女子师范学堂也开中国女子师范教育之先河。湖北军事教育体系完备，著名的有武备学堂、将弁学堂、武普通中学堂、陆军小学堂、湖北军医学堂等。

社会教育兴办。到宣统元年（1909），湖北半日学堂达 27 所。宣统二年（1910），湖北有简易识字学塾 1088 所，学生 22370 人[③]，名列全国前茅。

留学教育兴起。清末，湖北留日学生有 5000 人之多，留学欧、美的有 200 余人。留学生人数名列各省前茅。

① 张之洞：《两湖经心两书院改照学堂办法片》，赵德馨：《张之洞全集》第 3 册，第 480 页。

② 罗福惠：《湖北通史》（晚清卷），华中师范大学出版社 1999 年版，第 241—242 页。

③ 熊贤君：《湖北教育史》上卷，湖北教育出版社 1999 年版，第 248—249 页。

图 6-3　两湖书院及院内湖景

（二）五四前后的教育改革

五四时期，湖北教育改革具有相当大的声势，教育得到较大发展。

教育民主化改革普遍推行，主要内容是：反对封建主义，实行民主治教；推行新教育，实行学生自我管理。经过思想讨论和改革实践，民主治教的思想和新教育理念在不少学校得到了贯彻。武昌高师附小、武汉中学都实行级任制，采取新的管理方式；文华大学、共进中学等开展学生自治，实行自我管理。

湖北平民教育运动声势很大。它兴起于 1920 年，1923 年后趋于沉寂。与全国各地相比，其鲜明的特点是，湖北平民教育运动主要是早期马克思主义者组织、发起的，几乎所有的早期马克思主义者都参与其间，如恽代英、董必武、施洋、林育南等人。湖北平民教育运动得到社会各界支持和参与，先后建立湖北平民教育社和汉口平民教育促进会，建立了平民学校，免费为贫民提供教育。但随着施洋牺牲、恽代英赴安徽、四川、上海等地从事教育与革命工作，湖北平民教育社逐渐失去了影响。恽代英等人也认识到，教育改良不可能在根本上改造中国，他们开始探索新的救国方案，逐步转变为马克思主义者。

湖北教育得到了发展。截止到 1923 年，湖北有国立、省立、道立、县立、私立五种类型的小学、中学、师范、职业学校分别为 1076、32、5、37 所，学生人数在 216000 以上。其中，武汉中学和中华大学最具有代表性。

1920 年，董必武等人建立武汉中学，率先在教学中兼用文言文和白话文；学生建立自治会，实行自我管理，并参与校务；率先实行男女同校同班；宣传马克思主义和革命思想。不少学生走上革命道路，乃至成为革命的骨干、领导者。学校也是湖北早期党团组织的活动基地，为中国共产党湖北党组织的建立和革命做出了巨大贡献。

中华大学是陈宣恺、陈时父子创办于 1912 年的中国第一所私立大学。它是湖北新文化运动和五四运动的发源地。从该校毕业并执教于附中的恽代英，以及附中校友林育南等人是湖北著名的中国共产党早期党员和领导人，该校大批学生成长为中国共产党党员。

（三）国民政府的教育兴革

国民党建立国民政府，湖北教育被纳入国民党党国体制，以三民主义为方针，对学生实行严格的思想控制。抗战时期，学校西迁，实行战时教育，日伪则在沦陷区推行奴化教育。

学校教育呈现起起伏伏的特点，但总体上有一定的发展，其中抗战前夕，湖北基础教育仍然处于全国领先地位。全省幼稚园维持在 10 余所，在校幼儿 400 余人。1948 年，小学数、在校学生人数、教职工人数分别为 14729 所、1200330 人、46645 人；普通中学数、在校学生人数、教职工人数分别为 205 所、63760 人、5229 人；师范学校数、在校学生人数、教职工人数分别为 41 所、15061 人、1129 人；职业学校数、在校学生人数、教职工人数分别为 9 所、1838 人、258 人；高校（含大学、学院、专门学校）数、在校学生人数、教职工人数分别为 11 所、6423 人、1319 人。[①]1928 年组建的国立武汉大学以其自然环境优美、学科门类齐全、办学实力雄厚、大师硕儒云集而名扬全国。1928 年至 1949 年，武汉大学毕业 4000 余人。

1938 年，在国民党军队撤离武汉前，省内高校除省立农业专科学校迁往鄂西外，其余迁往西南。全省 47 所省立、市立和私立中等以上学校合并为湖北省联合中等以上中学，各分校西迁至鄂西、鄂西北。在战争的环境中和艰苦的条件下，湖北施行“计划教育”：实行免费教育，统筹升学就业，制定教育发展的五年计划。这些举措使得湖北教育在全国首屈一指，并在一定程度上改变了鄂西、鄂西北山区教育落后的面貌。

（四）革命根据地的教育发展

各根据地建立了各级教育行政机构，颁布教育行政法规，采取切实有力的措施，发展教育。

在土地革命战争时期，鄂豫皖、湘鄂西、湘鄂赣等根据地颁布学制，建立列宁学校、列宁模范学校、列宁小学，女子纺织学校、政法学校、农业学校、师范学校等各个类别的专门学校，积极发展学校教育。在社会教育方面，举办农民夜校，成立识字班或组，建立工农演讲所，或读报组等。在干部教育方面，建立鄂东北党务干部学校等，开展干部、骨干培训工作。

在抗日战争时期，鄂豫边根据地积极开展干部教育，开设七里坪训练班、抗日军政大学第十分校等。积极开展学校教育，设立实验中学、

---

① 湖北省地方志编纂委员会：《湖北省志》（教育），湖北人民出版社 1993 年版，第 158—165 页。

实验小学、师范学校；各县设立中学（初、高中各1所），高小或完全小学3所；各乡设立中心学校，各村设立国民小学。积极开展社会教育，最有影响的是冬学运动，利用冬季农闲时间，对成年人进行扫盲，开展政治教育，传授生产知识。

解放战争战略反攻后，鄂豫、江汉、桐柏、陕南四个解放区建立，涉及湖北各县。在教育上，一是保护原国统区的学校，改造旧知识分子，使之为新的教育事业服务。二是建立各类各级学校，大力发展教育，实现教育正规化。三是建立干部学校，为打败国民党、接管政权、建设国家培养干部。如中原民主建国大学、江汉公学、鄂豫公学、襄南公学、鄂陕军政干校、湖北人民革命大学、中原大学等。四是开展社会教育，启发群众觉悟，为解放战争奠定群众基础。农民教育的形式有冬学、民校、识字班等，工人教育的形式有业余学校、学习班等。

（五）教会教育的发展

同治九年（1870）前后，湖北出现了正规的教会学校，如仁智小学、文华书院。外国教会最早创办的学校主要是小学、中学，大学是在中学基础上发展起来的，只有文华书院、博学书院、博文书院开办了大学部。其后，教会教育的重心仍然在基础教育。在基础教育中，小学教育又是重点。据统计，在湖北，清末教会所办初级小学288所，学生8049人，高级小学58所，学生2185人；而教会中学只有17所，学生852人[①]。民国时期，教会学校学生数量增长较快，1932、1933、1934年，基督教中学数量分别是11、15、14所，学生数分别为1810、2647、2372人[②]。1933年，湖北（汉口除外）教会所办中、小学57

① 熊贤君：《湖北教育史》上卷，第254、257页。

② 《各省基督教中学校及学生数统计表》，李楚材：《帝国主义侵华教育史资料——教会教育》，教育科学出版社1987年版，第16页。

所，学生数为6400人[①]。湖北的教会学校主要集中于武汉和宜昌、沙市等主要城市。

1949年以前，高等学校数量不多，湖北也只有国立武汉大学、省立教育学院数所。其中，华中大学、文华图书馆学专科学校是教会大学。

华中大学源于同治十年（1871）美国基督教圣公会在武昌创办的文华书院。光绪二十九年（1903），成立大学部，学制三年。宣统元年（1909），在美国注册。1924年，武昌博文书院和汉口博学书院的大学部并入，组建华中大学。1929年，合并长沙雅礼大学和岳阳湖滨大学后重新开办。1938年，华中大学先后西迁至广西桂林、云南大理喜洲镇。抗战胜利后，迁回武汉。

在学科与专业建设上，华中大学有自身的特色。它重视宗教、文理，而其他教会大学则以应用学科见长。其最具特色的是图书馆学专业，开中国之先河。

四、大放异彩的新闻出版及图书馆事业

湖北新闻业发展有明显的阶段性特点，是中国报业中心之一。湖北近代出版繁荣，湖北官书局刻书数量和种类在清末官书局中名列前茅，亚新地学社出版的地图畅行不衰。湖北近代图书馆事业特色鲜明，开中国一代风气。

（一）新闻

近代湖北新闻可分为三个阶段。

第一阶段：晚清报刊。

汉口开埠，湖北近代报刊开始兴办。据估算，有300多种报刊。

① 《湖北全省教会学校一览表》，湖北省教育厅：《湖北教育月刊》1933年第1期（1933年9月），第186—189页。

在同治五年至宣统三年（1866—1911）期间，创办 103 种报刊，按报纸实际控制人分类，官办 14 家，民办 62 家，还有外国人办的报刊 27 家。仅光绪三十四年（1908）一年新创办报刊就有 17 家，其中民营报刊 14 家[①]。

官报从总量上看，大大少于非官办报纸。但从控制舆论的目标出发，官报几乎覆盖了政、学、农、商各类报刊。民办报纸数量之多，内容之驳杂，辐射面之广，影响之大，一举打破了官报控制、垄断舆论的局面，在全国堪称佼佼者。同治十二年（1873）艾小梅在汉口创办《昭文新报》，这是中国人在中国所办的第一家中文报纸。英国人创办、后来被日本人接办的《汉报》曾积极鼓吹维新思想。官方所办的《湖北官报》特色鲜明，其办报凡例，成为各省官报的标杆。清末湖北留日学生所办《湖北学生界》积极宣传革命思想，是我国最早以省区命名的海外刊物。

第二阶段：辛亥革命时期的党报与商报。

除《湖北学生界》外，湖北还有一批宣传革命的报刊，如《湖北日报》《湖北女学日报》《通俗白话报》《汉口商务报》《雄风报》《政学日报》《大江白话报》《大江报》《夏报》《武汉白话新报》《新鄂报》等。

代表士绅言论，鼓吹地方自治和立宪的报刊也不少，如由湖北留日学生创办的《教育新报》《湖北地方自治研究会杂志》，是海外宣传立宪的刊物。省内则有《趣报》《宪政白话报》等。

政治派别之外，尚有持论允和的报纸，如《汉口中西报》《湖北女学日报》《湖北农会报》《扬子江小说报》《不缠足会画报》等。

还有消闲小报，专门刊载妓女花事和诗词小品，如《现世报》《艺林报》《繁华报》等。

---

① 刘望龄：《辛亥前后湖北报刊的若干特点》，《中南民族学院学报》(哲社版) 1991 年第 5 期。

辛亥武昌起义爆发后，武汉报纸报馆集结地汉口成为战场，不少报纸或停刊，或因兵燹馆毁人散。但也有胡石庵的《大汉报》和湖北军政府的机关报《中华民国公报》趁势而起，它们在报道首义消息、呼吁各省响应、宣示革命政权政令上不遗余力。民国成立后，湖北报刊如雨后春笋，竞相成立。伴随着民国初年湖北政坛派系林立，报纸成为各派言论机关，彼此攻讦不休。

第三阶段：抗战之际的报刊。

抗战之际，国内并存多个政权，报纸是各政权重要的舆论阵地。华中地区国民党以《武汉日报》为政府喉舌。武汉沦陷后，国民党在湖北省战时省会恩施创办了《新湖北日报》。

南京沦陷后，武汉一度成为全国抗日的政治中心，一大批以宣传团结御侮、全民抗战为宗旨的报纸在武汉创刊。1937 年 12 月底中国共产党在汉口创办《群众》周刊，1938 年元旦创办《新华日报》，这是中国共产党在国统区公开出版的大型机关报刊。在此期间还有邹韬奋主编的《全民抗战》，胡绳主编的《救中国》周刊，范长江主编的《新闻记者》月刊。这些刊物后来因武汉沦陷，西迁到鄂西、重庆等地出版。中国共产党还在敌后抗日根据地创办了《七七报》等，继续高举全民抗战的旗帜，为巩固抗日民族统一战线鼓与呼。

七七事变之后，一些具有全国性影响的大报在沦陷区无法立足，也转移到武汉复刊出版。1937 年 9 月 18 日，《大公报》汉口版创刊。1938 年 1 月 15 日，《申报》在武汉复刊，发行该报汉口版。

日伪政权在武汉创办报纸《武汉报》《大楚报》，标榜和平、睦邻，为日军侵略辩护，为其合法性进行宣传。

（二）图书出版

图书出版机构或著作主要有：

一是湖北官书局。

同治六年（1867），湖北官书局设立，不久收并崇文书局。湖北官书局委候补道张炳堃、候选道胡凤丹为经理。胡凤丹主持书局期间，刻书已达237种，约占湖北官书局出版图书总量的七成。张之洞督鄂后，每年由善后局拨款4000两银充作经费，他还拨银4000两，从赵尚辅手中购得《湖北丛书》板片交付官书局。

据不完全统计，1933年，湖北官书局刊刻出版图书382种，其中经部50种，史部54种，子部98种，集部82种，杂著24种，丛书74种。诸子之书数量位列各省官书局之首。而刻书的种类，在清末数十家官书局中，可与浙江书局、广雅书局相颉颃。崇文书局后期，受西学影响，编译了自然科学书籍和新式教材。崇文书局鲜明的特色是出版乡邦文献，如《鄂局丛书》（78册）、《江汉丛书》等。图书流传广泛，刻本还远播海外。光绪三十年（1904），美国圣路易斯举行万国博览会，湖北官书局的经籍刻本获得博览会大奖（Grand Prize）。这批参展图书现今保存在美国国会图书馆。1936年6月，湖北官书局改为湖北省图书馆崇文书局保管处。

二是湖北舆图总局。

光绪十二年（1886），清政府在北京成立会典馆，着手会典的编撰，编绘各省舆图。根据要求，光绪十七年（1891），张之洞在武昌成立湖北舆图总局，邹代钧被委任为总纂，统管舆图编制；湖北即用知县刘翰藻为提调，掌管事务。招选32人，分为4路，每路8人，测量一州或一县。选派3名员绅，驻守舆图总局，专司校定图稿之事。还购备了各种测量仪器。

湖北舆图经三年测绘告竣，共绘制了省图一、府图十、直辖州图一、州县图六十八，总计图八十幅，分成八册，装为一函。光绪二十年（1894），湖北舆图总局制作了《湖北舆地记》24卷，记载湖北各府、州、县建制沿革、区划。光绪二十七年（1901）以善后局的名义付梓发行。

邹代钧还与陈三立、汪康年、吴德潇、邹世可等人在武昌横街头成立了舆地学会。舆地学会并非学术交流的团体，其工作是绘制地图。光绪二十五年（1899），新化邹氏在武昌创办了亚新地学社，以邹永煊为社长。邹永煊参加了湖北舆图编绘。亚新地学社在上海、南京、广州、长沙等地设有分店。中华人民共和国成立后，1953年实行公私合营，该社与多家地图社合并。它是我国近代开办时间最早、经营时间最长、影响最大的民办地图出版社，共出版地图和地理学书籍300多种。

三是《湖北通志》。

自嘉庆九年（1804）《湖北通志》纂成刻板后，百年余，《湖北通志》尽管数次倡修，然而波折横生，终未成稿。陈夔龙督鄂时，又有倡修通志之议，他聘请张仲炘为主纂，修有志稿。正待开局刊印，辛亥武昌起义爆发，局稿全毁，幸亏黄小鲁家藏有副本。民国成立后，张仲炘再度出山，重金求购副本，对旧稿略加点窜，稍补近事，草草成书。所成之书是宣统本《湖北通志》，1921年，湖北省长公署刊刻出版，172卷、首1卷、末1卷。1928年10月，国民政府文官长古应芬，提议修撰各省通志。1932年，聘任王葆心为湖北通志馆筹备主任兼总纂，主持通志馆筹备工作，但在中华人民共和国成立之前，《湖北通志》不见付梓。

（三）图书馆

湖北图书馆有多座，主要是：

一是文华公书林。

光绪三十二年（1906），文华书院美籍教师韦棣华在美国募得一万美元的捐款和大量赠书，在学校图书馆基础上，开设“文华公书林”，作为文华书院的学校图书馆。（图6-4）宣统二年（1910）5月16日落成，设施齐全，设编目室、参考室、阅览室、报纸杂志室、书库。到抗战前夕，公书林收藏的中外书籍达到44560册，其中外文书籍占有7成以上，达到33260册，尤以英文居多。文华公书林外文书籍专藏室极具特色，辟有韦氏参考书专藏、罗公瑟士纪念室。

文华公书林既面向本校师生，又对社会开放。作为中国第一家公共图书馆，其意义在于扩大了中国传统的私人藏书楼、学校图书馆的服务对象，使图书馆由文化传承的单一功能转变到兼具文化传播的复合功能上来。它的创办对国内公共图书馆的建立起到了积极示范作用。文华公书林还是中国图书馆人才培养的摇篮，是新图书馆学的发源地，对近代中国图书馆界产生了深远影响。1920 年 3 月，韦棣华、沈祖荣等，依托文华大学创办了文华大学图书科，又称文华图书馆学校。1929 年，文华图书馆学校独立出来，正式成立私立武昌文华图书馆学专科学校。中华人民共和国成立后，并入武汉大学。

图 6–4 文华公书林

二是湖北省图书馆。

光绪三十年（1904），位于武昌的武当宫道院改为图书局。湖北巡抚端方在湖北图书馆开办之初，曾派人到上海购买各种书籍，还派人去日本购办图书、标本、形模等件，作为陈设品。早期的湖北省立图书馆既储存图书，又陈列、销售教育物品，集藏书楼、博物馆和带展销性质的劝业场为一体。光绪三十四年（1908），湖北省立图书馆迁入武昌兰陵街的博文书院。1934 年，筹建新馆，选址武昌蛇山抱冰堂下空地。1936 年 9 月新馆建成，总面积超过二千平方米，其中书库四层。1938 年 6 月，省图书馆奉命西迁。抗战胜利后，1946 年 1 月，省教育厅决定将省图书馆回迁武昌，改称“湖北省立武昌图书馆”。中华人民共和国成立初期，隶属湖北省文化局，定名为“湖北省图书馆”。

湖北省图书馆以收藏古籍为特色，利用湖北藏书家众多的优势，适时接受捐赠和实行友情转让，丰富了馆藏。其图书来源，除购买之外，还接收了两湖书院、经心书院、江汉书院的藏书，湖北官书局撤销后移交的图书，兴亚研究社汉口分社的日文图书，敌伪湖北省武昌图书馆的图书，以及大量私人藏书，如 1939 年湖北省图书馆收藏宜都杨守敬藏书共 6093 册，图 80 幅。1944 年收藏枝江张继煦藏书 261 种 2098 册。

三是仲恺图书馆及其他图书馆。

仲恺图书馆创设于 1926 年 12 月，位于汉口中央人民俱乐部（血花世界）四楼。该馆扩充原有博物馆，陈列动植矿物及各种标本，以此纪念民主革命家廖仲恺。仲恺图书馆设有成人阅览室和儿童阅览室，附设编辑部和印刷所。

1927 年，湖北还创办了公立的通俗图书馆，其图书馆规程第一条明白宣称，图书馆的目标是为便利民众阅览图书，扩大国民党的宣传。1928 年，通俗图书馆的创设向州县延伸。

湖北私人所办图书馆有两所。一是杨太夫人纪念图书馆，位于湖北谷城，由图书馆学家杨昭悊及其胞兄杨昭恕共同创办，是湖北省第一家私立图书馆。图书馆开办时藏书五万余册，杨氏兄弟在外地工作，又不断寄回书籍。20 世纪 30 年代图书馆即停办。二是余实甫图书馆，湖北郧阳籍人士余公冑之孙余锦檇与其兄余实甫合办。1929 年春正式对外公开阅览。1931 年，湖北发大水，藏书损失殆尽。

此外，还有 1932 年太虚法师创办的世界佛学苑图书馆，1934 年黎元洪家族捐资修建的武汉大学图书馆。

五、中西合璧的建筑

汉口开埠后，西式建筑开始逐渐植入，但分布极不均衡，主要集中于武汉三镇，尤其是汉口。西式建筑不仅给湖北带来了新的建筑风格，造就了湖北建筑的独特景观，同时也影响着湖北人的建筑、设计理念，最终使湖北建筑呈现中西合璧的局面。

（一）西方建筑的植入

西方植入的建筑分以下几类：

一是领事馆。

咸丰十一年（1861），英国在汉口设立租界，此后，德国、法国、俄国、日本也先后建立租界，西方其他国家如美国也建立了领事馆。光绪三年（1877），宜昌开埠，英国、日本、德国先后设立领事馆。光绪二十四年（1898），日本在沙市设立租界。1861—1949 年，武汉著名的建筑工程有 300 项，其中外国人兴建的达 100 多项，大部分在租界内。

领事馆一般占地面积较大，包括办公馆舍、官邸和辅助建筑等，用装饰优美的院墙或栏杆围合成封闭庭院，内部环境优美。办公馆舍布局可分为“一”字形和“回”字形。建筑入口的设置虽然随建筑布局形式的不同而有所变化，但多居中设置。

领事馆建筑多为 2 至 3 层，砖木结构。建筑样式多为殖民式券廊风格，一般在建筑四周做拱券围廊。外廊用于遮阳、挡雨、纳凉、观赏风景，内廊主要用于内部的交通。以汉口英国领事馆为例。

英领事馆共有房屋 4 栋，面积约 1813 平方米。领事官邸为砖木结构，底层为半圆拱内廊，第二层为外平台，底层木地板下有半空，外墙拉毛粉饰，红瓦面，上有气屋，显示出典型的 19 世纪殖民特色。它既有英式民舍的古朴典雅，又综合了东南亚、南亚热带地区房屋的券廊风格，游廊宽大，露台宽阔，是汉口兴建的第一栋具有近代建筑特点的房屋。

二是教堂建筑。

天主教教堂代表性建筑主要有武昌大堤口天主堂、汉口圣若瑟天主堂、武昌花园山圣家堂、汉口车站路天主堂、汉阳天主堂、谷城沈垭天主堂，以汉口圣若瑟天主堂为例。

圣若瑟天主堂仿古罗马的耶稣会教堂样式，规模宏大，砖木结构，为三廊型巴西利卡式样，内部侧廊为方形砖柱。十字横头处宽26米，地面离主堂顶十字架处22米。内部屋顶天花板为半圆形拱券和交叉拱券组成，十分别致。平面呈长十字，采用拉丁十字巴西利卡式长方形大厅，用纵面几排柱子分为几个长条空间。中央厅堂最大，长40米，宽20米。中间大教堂的后面设有圆拱，左右两侧各有圆形钟楼一座。

该堂立面大体依耶稣教堂的构图。外观朴实憨厚，山面采用双层山花处理。三角形窗楣与山面产生呼应。装饰壁柱尽管做了简化，但仍然显得端庄稳重，它与意大利文艺复兴后期的耶稣会教堂几乎完全一样，只是山面曲线变得规则了。

基督教教堂代表性建筑有汉口后花楼街中心会堂（又称花楼总堂）、武昌戈甲营崇真堂、汉口汉正街救世堂等。以救世堂为例。

该堂为红砖清水教堂，主体为2层，局部为3层，砖木结构。坐北朝南，违背了西方教堂东西朝向原则，但平面的拉丁十字布局，弥补了东西方冲突。正立面的两层中间开有白色常圣光冠冕的大十字窗。门楼按三段式构图，墙身有精致山花装饰，楼顶上建有四个八角形的小塔。教堂大门是具有南方地方特色的单檐庑殿琉璃瓦屋顶，西式的凯尔特十字窗又完全是英国基督教堂特色。

室内的祭坛没有穹顶，而是大胆使用了舞台形制，礼拜面向的平面墙体上则开有直径达2米的十字窗，彩色玻璃装饰，给人强烈的宗教氛围感。除了楼梯间、地面采用水磨石，舞台铺设为木地板外，其他均为水泥地面，外涂红色油漆；祷告屋顶为钢木屋架及木制构架吊顶，局部一层室内顶棚则用石灰粉刷。

湖北东正教堂较少，英租界鄱阳街83号（今汉口天津路）俄国东正教堂具有代表性。这座教堂与西欧天主教堂，在形制、结构及艺术风格上都不一样。该教堂采取集中形制，运用拜占庭的穹顶和拱券技术，是流行东正教的东欧采取的教堂基本形制。

三是教会学校建筑。

教会学校建筑的典型代表是武昌文华书院、汉口圣若瑟女校、汉口博学书院、汉口圣玛利亚学校、汉口懿训女中、汉口圣罗以女中建筑，以文华书院为例。

文华书院有教学楼、文华公书林（图书馆）、健身所、多玛堂、博约室（外籍教师单人宿舍）、颜母堂（女生宿舍）、水塔以及多栋教师宿舍。

文华书院建筑风格各异。最早建成的圣诞堂具有希腊神庙建筑风格。属一层砖木结构，入口建有门斗，侧柱廊设在教堂外部，外廊顶与屋面均为铁皮坡顶。教堂外观呈现重叠的三个三角形。

约建于1915年的文华大学法学院是典型的中西混合式建筑。两层砖木结构，底层封闭，墙面开设半圆拱券门窗。二层为木柱外廊，砖木组合栏杆，砖礅栏杆上支撑双柱顶住上部檐口额枋，额做上下枋，两枋之间用传统木雕花格装饰。

1921年修建的健身所是二层混合结构。屋顶形似中国宋式屋顶，二层重檐，铺绿色琉璃瓦。底层较实，基座稳固，上层为九开间柱廊，显得通透，柱的栏杆、额枋、雀替都采用中国的传统做法。

四是教会医院建筑。

到1939年，湖北地区仅武汉就有外国教会医院13所，著名的有武昌仁济医院、汉口协和医院等。前者呈三合院布局，主楼两层为砖木结构，两侧辅以外廊式配楼，立面具有明显的文艺复兴风格。后者是武汉第一座钢筋混凝土结构医院，建筑外观非常接近现代风格。

（二）传统建筑向近代建筑的转型

传统建筑向近代建筑的转型表现在：

一是出现与洋人同台竞技的荆楚建筑师。

光绪二十四年（1898）年，从上海来的浙江人周昆裕创办了明锠裕木厂（后更名为明锠裕营造厂），成为在武汉正式开业的第一家华人营造厂。到1949年，武汉共有营造厂398户，其中有浙帮的明锠裕等，广帮的广荣兴等以及本帮的袁瑞泰等。其中最大、最负盛名的是浙帮沈祝三创办的汉协盛营造厂。

沈祝三，原名卓珊，浙江宁波人。光绪三十四年（1908），自设汉协盛营造厂。在清末至民国武汉三镇的300多项著名建筑中，有56项为它所造，占19%，主要有武汉大学、汇丰银行、平和打包厂、景明大楼、普爱医院等。武汉大学早期建筑群是中华人民共和国成立前武汉最大型的一组校舍，包括教学大楼、体育场（馆）、图书馆、工厂、宿舍和住宅区、商店、车站、水塔等设施，规模之大，国内罕见。它由美籍工程师凯尔斯设计，以北京故宫为蓝本，融合了我国古典建筑艺术和西方古典建筑的特点，构思精巧，错落有致，堪称中西合璧建筑的典范。建筑置于群山起伏、湖水相伴、绿树成荫的自然环境之中，形成典雅庄重、轻快多姿的总体景观。

湖北近代建筑设计师有卢镛标、庄俊等。

卢镛标，浙江定海人，1929年，在汉口独立创办卢镛标建筑事务所，结束了汉口建筑设计由洋人垄断的局面。事务所设计建筑类型涉及工厂、银行、教堂、学校、民居及公用设施等，承担的建筑设计工程有汉口洞庭街上海电影院、四明银行大楼、中国实业银行大楼等，这些建筑单体规模一般较大，多在4层以上，有的高达六七层，多为钢筋混凝土结构，几乎都是早期现代主义风格。卢镛标也关注中国传统建筑文化，其设计的随县（今随州）天主教堂就具有一定的中国传统建筑风格。民居建筑主要有江汉村、联保里、长春里、四美里、福生里等。卢镛标是武汉乃至湖北唯一能与景明洋行等外国设计事务所相抗衡的中国建筑设计师。

庄俊，上海人。1924年在上海开设庄俊建筑事务所，次年发起成立中国建筑师学会，并长期担任会长。先后设计了40余项工程，其中有上海大陆银行、上海和汉口的金城银行、青岛交通银行等。庄俊的建筑设计图为铅笔绘制，采用英制尺寸，以英文为主。其线条圆润流畅，显示出设计人深厚不凡的基本功力。特别是银行的正立面，绘制十分细腻、精致，从图面就可以领略到西方古典建筑的独特魅力。他对武汉民居“里份”的设计，更具匠心。总体布局和道路网形式为一条主巷与城市街道相连接的形式。巷口采用牌坊式入口，住宅红砖清水墙，立面大大简化，有简单的几何装饰，属于现代主义风格建筑。

二是出现兼收并蓄的建筑风格。

18 世纪下半叶，西欧掀起了一股古典复兴的建筑潮流。它的主要表现是使用希腊式的多尼克和爱奥尼柱。这种柱式的特点是柱形柔和修长，比例协调，秀丽端庄。由于受到结构的制约，这类建筑物的形制比例都趋向于高而窄，并运用超高的尺度显示其宏伟壮观。在建筑空间的结构上，主要街道两端都有高大的建筑物作对景。这些建筑大都采用了先进的钢筋混凝土结构，楼层高度为 3—6 层，体量宏大，造型优美。

位于汉口的汇丰银行、花旗银行、横滨正金银行、金城银行、上海商业储蓄银行、交通银行、盐业银行、浙江实业银行、中国银行汉口分行等银行建筑，以及汉口电灯公司、捷臣洋行、日清洋行、日信洋行等工商业建筑，还有圣若瑟天主教堂等宗教建筑，都属于西洋古典建筑风格。这类银行建筑的风格，主要表现在柱式系统上，它们的形式和细部处理得很严谨细致，并运用柱式的列柱，使建筑物在视觉上和空间上能体现出与周围的自然联系起来的开朗性格。其中汇丰、正金和交通银行的建筑还采取了空柱廊，其他银行也采取了不同方式的列柱和柱式。湖北的西方风格的建筑多数属于西方古典主义的建筑艺术形式。

19 世纪下半叶至 20 世纪初，工业革命使西方的资本主义得到迅速发展，而建筑越来越被看作是物质生产部门的一部分，开始逐步反映工业化精神，提倡一切应符合时代特征并同工业社会发展相适应的新建筑运动应时而起。这种建筑风格重视建筑物的使用功能，注重发挥新型材料、结构的性能特点，摆脱了古典主义的繁复，简练而时尚，强调形式与内容的统一，这就是西方现代风格。四明银行大楼、汉口南洋大楼比较典型。

开放、轩敞、以石头作为主要建筑材料的西方建筑与内敛、稳重、以木头作为主要建筑材料的中国传统建筑产生了激烈碰撞，最终融合成中西混合建筑文化。近代湖北教堂、学校、民居，甚至寺庙建筑中，不少都是中西融合风格建筑，汉口“里份”建筑尤为典型，还有古德寺、沙市邮政大楼。

除古典风格、现代风格和中西融合建筑风格外，湖北还有众多不同风格的建筑，如券廊式风格、“和洋风”风格、法德四堡风格和伊斯兰风格等。

六、独具特色的学术与科技

在人文社会科学舞台上，湖北可谓名家辈出，在自然科学技术领域里，湖北称得上是奋力进步。

（一）人文社会科学

人文社会科学的成就表现在几个方面：

一是黄侃与国学。

黄侃（1886—1935年），幼名乔馨，字梅君，后改名侃，字季刚，又字季子，晚年自号量守居士，湖北蕲春人。平生累积诗词千余首。在学术上，最大成就在小学方面。

他以《说文解字》为范本，将文字历史的发展与演变，按象形、指事、会意、形声、转注、假借六个方面，从大篆到小篆，从小篆到隶书，由隶书到楷书，分为三个阶段，加以释说。在音韵学方面的贡献，最著者是古韵二十八部的提出。他初步建立了训诂学的理论体系，把训诂的方式总结为“互训”（直训）、“义界”（界说）、“推因”（推求字义得声之由来）等项，用以对训诂实践作全面总结，至今多数训诂学者仍本其说。除了对训诂著作的研究之外，黄侃还以训诂的方式，对许多重要典籍作了批注，其中影响较大、流传较广的是《手批白文十三经》和《文心雕龙札记》。

黄侃学术远绍汉唐，近承乾嘉，尤在文字、音韵、训诂方面蔚然成一家之言，与章太炎、刘师培齐名，并称“国学大师”。

二是王葆心与方志学。

王葆心（1867—1944 年），字季芗，号晦堂，晚年号青坨，湖北罗田人。早年中举，任职学部、礼部，民国后任湖北省革命实录馆总纂、湖南官书报局总纂、教育部编审兼北京大学教授、京师图书馆总纂、湖北国学馆馆长、武汉大学教授、湖北通志馆筹备处主任等。

王葆心非常重视对乡邦文献的搜集整理。他主持编纂《湖北文征》240 卷，以元、明、清三代为限。王葆心治学广泛，在方志学造诣最大。他以随笔风格陆续撰写了《续汉口丛谈》《再续汉口丛谈》，对汉口地理沿革、水火灾异、地名掌故、园林建筑，寺观墓葬、名人轶事，风物传闻、修志记载、诗文经石，甚至官场见闻都一一搜集罗列，并加以考证与研究。在主持纂修《湖北文征》的同时，王葆心着手制定《修志通则》，准备纂修《湖北通志》，写成作为《湖北通志》编纂方案的《重修湖北通志条议》。其巨著《方志学发微》50 余万字，20 卷，共分 7 篇，比较全面、系统地总结了宋、元、明、清四朝名家的修志经验，提出了自己的修志理论。此外，他主持编辑《湖北革命实录》时，编成《武昌起义史料长编》。

三是杨守敬与古舆地之学。

杨守敬（1839—1915 年），谱名开科，字云鹏，号惺吾（心物），湖北宜都人。同治年间举人，曾做随员出使日本。

杨守敬研究古籍的著作有 83 种之多，舆地学成就尤为突出，共编撰历史地理著作 20 多种。最能代表杨守敬此方面学术成就的是《水经注疏》。从探本求源着手，凡是郦道元所引之书，皆著出典，凡郦氏所叙 1200 多条水道，皆详其迁流，把郦氏《水经注》研究提高到一个集大成的全面总结高度，被誉为“中国学术史上光辉诗章”。

杨守敬广泛搜求金石古籍，把金石文字考证主要用于历史地理研究上。在其收集的浩瀚书籍碑帖中，辑成《楷法溯源》。《楷法溯源》选辑魏晋、南北朝、隋唐五代名家古碑、集帖之楷法，14 卷，所集古碑

646种、集帖82种。（图6–5）

图6–5　杨守敬及其书法作品

四是曹廷杰与东北边疆地理研究。

曹廷杰（1850—1926年），字彝卿，号楚训，湖北宜都（今属枝江）人。曾被派往防沙俄重镇三姓（今依兰），在靖边军后路营中办理边务文案。他调查搜集有关东北边疆沿革、军事地理资料、历史文献，进行实地考察和社会调查，编辑东北边疆地理著作。

《东北边防辑要》，不仅详尽考论了东北边疆史实，使过去的历史清晰化，让人们了解中国与沙俄边境争端的是非曲直，尤可贵者在于能总结历史经验，针对新的形势提出防务建议。他奉命前往黑龙江中下游进行调查，将所见所闻逐一笔录，共得118条，汇成《西伯利东偏纪要》，并亲手绘成七幅重要地图。《西伯利东偏纪要》又名《俄界情形》《伯利探路记》，是《东北边防辑要》的续篇，偏重对现实的调查分析，对如何抵抗沙俄侵略，提供了重要的参考，产生了很大影响。曹廷杰在东北史地方面的研究，造诣精深，具有权威性。

五是熊十力与现代新儒学。

熊十力（1885—1968年），原名继智、升恒、定中，号子真，晚年自号漆园老人，湖北黄冈（今团风）人。早年参加辛亥革命，后从事教育和学术研究。

熊十力治学路径是弃甲向学，由儒而佛，最终又出佛归儒。1932年

10月出版《新唯识论》。1944年，《新唯识论》语体文本出版。《新唯识论》的内容可以概括为两大点。第一，以中国哲学的“心物不二”的大智慧来反对西方哲学唯心、唯物的二元对立；第二，以中国哲学“体用不二”的大智慧来反对西方哲学现象、本体的截然两分。

熊十力学养精深，著述丰富，共有专著30多种，论文100余篇，大多围绕《新唯识论》加以发挥和详释。他是著名的哲学家、思想家、新儒家开山祖师、国学大师。

六是张知本与法学。

张知本（1881—1976年），号怀九，湖北江陵人。曾入日本留学，参加同盟会。辛亥武昌起义后，初任湖北军政府政事部副部长，后任司法部部长。民国时期供职于大学和政府部门，曾任国民政府司法院行政法院院长、司法行政部部长。

张知本毕生与法律打交道，著作有《宪法论》《民事证据论》《宪政要论》《宪法僭拟》等10余种。曾参与起草《鄂州约法》《中华民国宪法草案》，倡导西方民主政治，主张司法改革，在司法界颇有声望。

张知本是中国近代知名法学家，与王宠惠、董康和江庸一起被誉为中国近代法学的“四大泰斗”。

（二）自然科学技术

自然科学技术的成就表现在以下几个方面：

一是涂长望与气象学。

涂长望（1906—1962年），湖北武汉人。早年求学于华中大学、沪江大学，后留学英国，成为英国皇家气象学会第一个中国籍会员。1934年回国，任中央研究院气象研究所研究员，后历任清华大学、浙江大学、中央大学教授，兼任中国科学工作者协会常务理事兼总干事。中华人民共和国成立后，任中央军委气象局局长、中央气象局局长。

涂长望是中国近代气象科学的奠基人之一，新中国气象事业的主要创建人、杰出领导人。他是中国近代长期天气预报的开拓者、中国气团和锋面研究的开创者。在长期预报、农业气候、霜冻预测、长江水文预测、气候与人体健康、气候与河川水文关系等气象领域均有杰出成果。著有《中国的气团》《中国自由大气气候状况的初步研究》《中国高空探测的一些成果》《中国低气压的成因与来源》等系列论著。

二是李四光与地质学。

李四光（1889—1971 年），原名仲揆，小字福生，湖北黄冈（今团风）人。早年留学日本，参加辛亥革命。民国成立，被选派到英国留学。1920 年回国，执教于北京大学，后任中央研究院地质研究所所长。中华人民共和国成立后，担任中国科学院副院长、中国地质工作计划指导委员会主任、中国科学技术协会主席等学术职务，1952 年 9 月任地质部部长。

李四光是一位敢于创新的拓荒者。西方学者认为中国不存在第四纪冰川，他提出不同的观点，并找到第四纪冰川遗迹。针对"中国贫油"的观点，他提出不同的看法，并进行预测。李四光的预测，基本上得到了证实，如大庆油田、华北油田和胜利油田的发现。他在古生物䗴科分类和地质力学的创立等方面也做出了卓越的贡献，是我国著名的地质学家、教育家和社会活动家。

三是徐建寅与无烟火药。

徐建寅（1845—1901 年），字仲虎，江苏无锡人。早年进入安庆军械所，负责制造轮船。后任上海江南机器制造总局提调、山东机器局总办。光绪五年（1879）赴欧洲游历。

光绪十六年（1890），徐建寅入张之洞幕府，任铁政局会办，会同总办蔡锡勇，筹办汉阳铁厂。但不到一年，徐建寅就离开了湖北。光绪二十六年（1900），张之洞再次奏调徐建寅来湖北，任营务处总办兼教吏馆武备总教习，不久，又被委以省城保安火药局仿造黑色火药的重任。他试制而成的黑火药的击力与英、德各国相比，毫不逊色。光绪二十七年（1901），总办汉阳钢药厂，设法仿造威力更大的无烟火药。

他成功研制的无渣无烟火药，其威力不亚于西方火药。在西方各国议禁军火出口的背景下，这无疑是一个了不起的成绩。同年 12 月，在试验发生的爆炸中因公殉职。

四是高寿林与煤矿工程。

高寿林（1862—1936 年），名传柏，字以行，湖北汉阳（今武汉市蔡甸）人。入福建马尾水师学堂，习船舶驾驶专业。毕业后，分配到广甲兵舰服役。甲午战后，投奔张之洞，任汉冶萍煤铁厂矿公司萍乡煤矿德籍总工程师赖伦的翻译，并从其学习采矿技术。先后负责株（州）、萍（乡）铁路 90 千米的修建任务，以及汉阳铁厂运煤拖轮、驳船的设计和施工。在负责建造了安源煤矿流水线作业的洗煤台后，高寿林被聘为矿师。

1913 年，高寿林任湖北阳新炭山湾煤矿总经理，在矿冶界声名鹊起。1923 年，转任湖北大冶富源煤矿公司总矿师，他对煤矿运输、照明、通风、动力等方面进行了全面的技术改进，极大地提高了煤矿开采、转运效率。与此同时，积极拓宽煤炭的销售渠道。经过技术改造和苦心经营，富源煤矿居湖北省煤炭企业的领先地位，从一个老式的小煤窑发展成为颇具规模的近代化民族资本企业。

七、时移代易的社会风俗

在近代社会发生大变局的时代，荆楚风俗发生了广泛而深刻的变化。人们的奢俭观、审美观、婚恋家庭观、男女观等发生了不同程度的转变，推动了社会风俗的演变。

（一）服饰习尚的演变

清末服饰有两个变化。一是用洋布。不仅武汉市内商民多改穿洋布，连四乡的妇女老幼，在劳作时穿的衣裳，皆使用自制土布，然而办其他事务，或祭祀，或应酬，或往稠人广众之中时，皆穿细密光泽的洋布做的衣服，以为外观美丽。衣料的变化逐渐引起服式的改变，慢慢地人们的起居服御改易旧观。二是剪辫子。清末呼吁剪辫和实行剪辫的人逐日增加，在20世纪的头十年里，各地剪辫风潮此起彼伏，武昌起义后形成高潮。

民国初年，剪辫以后，不能再穿满式服装，一时兴起洋装热，武汉很多人穿着洋式衣服招摇过市，女子亦间有剪发着洋装者。人们在衣着上趋新和洋化的心理，导致传统的“装绒”与“局缎”等都成了过时的料子，贫富人家均喜爱西洋异国情调的花色品种。在服装材料上喜欢用洋货，但在服装式样上却多保持传统式样。20世纪30年代初长袍马褂流行，穿着的人数超过了西装和制服。作为礼服的长袍马褂套装在40年代后渐少，而作为常服的长衫、长袍则一直流行到1949年前后。女子出门，无不穿着自己喜爱的旗袍赴会，使交际场变成了旗袍展示会。民国时期的女式旗袍在满族旗袍的基础上作了较大的改变，由宽袖改窄袖，由宽松肥大型改为紧身贴腰式，滚边亦变窄。妇女日常所穿则是大襟上衣，折腰长裤，部分穿裙。

（二）饮食习惯的交流融合

湖北流行的菜系是“鄂菜”（今称为楚菜），是中国十大菜系之一。随着近代工商业的发展，处于南北、东西交汇的湖北，荟萃了全国各地的饮食文化。民国初年，武汉餐馆已有鄂、川、粤、湘、徽、苏、浙、闽、京、津和清真、素菜、西菜13个帮口，来自全国20多个省市的各种不同风格、不同流派的“大师傅”在江城各显技能，互相竞争。各地风味小吃通过商品和人员的交流，更是遍布大街小巷。

西餐大菜由外侨带来中国，起初由洋人办在租界，为外国人服务。19世纪60年代以后，在洋务活动中中国官商与外国人交往日多，礼尚往来，一部分华人也吃上西餐，并学会举办西式宴会招待外宾。武汉西餐馆以汉口租界为多，华界的西餐馆以1913年建成的汉口大旅馆所设瑞海西餐厅首开风气。20世纪30年代初、中期，中餐馆经营不景气，而西餐业务不衰，著名的大中型西餐馆有 26 家，西餐小吃馆也盛极一时。大型西餐馆均为中国人经营，厨师大多是洋行帮厨出身，馆内设施、餐具则西洋化，主要供应公司菜（即份饭或套餐），也供应点菜。

（三）城乡民居的缓慢变迁

多样化是近代民居的一个特点。在一些通商口岸，“阛阓多仿西式”。武汉的西式建筑早期是在租界里，领事馆、洋行、银行以及大班们的住宅，根据不同国家的习尚，带有不同的建筑风格，汉口租界的建筑堪称“万国建筑博览会”。华界的教堂和教会学校也是较早的西式建筑。

19 世纪 90 年代，张之洞主办的洋务企业和其他官办机构，成为武汉近代第一批仿西式建筑，在沙市、宜昌等地，一些繁华街道有不少仿西式建筑，开创了中国住宅建筑改革之先声。民居建筑和公共建筑的西化现象，反映了国人在近代突破传统文化和吸纳西方文化的进程，同时也推动了人们对居住条件的改善。在湖北农村，传承传统民居的情况很普遍，农舍的好坏颇不一致。

汉口里份的兴起是“阛阓多仿西式”的典型表现之一。高大洋楼是外侨和富商的住宅，平民是难以入住的。在此情况下，适合于普通市民居住的西式里份应运而生。

里份房屋多为砖木结构，许多里份一色两层楼房，中间留出笔直宽敞的通道，其整齐划一的景观与旧式小巷形成鲜明对照。多数里份每栋住房的造型和布局几乎一致：石库门，进门为天井、大厅，大厅两侧是厢房。厅后是楼梯间及后天井，再后为厨房、厕所和后门。楼上与楼下结构大致相同，木楼梯，木楼板，房里空间较高。民国初年出现的少数高级里份为混合结构，三层，略带西班牙建筑艺术风格。

（四）岁时在传承中变化

南朝时期梁朝人宗懔所著《荆楚岁时记》中的许多岁时风俗传承至

近现代，甚至今天仍可见“荆楚岁时”的孑遗。然而在漫长的岁月里，由于社会的变革、文化的交流，风俗习惯也发生了许多变化：有的为新风尚所取代，有的变换了形式，有的更新了内容。

民国时期，与新的时代相适应，有不少新的风俗又在形成。《蒲圻乡土志》记载了民国初年新的纪念日：“二月十二日，清隆裕逊位南北统一纪念日。五月九日，项城承认日本二十一条要求，为国耻纪念日。十月十日，武昌起义国庆纪念日，一称‘双十节’。十二月廿五日，共和复活纪念日，即云南护法兴师日。”①至于稍后形成的“元旦”（阳历新年）、“三八”国际妇女节、“五一”国际劳动节、民国官方青年节三月二十九日青年节、四月四日儿童节以及植树节、护士节、教师节等等，甚至西方的宗教节日如圣诞节，已成为新的岁时令节，逐渐进入人们的生活。

（五）人生礼仪的时代变革

湖北民众在人生礼仪方面的风俗习惯与全国大部分地方差不多，许多传统习俗在近代沿袭下来，《夏口县志》上说：“昏礼大致近古。”据地方志记载，武汉丧葬礼俗多循古礼，晚清时代丧服、丧期均遵《文公家礼》（朱熹所撰，又称《朱子家礼》）。

但是，传承中有变革，如在婚姻习俗中，民国以后，文明婚礼渐渐推广。开始时是新旧杂糅。1915 年 12 月 2 日，汉口曾涉足政界后从事实业的李时谙与知识女性张咏梅举行文明结婚典礼，他们的结婚仪式是典型的新旧杂糅：

（1）喜堂肃静（以下皆司仪员喧唱）、（2）司礼者两旁序立、（3）引导两新人就位、（4）奏乐、（5）行祀天地三鞠躬礼、（6）行祀祖宗三鞠躬礼、（7）行祀先父母三鞠躬礼、（8）新人相对行一鞠躬礼、（9）来宾致祝词、（10）新人答词、（11）奏乐、（12）向主婚

① 宋延斋：《蒲圻乡土志》，1923 年蒲圻县教育局印本，第四篇，人文。

人三鞠躬、（13）向男介绍三鞠躬、（14）向女赞礼三鞠躬、（15）向来宾三鞠躬、（16）行见家族三鞠躬礼、（17）奏乐、（18）引导新人入洞房、司礼者退班

众亲友致祝词后，新郎在致答词中，大谈夫妇在社会上的地位，涉及对自由结婚的看法，最后表达了自己的愿望："张女史品学兼优，固鄙人之素所敬佩。但世界文化日进，学问原无止境，所冀与女史共相勉励，俾鄙人理想中之新模范家庭，见诸事实，以为社会之倡导，则鄙人与女史所报彼苍之作合，即所以酬诸君子期望之雅意云尔。"[①]

民国时期，政府制订新式丧礼，但难以推广普及，官方和民间团体不得不转而求其次，对传统丧葬礼俗中影响突出、危害严重的弊端加以禁革。取缔停柩，设立公墓，是政府的禁革措施之一。20 世纪 30 年代以后，这种停棺不葬的现象在各地逐渐减少。

（六）休闲娱乐的花样翻新

除了在酒楼、饭庄饮宴，在茶馆饮茶，赏花观景，结伴郊游等传统休闲活动，近代武汉还有游中山公园、逛新市场等新的休闲娱乐方式。

中山公园前身是汉口地皮大王刘歆生的私家花园"西园"，建于宣统二年（1910）左右，1928 年初夏，由留英归国的建筑工程师吴国柄建议，在西园和直鲁豫同乡会公地的基础上扩大兴建"汉口市第一公园"。通过挖湖、堆山，并栽种大量树苗绿化全园。园中建有民众教育馆、总理纪念堂和运动场、游泳池、溜冰场等，公园面积扩大到 170 亩。1929 年 6 月 10 日试开放。后更名为中山公园。中山公园建成后，成为武汉民众休闲游乐和举办公众活动的主要场所。

新市场是综合性休闲娱乐场所，与北京天桥、天津劝业场、上海大世界齐名，是各种演出比较集中的地方，楼下有杂技厅、游乐场，楼上

---

① 《汉口李君时谙与张女士咏梅结婚志盛》，《中华妇女界》第 1 卷第 12 期，"特别纪事"。

有多个剧场，每个剧场演出不同剧种的不同节目，京剧、汉剧、楚剧、黄梅戏等，一票入园。不仅市民前往游玩、看戏，而且进城办事的农民也喜欢在晚上去那里看表演。新市场后更名为民众乐园。

民间娱乐除了传统的集藏鉴赏、竞技性娱乐（龙舟竞渡、赛马、舞狮、拔河等体力型竞技和猜灯谜、敲诗钟、下棋等智力型竞技）外，西方娱乐方式也被引入湖北。租界里的洋商建起了跑马场，华界的中国商人也不甘示弱，于是在汉口竟然出现了洋商、万国、华商三个跑马场，吸引了众多的人参与赌马。西人俱乐部当时称为波罗（楼）馆，虽然华人不能进入，但华商也仿此创办了夜总会。汉口的打球场，打的回力球，也是西人首先兴起。军乐队亦是从西方传来的风尚，有了军乐队以后，官方集会、公众活动以及民间婚丧嫁娶都能派上用场，在武汉劝业奖进会上的军乐队，为展览会制造了声势。与当时的“高科技”声、光、化、电相结合的新式娱乐活动，如留声机、电影、氢气球、西洋景、哈哈镜、照相等等，非常吸引人，尤其是电影，人们趋之若鹜。儿童对气球最感兴趣，过年时节，到处气球飞舞，满街儿童争逐，为节日增添了不少喜庆气氛。

参考文献

1. 杨宝成主编、黄锡全副主编：《湖北考古发现与研究》，武汉大学出版社 1995 年版。

2. 国家文物局主编，湖北省文物事业管理局编制：《中国文物地图集》（湖北分册），西安地图出版社 2002 年版。

3. 张正明、刘玉堂著：《湖北通史・先秦卷》，华中师范大学出版社 1999 年版。

4. 刘玉堂、赵毓清主编：《中国地域文化通览・湖北卷》，中华书局 2013 年版。

5. 李天元、冯小波：《长江古人类》，湖北教育出版社 2004 年版。

6. 中国社会科学院考古研究所编著：《中国考古学・新石器时代卷》，中国社会科学出版社 2010 年版。

7. 苏秉琦：《中国文明起源新探》，生活・读书・新知三联书店 2019 年版。

8. 孟华平：《长江中游史前文化结构》，长江文艺出版社 1997 年版。

9. 湖北省文物考古研究所：《宜都城背溪》，文物出版社 2001 年版。

10. 中国科学院考古研究所：《京山屈家岭》，科学出版社 1965 年版。

11. 湖北省荆州博物馆、湖北省文物考古研究所、北京大学考古学系石家河考古队：《肖家屋脊》，文物出版社 1999 年版。

12. 湖北省文物考古研究所、北京大学考古学系、湖北省荆州博物馆石家河考古队：《邓家湾》，文物出版社 2003 年版。

后　记

为深入学习贯彻习近平总书记关于传承和弘扬中华优秀传统文化的系列重要论述，推动荆楚优秀传统文化创新发展，省荆楚文化研究会启动编撰《荆楚文化史》。本书于2022年底正式出版，一经推出便得到了各级领导及省内外知名专家学者的一致认可和广泛好评。鉴于《荆楚文化史》体量大、专业性强，有关人士强烈呼吁推出缩写本或普及本。为更好地推广荆楚文化、满足更多读者的阅读需求，经会长李佑才同志提议，省荆楚文化研究会决定编撰《荆楚文化简史》，由湖北省荆楚文化研究中心具体落实。

本书比照《荆楚文化史》的内容和体例，分史前、先秦、秦汉魏晋南北朝、隋唐宋元、明清、近代等六章，分别由张硕、尹弘兵、叶植、吴成国、杨国安、张继才执笔撰写，绪论由主编刘玉堂撰写。本书内容涵盖了旧石器时代至新中国成立前的荆楚历史，旨在梳理出荆楚文化发生、成长和演变的线索，揭示出荆楚文化的基本特征、分衍状态和流迁趋势，勾勒出荆楚文化与其他区域文化乃至外域文化间多向的碰撞、交流和融合的轨迹。与《荆楚文化史》相比，本书行文风格更加灵活，内容通俗易懂又不乏深度，普适性更高，读者群体更加广泛。

在本书撰写、修改和审定过程中，王生铁、武清海、李佑才等几位省老领导高度重视，多次召开专题会议研究部署相关工作，协调解决遇到的各类难题。省荆楚文化研究会杜建国、李德华、陈昆满等同志不计报酬、不辞劳苦，积极参与成书全过程。夏日新、李少军、赵国华、黄尚明、田敏、刘辉等评审专家凭借精深的学术素养、开阔的学术视野，高屋建瓴地对各章节内容进行评审，为提升书稿质量做出了贡献。

此外，省社科联、省社科院、湖北教育出版社等单位对本书的出版给予了大力支持和帮助，省荆楚文化研究中心副主任张艳鸽、助理研究员吴胡珂曜、段帅及工作人员肖幼琴做了大量具体工作。在此，谨一并表示衷心感谢!

由于研究水平所限，本书难免有遗憾和不足，敬请读者批评指正。

湖北省荆楚文化研究会

2024 年 10 月